ÉCOUTEZ CE QUE LES DÉFUNTS NOUS DISENT

DU MÊME AUTEUR

Je communique avec les défunts, Presses du Châtelet, 2012 ; Archipoche, 2016.

Les morts sont parmi nous, dialogues avec le monde des esprits, Presses du Châtelet, 2016 ; Archipoche, 2018.

ALAIN JOSEPH BELLET

ÉCOUTEZ CE QUE LES DÉFUNTS NOUS DISENT

Messages reçus de l'après-vie

ARCHIPOCHE

Notre catalogue est consultable à l'adresse suivante :
www.archipoche.com

Éditions Archipoche
34, rue des Bourdonnais
75001 Paris

ISBN 978-2-3773-5898-4

« La vie sur terre est un exutoire.

Pour celui qui cherche à progresser, rien ne se fait sans difficulté.

Dans chaque prise de conscience, tu fais un pas en avant.

Il est important de ne pas perdre de vue l'essentiel, le but que tu cherches à atteindre.

Prouver la survivance de l'âme,

Redonner l'espoir aux familles,

Atténuer leur douleur dans l'espérance.

C'est pour cela que nous, les guides, t'invitons à poursuivre ce travail avec ton cœur.

La clarté de tes intentions t'honore et te pousse à prendre la bonne voie.

Ne te laisse jamais déstabiliser dans ta foi, réfugie-toi dans la prière et la protection de Jésus.

Sois lumière.

Nous t'aimons.

Josuah, ton ami et ton guide. »

Avant-propos

Devons-nous avoir peur de la mort ? L'être humain est-il assez préparé à ce qui l'attend dans l'autre monde ?

Dans la continuité de mon précédent ouvrage, *Les morts sont parmi nous*, aidé de mes guides, je vous livre, par le biais de nouvelles psychographies, les témoignages d'esprits venus parler à travers moi de leurs derniers moments de vie sur terre, du passage facile ou difficile dans le monde spirituel, et le récit de leurs premiers pas dans la dimension qu'ils occupent.

Les nouvelles interrogations posées dans ce dialogue nous amènent à en savoir un peu plus sur les questions complexes de la désincarnation, de la survie de l'âme et des différentes situations dans lesquelles nous pourrions nous retrouver dans l'après-vie. Le contenu de ces messages doit nous inciter à approfondir notre propre quête spirituelle et à nous libérer des appréhensions de la mort, afin de préparer un retour paisible dans l'autre monde. Mais il doit aussi nous permettre de réaliser l'importance de transmettre autour de nous un peu plus de paix et de fraternité.

Dans le souci de ne pas surcharger cette nouvelle étude, je ne reviendrai pas sur mon parcours initiatique dans la médiumnité, ni sur les conseils spirituels reçus dans les psychographies, mes ouvrages précédents les relatant en détail.

Première partie

LA MORT FAIT PARTIE DE LA VIE

Ma médiumnité

La médiumnité est une bénédiction quand elle enlève le doute sur l'existence du monde spirituel. Sans elle, aucun moyen de communiquer avec les esprits, ni de sortir de l'incertitude. Dans sa révélation, elle conduit l'être humain à la foi et à la conviction de retrouver un jour les êtres chers qui l'ont précédé dans la mort. La médiumnité est aussi le chemin qui mène à la connaissance, grâce à l'enseignement transmis par les guides et les bons esprits. Elle doit être pratiquée avec une éthique, dans un but élevé, au service du bien et non pas pour répondre à des questions d'ordre matériel. Dieu connaît les intentions qui résident dans le cœur de celui qui sollicite une communication avec le monde spirituel. Le réconfort en est le fruit, mais il nous faut réfléchir sur le sens des messages et suivre dans la gratitude un travail de rénovation intérieure. La médiumnité doit nous permettre de nous édifier tous, spirituellement.

Les médiums sérieux d'aujourd'hui, tout comme les prophètes du passé, sont encore sujets à des agressions verbales, à des moqueries, à de la méchanceté de la part des incroyants et autres. L'étiquette de « fou » ou de « charlatan » est facilement collée sur leur dos ; ils ne doivent pas pour autant se laisser déstabiliser mais, au contraire, suivre le chemin que leur indiquent leurs guides et prier pour leurs détracteurs.

Les esprits donnent, par mon entremise, des détails bien précis sur leur survie : un prénom, parfois un nom, des scènes de vie et des situations vécues sur terre dont je ne peux évidemment pas avoir eu connaissance.

Ma médiumnité est très variée. Je vois les esprits, je les entends et j'ai la particularité de ressentir leurs énergies dans mon corps dès qu'ils m'approchent. Ces énergies variables en force et en intensité peuvent provoquer mon immobilisation. Mes muscles se durcissent, mon organisme peut changer de température. Selon mes différentes postures, mes consultants reconnaissent souvent l'attitude, la démarche, les mimiques, les tics de langage, l'intonation du cher disparu, sans parler de mots prononcés en langues étrangères. Malgré ces preuves de survie, certaines personnes, lors de réunions publiques, refusent de croire qu'elles proviennent de l'esprit lui-même, criant à la supercherie ! Tout cela ne serait que mise en scène, connivence avec les personnes endeuillées, mystification ! Comme en toute chose, il est difficile de comprendre et encore moins d'accepter l'inexplicable. Ces personnes sont empêtrées dans un cartésianisme forcené, manifestent parfois de violentes réactions de rejet et essaient, de différentes manières, de me perturber. Le temps des bûchers n'existe plus, n'en déplaise à certains !

Un médium, dans la compréhension des lois divines, sait que les êtres, incarnés comme désincarnés, ne sont pas au même niveau spirituel aussi bien sur terre que dans le monde des esprits. Sans se sentir supérieur, il doit maintenir ses vibrations dans l'humilité, oublier les agressions, les offenses, et considérer ces expériences comme des tests qui peuvent, s'il les comprend, l'aider à grandir.

Mon guide, Gabriel, dans *Les morts sont parmi nous*, nous parle des influences occultes bonnes ou mauvaises qui nous entourent. Le bien comme le mal ressortent dans ces tendances. Motivé, du plus profond de mon être, à faire le bien et à soulager la souffrance du deuil, je poursuis mon chemin, malgré toutes ces attaques. Parfois, des personnes manipulées par le bas astral essaient aussi de me déstabiliser lors de mes déplacements et surtout avant les conférences. La foi et ma confiance en Dieu guident mes pas et me préservent. Ces tentatives de perturbations ne m'empêchent pas, avec mon bâton de pèlerin, de poursuivre mon but dans l'entraide. Je suis toujours aidé par mes guides qui me protègent.

Néanmoins, ma sensibilité d'homme fait que je peux être touché par ces attaques et douter de l'utilité de mes efforts. Un jour, peiné et fatigué d'entendre des paroles blessantes à mon encontre, me réfugiant dans la prière, je reçus ce message de mes guides :

« La lumière éclaire le tombeau de celui qui croit en la miséricorde de son Père céleste. Nous, les bons esprits, influençons l'homme à réfléchir, à prendre conscience du chemin qu'il doit parcourir sur terre pour progresser et atteindre les plans élevés de la spiritualité.

Nous t'accompagnons dans ton travail et espérons ton amélioration dans la moralité et la connaissance du bien comme du mal.

L'ignorance est le fruit du mal. Tu dois aider ton prochain à sortir de l'ignorance et à progresser dans la connaissance des lois divines.

Compagnon de la charité, le chemin n'est pas facile mais les efforts sont les pas en avant dans la fraternité.

Compagnon, ne te laisse pas envahir par de mauvais sentiments.

Reste en harmonie avec ta conscience et tu trouveras la paix de Jésus.

Dieu connaît tes intentions et nul autre ne peut te juger.

N'oublie jamais que le jugement porte ses lois.

N'oublie jamais que la tolérance, l'indulgence, l'acceptation sont les vertus que l'homme doit posséder sur le chemin de l'amour inconditionnel.

Calme ton mental par la prière, par les pensées qui t'élèvent vers la joie.

Crie haut et fort que la mort n'est pas une fin, cela fait partie de ton travail, celui qui est prévu dans ton plan d'incarnation avec nous les guides qui te soutenons avec l'accord du Divin.

Ton chemin terrestre, semé d'embûches, te fait grandir.

Tu commets des erreurs, ta conscience te montre le chemin, mais tes efforts nous montrent le désir d'avancer, de progresser. Aussi reçois-tu notre aide.

Tu es notre frère.

Jésus et Dieu ne t'abandonnent pas.

Douce est la lumière de l'espérance, celle qui enveloppe ton cœur de l'amour fraternel.

La médiumnité est là pour contrer la souffrance et porter l'homme à sa véritable nature spirituelle.

Sois-en digne ! Sois-en digne, toi fils de Dieu.

Porte en toi les germes de la médiumnité fraternelle.

Sois notre serviteur dans le bien et la charité christique, alors tu trouveras la paix et l'allégresse qui portent l'amour divin. »

Ce message de mes guides chassa aussitôt le négatif de mes pensées, m'encouragea à passer au-dessus des difficultés. Le progrès de l'élève n'est-il pas subordonné à des devoirs de plus en plus difficiles ?

Face aux diverses expériences de son parcours, un médium doit parfois faire face aux incrédules.

Dans l'incompréhension du fonctionnement de la médiumnité, ces détracteurs pensent aussi que le médium est télépathe ! Aucune télépathie ne me permettrait de parler du vécu de tous les esprits qui se présentent, des événements de leur passé et de leur identité, encore moins de faits non connus de mon consultant et pouvant être confirmés par ses proches, pas plus que d'écrire de longues psychographies ou d'apposer sur papier l'écriture et la signature du défunt comme vous le découvrirez dans le témoignage d'Étienne.

Ils pensent que le médium capte les pensées de ses consultants, mais sont incapables de trouver des explications rationnelles au déroulement de faits et de renseignements donnés par l'esprit, renseignements parfois méconnus de tous et qui se trouveront vérifiés dans un futur plus ou moins proche. Ces deux exemples à suivre nous le démontrent.

Quand le monde spirituel nous dévoile des faits qui nous sont méconnus

Delphine et Pascal ont perdu leur fils : Pierre. Son esprit est intervenu à plusieurs reprises en donnant, à chaque fois, de nombreuses preuves de sa survie. Il relata notamment des faits ignorés par ses parents, qui se concrétisèrent par la suite. Il leur offrit aussi le plus beau des cadeaux en réalisant une demande que je lui avais formulée lors d'une consultation. Par amitié pour moi mais surtout par amour pour ses parents : déverrouiller un portable et faire défiler le clip vidéo d'une de ses chansons.

« Le plus beau cadeau de Pierre »

Témoignage de Delphine

« Notre fils unique Pierre est décédé le 20 août 2016 dans un accident de voiture à l'âge de dix-neuf ans sur une route près des Sables-d'Olonne. Ce jour-là, tout notre univers s'est écroulé. Je dis "nous" car il y a nous, les parents, mais aussi sa famille et ses nombreux amis. Un vide immense s'est installé avec, à chaque seconde qui passe, la sensation d'un pieu planté dans le cœur. La pire des épreuves pour des parents est de perdre un enfant, car ce n'est vraiment pas dans l'ordre des choses.

Notre première "rencontre" avec Alain Joseph ne fut pas, malgré les circonstances, le fruit du hasard. Cet après-midi-là, nous furetions dans une librairie au hasard, lorsque mon regard fut attiré par la couverture d'un livre intitulé : *Je communique avec les défunts*. À ma grande surprise, je vis que le médium Alain Joseph Bellet, auteur de ce livre, était originaire de Pont-l'Abbé en Bretagne. Cela m'interpella aussitôt, car j'ai vécu toute mon adolescence dans cette petite ville du Finistère-Sud. Il était impossible de ne pas l'acheter comme il me fut impossible, par la suite, de m'en détacher ! Cet ouvrage ainsi que le suivant, *Les morts sont parmi nous*, nous ont beaucoup aidés à progresser dans toutes les étapes de notre deuil.

Après la première lecture, il me fallut absolument me renseigner sur la possibilité de rencontrer ce médium qui, par chance, devait intervenir quelques mois plus tard en Vendée, non loin de notre maison, dans une association d'aide aux personnes en deuil. Sans hésitation, nous nous sommes empressés de réserver nos places. Nous avons attendu avec impatience cette conférence, ne sachant pas ce qui allait se passer, car c'était la première fois que nous assistions à ce genre de réunion. Nous étions, mon mari et moi, à la fois fébriles et angoissés et nous appréhendions son déroulement, nous posant sans cesse ces mêmes questions : "Pierre allait-il parler à Alain Joseph ? Allions-nous revenir bredouilles ?" Ce fut le cas, enfin presque le cas ! La conférence se déroula et se termina sans que nous ayons eu de contact avec notre fils. Notre déception était grande, mais nous avions vu M. Bellet travailler et nous étions heureux pour les personnes qui avaient reçu un message. Nous entendîmes, impressionnés, les précisions que ce médium transmettait aux gens endeuillés qui, dans un torrent d'émotions, s'exclamaient : "Oui, c'est vrai !" C'était incroyable !

Ce jour-là, Alain Joseph Bellet termina sa séance et proposa aux participants de leur dédicacer son dernier livre. Nous décidâmes donc d'attendre notre tour pour rencontrer ce monsieur qui nous avait fait forte impression. Nous avions bien vu qu'il avait donné toute son énergie à la conférence qui avait duré tard dans la soirée mais, malgré tout, poussée par un dernier espoir, je me décidai à glisser une photo de notre fils en première page de son ouvrage ; Alain Joseph ouvrit le livre, regarda l'espace d'une seconde la photo, et le referma aussitôt ! Il nous dit : "Vous avez perdu votre fils et vous n'avez pas eu de message. Je suis désolé, mais je n'ai plus d'énergie." Puis, soudainement, il lâcha ces mots : "L'accident… oui, l'accident… C'était brutal ! Je dois aussi vous dire que votre fils me parle de signes chinois." Nous nous regardâmes, mon mari et moi, sans comprendre ce message. Alain Joseph poursuivit : "Vous ne voyez pas, n'est-ce pas ? Votre fils me dit que vous le comprendrez plus tard." Deux semaines après la conférence, le meilleur ami de notre fils vint à la maison. Alors que nous parlions de Pierre, il nous dit : "Nous avions l'intention, Pierre et moi, de nous faire tatouer en chinois nos prénoms respectifs sur le côté du bras!" Nous en restâmes éberlués. Incroyable! Nous venions de comprendre la signification de ce que le médium nous avait dit quelques jours plus tôt! Les signes chinois! Rémy, son meilleur ami, venait de nous donner la solution à cette énigme et il en fut lui-même bouleversé! Pierre savait que donner une information sur un fait qui allait se produire dans l'avenir aurait plus d'impact en tant que preuve de sa survie. Mon mal-être était énorme. Ma frustration de ne pas en avoir reçu davantage de la part du médium grandissait de jour en jour. Je décidai donc de le rencontrer en consultation privée. Très occupé, il ne pouvait pas nous proposer de rendez-vous rapidement, nous allions donc devoir attendre. Quel bonheur de l'entendre peu de temps après nous proposer un entretien, car il avait eu un désistement! Nous appréhendions cette rencontre, il nous paraissait sympathique et dans l'empathie, mais cela suffirait-il pour que notre fils se présente?

Le jour venu, Alain Joseph nous accueillit chaleureusement et nous proposa un café. Il parla de sa manière de travailler et nous montra des esprits sur photos: ces merveilleux cadeaux qu'il obtient du monde spirituel. Nous étions toujours un peu stressés, mais confiants en les capacités de ce monsieur qui me suggéra d'enregistrer la séance. Nous avons ce jour-là reçu une telle quantité de preuves de la présence de Pierre que je ne peux tout écrire dans ce témoignage.

Dès le début de la séance, je vis soudainement le visage du médium se transformer, il se mit à chantonner et à taper du pied gauche (d'ailleurs cela durera presque tout au long du rendez-vous). Il disait entendre une enceinte qui faisait: “Boum boum boum. C’est rythmé ! Votre fils était un artiste, il pousse sur des manettes, me montre un écran, un concert, la ville de Paris, et un autre concert qui devait avoir lieu.” Nous comprîmes aussitôt ce qu’il voulait dire. Mon fils était bien présent. Était-ce un rêve ou la réalité ? Les propos d’Alain Joseph étaient tellement surprenants d’exactitude que nous nous sommes laissé porter par l’évidence. Oui, Pierre était bien là ! Il dit ensuite: “Ici c’est différent, la musique je l’ai toujours dans la tête; différent mais beaucoup plus beau; ce n’est pas fini, je continue !”

Alain Joseph décrivit le rythme qu’il entendait: “Comme du rap, dit-il. Votre fils écrit et parle de sa vie, de ses expériences passées, il en fait une analyse. Il crée des notes, puis il met un écouteur, il est heureux, oui très heureux. Il a toujours de la musique à l’esprit. Il vous dit: On crée à la vitesse de la pensée, on ne peut l’imaginer sur terre, c’est la réalité d’ici !”

Nous apprîmes que notre fils avait composé une chanson pour nous, ses parents. Nous ne le savions pas. “Pierre vous dit: Chanson regrets maman !” Puis il expliqua à Alain Joseph qu’il avait voulu percer dans le domaine de la musique, qu’il avait une sensibilité artistique et, par la portée de ses mots, il avait souhaité toucher le cœur des gens, c’est ce qu’il voulait encore faire aujourd’hui ! Ses chansons sont entraînantes, il trouvait les paroles pour essayer de réveiller les consciences, pour interpeller les gens, voire les choquer. Mais tout cela avec beaucoup d’amour. Voilà quels étaient son rôle et sa mission. Alain Joseph nous dit tout à coup: “Ox, Ox… Onix.” Il regarda à côté de nous et nous l’entendîmes dire ceci : “Pierre ! Pourrais-tu un jour, sans faire peur à tes parents, mettre un clip vidéo ou ta musique en route toute seule ? Dis, Pierre ! S’il te plaît ! Fais-le pour tes parents…” Mon mari et moi échangions des regards totalement incrédules pendant toute la durée de cet improbable dialogue. Notre fils était bien auteur-interprète, rappeur très engagé, hypersensible, connu sous le nom de scène d’ONIX. Et le but de ses textes était bien de bousculer son auditoire et de le toucher en plein cœur.

Nous quittâmes, ce jour-là, la consultation dans un état second. Nous étions heureux. Notre fils avait bien communiqué avec nous ! Toutes les informations transmises grâce à M. Bellet étaient exactes et personne, à part nous, ne pouvait les connaître !

Deux points particuliers nous avaient interpellés : Pierre avait dit avoir écrit une chanson s’appelant “Regrets maman” et nous avions entendu et vu Alain Joseph demander à l’esprit de notre fils de mettre en route sa musique toute seule à une date importante pour nous. Nous avions été très surpris de voir le médium faire une telle demande, non pas à une personne vivante mais à un esprit ! Était-ce possible ? Non, pour tout vous dire, nous n’y avons pas cru sur le moment !

Après la consultation, quand nous sommes rentrés à la maison, je me suis empressée de partir à la recherche du fichier sur lequel aurait pu figurer la chanson évoquée par Alain Joseph. Oui ! Extraordinaire, notre fils nous avait bien écrit une chanson s’intitulant : “Chanson regrets Maman !” Quel bonheur de recevoir une aussi grande preuve de survie ! Personne ne connaissait cette création de Pierre.

Mais les choses n'allaient pas en rester là : nous allions recevoir le plus beau cadeau qu'un parent puisse espérer depuis le monde des esprits ! À la date du 29 août, un an et neuf jours après le départ de notre fils, nous allions très mal et étions désespérés. Je rejoignis mon mari dans le jardin pour me poser quelques minutes avec lui ; au bout d'un court instant, je lui dis : "Bon ! Allez, maintenant, on rentre." J'avais mon portable en main, éteint et verrouillé, mon mari me suivait. Ce fut alors que, sur le seuil de la porte, j'entendis quelques notes de musique que je reconnus immédiatement ! C'était une chanson de Pierre : "Cas par cas" ! Très étonnée, je me rendis compte que cela provenait de mon portable ! En regardant mon écran, je vis le clip de cette chanson qui s'était mis à défiler ! Je me suis aussitôt retournée vers mon mari ! Nous étions abasourdis ! Le portable était, je le répète, éteint et verrouillé ! Il s'était allumé avec la musique et la chanson de notre fils ! Comment était-ce possible ?

Nous nous sommes alors remémoré la demande qu'avait formulée Alain Joseph à Pierre de nous faire un grand signe ! Il venait de répondre à la requête du médium ! Figés sur place, nous sommes tombés en pleurs dans les bras l'un de l'autre ! Notre fils, par amour pour nous, avait réussi l'impensable : mettre en route sa musique pour nous aider à comprendre sa présence !

D'autres détails de la consultation avec Alain Joseph nous sont revenus à l'esprit. Ainsi, à peine étions-nous installés face à lui, il nous avait décrit physiquement notre enfant sans que nous lui montrions sa photo. Voici une partie de cet échange :

Alain Joseph : Je vois votre fils qui avait l'habitude de s'allonger sur un canapé et de se toucher la barbe d'une manière particulière ; près de lui, une grande fenêtre, une baie vitrée donnant sur un jardin, avec beaucoup de verdure. Il me montre deux chaînes en or ; une que vous portez, et l'autre ? Où est-elle ?

Il bougeait, il voulait aller partout, il vivait à cent à l'heure, sérieux, bon vivant, gentil, ayant bon cœur. Il fait allusion à la cause animale, il me montre des animaux prisonniers vivant dans de très mauvaises conditions. "Une action, une action, faites des actions pour leur bien-être", me dit-il. Pierre me montre des chats, dont un qu'il affectionne plus particulièrement et qui est beige et blanc, il vous demande de prendre soin de lui.

Delphine : Nous avons compris quand, trois jours après notre consultation, nous avons reçu une toile réalisée d'après une photo de notre fils que nous avions commandée et sur laquelle Pierre touchait sa barbe, tout en étant à moitié allongé sur le canapé, devant la grande baie vitrée donnant sur notre jardin arboré. Je porte bien une de ses deux chaînes auxquelles Alain Joseph a fait allusion, l'autre a en effet disparu. Oui, au fait que notre fils allait partout pour aider ses amis en détresse ou pour s'amuser, il ne comptait pas ses kilomètres. Il est vrai également que Pierre et moi avions cet amour en commun pour les bêtes, nous allions ensemble aux manifestations contre la maltraitance animale, contre la corrida, contre les cirques se servant d'animaux dressés pour leurs spectacles. Enfin, nous n'avons que des chats et oui, effectivement, Osiris le chat préféré de mon fils est bien beige et blanc.

Alain Joseph: Pierre me fait ressentir qu'un homme, dans votre entourage, a fait une tentative de suicide et qu'il a beaucoup aidé ce monsieur. Il me donne un prénom comme Pierre, mais plus précisément Pierrot. Il dit veiller sur lui maintenant. Votre fils l'a sauvé, il y a un lien fort entre eux. Vous comprenez ?

Delphine: Bien sûr que nous comprenons ! Son tonton "Pierrot" a essayé de mettre fin à ses jours peu de temps avant l'accident. Profondément affecté par ce geste, notre fils l'a effectivement "sauvé" en l'entourant de tout son amour et en étant très présent pour lui. Un lien très fort s'était tissé entre eux.

Alain Joseph va continuer la consultation en nous décrivant avec beaucoup de détails l'accident de notre fils: le modèle et la couleur de sa voiture, la brutale sortie de route, le choc violent, la description d'un chemin auprès duquel le drame s'est déroulé, les premières personnes arrivées sur les lieux, le coma, l'arrêt cardiaque dans l'hélicoptère, et le détail ultime qui nous a fait sourire avec mon mari, malgré notre douleur, la description d'une jeune infirmière du Samu que Pierre nous dit avoir "kiffée", petit clin d'œil du charmeur qu'il était.

Le médium poursuivit en évoquant le prélèvement d'organes effectué sur notre fils dont il se dit très fier, car c'était ce qu'il voulait. Puis vint l'évocation du procès-verbal de l'accident et de la plainte que nous avons déposée à la suite d'une enquête que nous jugions avoir été bâclée. Enfin, il fit allusion à notre très grande déception face au comportement de certaines personnes de notre entourage.

Pierre va ensuite décrire plusieurs scènes de la vie quotidienne que nous avions partagées, dont notamment cette fameuse nuit d'été durant laquelle nous avions tous les trois regardé les étoiles dans le ciel. Un moment magique en famille. Il va me faire comprendre qu'il est parfois présent le soir au moment de mon coucher, qu'il me voit prendre un de ses tee-shirts sous mon oreiller et l'étreindre longuement dans l'espoir d'y retrouver son parfum. Ce même parfum que son père porte depuis son départ. Il me parle aussi de sa petite chérie dont il va donner le prénom, Laila, en évoquant la dernière soirée passée en sa compagnie.

Toutes ces anecdotes sur notre vie sont véridiques, sans exception… Beaucoup d'autres se sont avérées exactes au fil des semaines, des mois qui se sont écoulés depuis notre rendez-vous avec Alain Joseph Bellet.

Un grand, grand merci à toi, Pierre, pour ta grande force et tout cet amour que tu nous as transmis, toi qui continues à grandir chaque jour depuis ton départ ; nous sommes très fiers de toi ; nous t'aimons de tout notre cœur. Un grand merci à Alain Joseph mais aussi à ses guides. La rencontre avec ce médium nous a permis d'être encore là aujourd'hui, la tête haute, et nous a donné la force de poursuivre notre chemin, malgré cette épreuve terrible qu'est la perte d'un enfant. À la suite de ce contact et en mémoire de notre fils, nous avons créé une association pour, à notre tour, venir en aide aux personnes et aux animaux en souffrance.

Mille mercis. Delphine et Pascal. »

Une information vérifiée quelques jours plus tard

Sylvie et son mari ne se sentaient pas du tout concernés par les questions portant sur la spiritualité. Lorsqu'ils entendaient parler de médiumnité, ils ne croyaient nullement en cette capacité de pouvoir dialoguer avec les esprits, fermement convaincus qu'après la mort, il n'existait que le néant et rien d'autre. Leur monde s'écroula le jour où ils apprirent brutalement le départ de leur fils, Mike. Plus rien n'avait alors d'importance. Dans ce cas, comment et à quoi se raccrocher pour ne pas sombrer ? Une amie de leur fils leur téléphona peu de temps après le drame et leur demanda au cours de la conversation s'ils croyaient à une vie après la mort. Leur réponse fut bien sûr négative. Plusieurs événements n'allaient pas tarder à venir bousculer toutes leurs certitudes. Lorsque Sylvie débarrassa l'appartement de son fils, la première chose qu'elle trouva fut une clé USB à laquelle Mike accordait beaucoup d'importance. Elle la mit dans son sac et l'y laissa pendant quelques jours. Quand elle se décida enfin à la brancher sur son ordinateur, elle constata avec stupéfaction que plusieurs chansons y avaient été enregistrées après le décès de son fils ! Mike était parti le 22 août, et les chansons dataient du 25 août ! Et pas n'importe quelles chansons, celles qu'il préférait par-dessus tout ! Une particulièrement qui s'intitulait : « Dying Slowly » (Mourir lentement) d'un groupe de rock nord-américain Saint Asonia ! Quelle révélation pour Sylvie, son fils venait de lui envoyer un très beau signe par-delà la mort ! Cet événement l'incita à faire des recherches sur Internet pour trouver un médium dans sa région. Elle découvrit mon nom et décida de me téléphoner pour prendre rendez-vous. Je l'invitai à lire mon livre et à assister à l'une de mes conférences pour bien comprendre ma manière de travailler. Par ailleurs, je lui annonçai mon prochain déménagement dans une petite ville qui n'était autre que celle dans laquelle elle habitait ! Ce fut pour elle une grande surprise et une sorte d'appel à venir à ma rencontre. Son fils la guidait-elle vers moi ?

Le lendemain, alors que Sylvie était plongée dans la lecture de mon livre, son mari travaillant sur son ordinateur et ses deux chats dormant paisiblement, un nouvel événement inattendu se produisit. Le cadre de la photo de son fils, posé sur le meuble bas de la télévision, tomba sur le sol avec fracas. Les deux chats se réveillèrent, l'un d'eux le poil tout hérissé et l'autre figé sur place par la peur. Comment ce portrait, à cette place depuis des semaines, avait-il pu chuter ainsi sans aucune raison ? D'autres manifestations telles que des bruits inhabituels se produisirent les jours suivants sans qu'il soit possible d'en expliquer l'origine.

Enfin, vint le jour pour Sylvie et son mari d'assister à l'une de mes conférences.

Voici son témoignage :

« Alain Joseph Bellet établit très vite le contact avec notre fils venu à lui avec beaucoup d'émotion et la toute première chose qu'il dit sans aucun préambule fut: "C'est moi, maman, qui fais du bruit à la maison!"

Cela me bouleversa. En venant à cette conférence, je lui avais posé la question: "Est-ce toi qui as fait tous ces bruits dans la maison?" Il venait de répondre au-delà de mes espérances.

Mike évoqua aussi le fait que j'écoutais sans arrêt ses musiques préférées en pensant toujours à lui. Effectivement, il ne s'écoulait pas une seule journée sans que je le fasse.

Le médium nous dit que Mike lui décrivait un objet de forme triangulaire ressemblant à un fanion. Nous nous faisons alors la réflexion que, pour un cycliste, cela peut être cohérent. Ce n'est qu'arrivée à la maison qu'une autre réponse me parut plus évidente: l'urne contenant ses cendres a la forme d'un fanion inversé!

Nous sommes sortis de la conférence remplis d'espoir, persuadés d'avoir été ce jour-là en contact avec notre fils. Nous attendîmes donc la date de notre rendez-vous privé avec impatience.

Le jour venu, Alain Joseph Bellet nous fit une nouvelle fois le portrait détaillé de Mike, nous décrivant un jeune homme très réservé, mal dans sa peau, qui ne s'aimait pas et qui avait le besoin irrépressible de faire du vélo pour ressentir toujours plus d'adrénaline. Il exprimait le regret de ne pas avoir parlé davantage, de ne pas avoir pu nous dire au revoir, évoqua son dernier coup de téléphone quatre jours avant son départ. Il donna des détails bien précis sur un procès-verbal, sur des analyses de sang, et montra au médium les images difficiles d'une autopsie.

Nous savions que le corps de notre fils avait subi toutes sortes d'examens pour déterminer la cause de sa mort. Il détailla ensuite la pièce où sont stockées toutes ses affaires à la maison. Il décrivit les murs jaunes et précisa aussi que son vélo était toujours rangé dans le garage ! Il évoqua également un déménagement dans la région parisienne que nous avions fait ensemble un an avant son décès. Il dit à son père de faire attention à ses yeux et lui parla du rendez-vous qu'il devait avoir la semaine suivante chez l'ophtalmologiste. Il fit comprendre à Alain Joseph que mon mari souffrait d'une maladie qui avait été détectée à l'âge de trente ans. Les détails s'égrenaient, tous rigoureusement exacts !

Gardant toujours au fond de moi une part de méfiance, je fus encore plus étonnée d'entendre Alain Joseph décrire précisément l'esprit de ma maman, qui affirma sa présence, se disant être surprise de se retrouver dans le monde spirituel avec son petit-fils. Elle me voyait m'agiter dans ma cuisine qu'elle décrivit dans les moindres détails et montra au médium sa photo près de la photo de mariage de notre fille. Elle me remercia également pour l'aide que j'apportais à mon père qui, me précisa-t-elle, venait de m'offrir une de ses chemises de nuit. Plus de doute possible, ma mère était bien là et cet ultime détail chassa en moi toute suspicion, car comment Alain Joseph Bellet aurait-il pu être au courant de cela ?

Comme pour achever de me convaincre, ma belle-mère fit également son apparition ; partie depuis quarante ans, enterrée assez loin de chez nous, elle invectiva son fils, mon mari, présent à mes côtés : il n'allait pas souvent sur sa tombe ! Elle était en très mauvais état ! Quelques jours après la consultation, un oncle de mon mari vint nous rendre visite et nous fûmes très surpris de l'entendre nous dire : "Il est grand temps de s'occuper de la tombe de maman, elle se dégrade, il faut agir d'urgence !" Mon mari et moi fîmes tout de suite le lien avec les propos dictés à Alain Joseph par l'esprit de ma belle-mère.

Mike revint à son tour et nous affirma avoir été heureux à nos côtés. Il nous donna le chiffre 29 qui correspondait à son âge et aussi au désir qu'il avait eu de se rapprocher de la Bretagne et plus particulièrement du Finistère-Sud où nous habitons. Il évoqua aussi un beau voyage en Corse que nous avions fait en famille.

Notre fils est autour de nous, nous en sommes convaincus maintenant grâce à la multitude de signes et de preuves reçus par l'intermédiaire d'Alain Joseph, dont notamment cette troublante anecdote racontée par ma mère concernant un certain "monsieur Germain".

L'amour que nous portons à notre fils est immense, il ne s'est pas éteint avec lui, au contraire, j'ai le sentiment qu'il s'est décuplé. Nous savons maintenant que nous le retrouverons un jour. »

Le mystérieux M. Germain

Je vais maintenant vous raconter l'origine et les circonstances de cette anecdote à laquelle Sylvie fait allusion à la fin de son témoignage.

Un grand nombre d'esprits me démontrent qu'ils sont au courant de faits concernant notre avenir qu'ils ont le droit de dévoiler à demi-mot. Le témoignage précédent, celui de Pierre, comme de nombreux autres, l'attestent.

Cela allait être une nouvelle fois confirmé le jour de la consultation de Sylvie et de son mari. Durant la séance, l'esprit de sa maman fit son apparition; elle la remerciait de s'occuper de son père qui était âgé. Dans les détails qu'elle donnait, elle faisait comprendre à sa fille qu'elle les voyait ensemble. Puis tout à coup, j'entendis ces mots: «Dites-lui: "M. Germain", ma fille comprendra.» Sylvie, face à moi, resta surprise par ce message et m'affirma ne connaître personne de son entourage portant ce patronyme. La séance s'acheva sur cette phrase mystérieuse. Sylvie et son mari me quittèrent heureux et soulagés grâce aux merveilleux messages qu'ils avaient reçus.

Deux jours plus tard, Sylvie se rendit chez son père et le trouva dans tous ses états! Il lui dit: « M. Germain, mon nouveau voisin, sa maison a complètement brûlé!» Sylvie eut alors un déclic et se rappela aussitôt les propos de sa mère. Une fois de plus, dans cet exemple, l'esprit de la maman était au courant de cet événement tragique avant qu'il ne survienne. Comme dans le témoignage précédent où l'esprit de Pierre savait que son meilleur ami parlerait des signes chinois à ses parents.

Quand les cloches sonneront…

Un jour, une dame me rendit visite et évoqua avec moi la consultation passée d'un de ses amis venu me voir deux années auparavant. Il avait eu un contact avec sa maman qui lui avait transmis un message mais qui, à l'époque, ne lui avait pas paru très explicite : « Cesse donc de t'inquiéter, mon fils, le jour où les cloches sonneront, tu comprendras tout. » Ce monsieur qui espérait rencontrer une femme et se marier pensa à ses futures noces à l'église. Les cloches finirent bien par sonner, non pas pour ses noces, mais pour ses obsèques. Foudroyé par une crise cardiaque, il avait rejoint le monde des esprits. Par cette petite histoire, je veux rendre hommage à Jean-Michel et lui adresser mes pensées fraternelles. Sa maman était donc au courant que son fils allait la rejoindre.

Recevoir un contact médiumnique

Je suis étonné de voir mes consultants hésiter et souffrir de ne pouvoir partager avec leur famille tous ces merveilleux moments vécus durant une consultation. Ils ont souvent peur de se heurter à l'incompréhension, au scepticisme, voire aux sarcasmes de leurs proches. C'est la raison pour laquelle je demande à mes visiteurs qui me rencontrent dans mon bureau d'enregistrer la séance de médiumnité.

Il y a trois raisons à cela :

– Lors d'un rendez-vous privé, plusieurs esprits sont souvent désireux de vouloir communiquer.

Ils transmettent des détails de leur survie, des messages que le consultant peut très bien ne pas comprendre sur le moment car il est sous l'effet de la surprise, de l'émotion. C'est en réécoutant cet enregistrement que, parfois, certaines informations dont il n'avait pas connaissance vont trouver leur sens, plusieurs jours, voire plusieurs semaines après notre rencontre. Un esprit peut également transmettre son histoire, le consultant ne pas la connaître et avoir par la suite confirmation des faits par ses proches.

– La possibilité de faire écouter cette bande-son à son entourage qui, face à la somme des détails très personnels donnés par les esprits (des noms, des prénoms, des dates, des secrets de famille) et aux éléments relatés qu'il m'était impossible de connaître, ne pourra pas rester longtemps incrédule, suspicieux.

– Un contact médiumnique peut se révéler aussi être un vrai dialogue avec les esprits qui se présentent. Lorsque le consultant comprend ma manière de transmettre les messages, fait preuve de réactivité, la conversation s'installe et devient un moment inoubliable et merveilleux, et surtout unique, d'où la nécessité de l'enregistrer.

Les esprits me disent être heureux lorsque leurs êtres chers sont convaincus de leur survivance, qu'ils les voient, apaisés, reprendre le cours de leur existence ; *a contrario*, si leurs proches restent dans les pleurs, la tristesse, ou pire la colère, cela les attriste profondément.

Beaucoup de personnes ne comprennent pas l'énergie que cela me demande et pensent qu'il suffit d'appuyer sur un bouton pour que la liaison s'établisse. Un contact médiumnique, de quelque nature que soit le message, court ou long, est à recevoir comme un cadeau. Je remarque parfois un manque total de reconnaissance vis-à-vis du défunt qui fait l'effort de venir à nous. Le contact ne s'établit jamais sans l'accord du divin et sans que cela demande une énergie importante à l'esprit pour venir délivrer des messages. Il lui faudra, en effet, ralentir ses vibrations et moi accélérer celles de mon corps spirituel pour que nous soyons en syntonie et que le contact soit possible. Si ces conditions ne sont pas réunies, l'échange ne peut avoir lieu. Fort heureusement, beaucoup de gens sont conscients de cet acte d'amour et ont à cœur de remercier.

Les exemples qui suivent illustrent, de façon plus précise, mon travail en réunions publiques et en consultations privées.

Contacts médiumniques en conférence

J'interviens de manière bénévole au sein de plusieurs associations en France pour aider les personnes qui sont dans le deuil. Ces réunions débutent toujours par une première partie au cours de laquelle j'aborde un thème destiné à aider les personnes à progresser spirituellement. Avant la deuxième partie, consacrée à la médiumnité, un moment de pause permet aux participants de déposer, sur une longue table, la photo de leur défunt. Je l'utilise ou non, suivant la façon dont l'esprit m'apparaît. Parfois, sans support, je vais dans la salle, là où je suis guidé pour délivrer le message. Je reviens ensuite chercher la photo du défunt concerné, celle-ci parmi tant d'autres. Cela confirme toujours la réalité de mes perceptions.

« Autant de cadeaux que de conférences »

Thierry, Françoise, Mathilde, Emma:
la famille témoigne

Première conférence:

« Notre fils Yoan est parti le 9 mars 2012 d'un accident de moto, il avait vingt-quatre ans. C'était un jeune homme gai, souriant, plein d'humour et d'un optimisme désarmant. Il vivait à fond, préférant faire les choses "à l'arrache" comme il disait, plutôt que d'une façon bien réglée. Il avait des tas de copains. Nous avions entendu parler d'Alain Joseph Bellet et de ses conférences, et c'est ainsi que nous nous sommes rendus à l'une d'elles, un dimanche après-midi à Brest. Que de belles preuves de survie Alain Joseph nous a données ce jour-là ! Il ne nous connaissait pas, il s'est avancé dans l'allée de la salle, les deux mains tendues comme sur un guidon invisible. Il faisait le geste de tourner une poignée de gaz démontrant une accélération. Alain Joseph répéta à voix haute ces mots : "Cent à l'heure, cent à l'heure, cent à l'heure" en se dirigeant vers nous directement !

Nous avons reconnu immédiatement l'expression que notre fils utilisait, les termes également employés dans différents textes émanant de la famille ou de copains de travail. Tous les témoignages s'accordaient pour dire que Yoan vivait à "cent à l'heure". Les journées n'étaient jamais assez longues pour lui, il avait tant de choses à faire. Alain Joseph aperçut l'esprit de Yoan derrière nous, et c'est alors qu'il se mit à décrire l'accident. Il nous parla d'une bretelle d'entrée sur une grande voie, il vit Yoan sur sa moto glisser sur le côté droit et percuter le rail central. Alain Joseph se tint la tête, exprimant une douleur.

Quelle émotion d'entendre le récit exact des faits : Yoan avait en effet perdu le contrôle de sa moto en rejoignant un axe principal autour de Brest. Sa tête et le haut de son corps côté droit ont heurté le rail de sécurité. Alain Joseph est allé directement chercher la photo de Yoan parmi une multitude d'autres étalées sur la table ! Impossible de douter ! Nous étions persuadés que notre fils était alors bien présent. Deux à trois minutes plus tard, Alain Joseph s'avança vers mon mari et lui dit : "Ah ! Ça fait mal les tatouages, hein papa ?" et il se frotta les avant-bras en répétant cette phrase. Peu de temps avant la conférence, mon mari s'était fait faire un tatouage bien pensé et mûrement réfléchi sur chaque avant-bras, les quatre lettres du prénom de notre fils YOAN. Alain Joseph se mit à jouer soudainement sur un clavier virtuel. "Il aimait la musique ?" Oui, Yoan jouait du piano. Durant ses obsèques, les airs qu'il aimait interpréter ont accompagné les photos qui défilaient sur un écran. Alain Joseph nous montra le chiffre 4 en parlant de quatre départs. Oui, c'est tout à fait exact, nous avons perdu mon beau-père, ma belle-mère, mon père et Yo.

Deuxième conférence :

Mathilde, la sœur de Yoan, ne s'attendait pas à ce que son frère vienne puisque nous, ses parents, n'étions pas présents à la conférence ce jour-là. "Yo, Yo, dit-il, je suis là." Mathilde leva la main dans la salle, Alain Joseph se dirigea vers elle et lui dit que Yoan lui parlait d'un ami, un Yoan aussi qui avait eu un accident de moto peu de temps après notre fils ! C'était exact ! Ce jeune homme s'en est tiré sans séquelles après un long coma et quelques séances de rééducation. Alain Joseph dit à Mathilde : "Vous avez parlé avec ce jeune homme lors d'une soirée, de son coma, du tunnel, de la lumière blanche ?"

Effectivement, c'était la pure vérité, cet ami était perturbé par tous ces événements et l'est resté pendant longtemps. Il était sûr, pendant son coma, d'avoir vu notre Yoan qui lui aurait dit: "Eh Yo, ça gaze? T'inquiète, ça fait pas mal, mais tu peux encore partir, alors pars." Il n'avait personne à qui parler de tout cela, sauf à Mathilde un soir, au téléphone, à laquelle il s'est confié pendant plus d'une heure. Tous les deux se demandaient si tout cela était possible, si Yoan avait bien vu notre Yo. Leurs échanges restaient sur une interrogation. La conférence d'Alain Joseph Bellet arriva à son terme, il n'avait plus d'énergie mais il dit à Mathilde: "La réponse à la question que vous vous posez est: oui!", sous-entendu, oui, notre Yo est venu à la rencontre de son copain quand il était dans le coma.

Troisième conférence:

Ce soir-là, nous avons été gâtés. Yoan est passé en troisième position dans la médiumnité. Il avait un tas de choses à nous dire, tellement que le médium s'est exclamé: "Celui-là, il me pompe toute mon énergie!" et la salle a ri…

Alain Joseph est venu vers nous directement au fond de la salle en imitant Yo les mains sur le guidon de sa moto, puis s'est tenu la tête en disant: Yo, Yo, Yo!!!

Il a mimé l'accident, le choc. Yoan a touché les coudes d'Alain Joseph en lui faisant comprendre que les siens avaient été tout râpés. Puis il toucha le cou du médium et lui montra l'écharpe que mon mari portait et qu'il avait absolument voulu prendre avant de venir à la conférence. Nous avions tenté de lui dire de l'enlever mais il n'avait rien voulu entendre : c'était l'écharpe de son fils. Alain Joseph parla d'une bougie allumée en permanence à côté de la photo de Yoan. C'était tout à fait vrai : le premier d'entre nous qui se lève ou arrive à la maison allume la bougie sur le meuble où sont posées les photos de nos proches, et le dernier qui quitte la maison l'éteint. Yoan dit à Alain Joseph que, depuis son départ, sa sœur Mathilde avait quitté la maison et que les nombreux échanges avec sa maman se faisaient désormais par téléphone.

Puis l'esprit d'un homme apparut à Alain Joseph, il le décrivit : "J'ai, à côté de vous, un esprit qui dit se prénommer Dédé, il vous demande d'arrêter de pleurer !" Oui, Dédé est mon père !

Yoan dit qu'il regrette de ne pas avoir été éveillé à la spiritualité, qu'il est fier de Mathilde et de la façon dont elle a évolué. Lui ne pensait qu'aux copains, à la fête. Il nous remerciait pour les cadeaux de Noël ! Nous avons tout de suite compris à quoi il faisait allusion. Car même s'il n'était plus là, nous lui avions fait des cadeaux et servi un verre. Et puis Alain Joseph a fait rire la salle quand il a répété ce que Yoan venait de lui confier : "Il me dit qu'il m'aime bien, moi, il me dit ça à moi !" »

Le départ de Yoan a été une épreuve terrible pour sa famille. Grâce à ses multiples interventions, il a pu rassurer ses proches, les amener à comprendre la réalité de sa survie et les guider sur le chemin de l'acceptation. Merci à lui.

Les souffrances d'une grand-mère

Au cours de cette séance médiumnique publique, une énergie s'incorpora dans mon bras et dans ma main et me conduisit vers la photo d'une dame avec des lunettes. J'entendis aussitôt : « Ma petite-fille est dans la salle. » Sous le regard attentif d'une centaine de personnes, j'avançai dans une allée où l'esprit me guidait : « Cherche, là, sur ta droite. » J'avançai vers une jeune fille que j'interrogeai, photo en main : « C'est votre grand-mère ? », « Oui », me répondit-elle. J'eus à peine le temps de faire deux pas qu'une énergie me plomba les jambes, mes genoux fléchirent, je ne parvins plus à avancer ! L'esprit me fit supporter une souffrance intense qui se termina par une douleur très forte à la poitrine. Je crus en avoir terminé avec cette incorporation largement suffisante pour se faire reconnaître, mais l'esprit de cette femme m'imposa une baisse très importante de la vue, ce qui me contraignit à froncer les sourcils. Sa petite-fille m'avoua que les gens se demandaient toujours pourquoi elle les fixait de la sorte ! En réalité, elle ne voyait rien. L'esprit de sa grand-mère me dit avoir bien pâti de ce handicap. Elle s'entêta à énumérer ses souffrances et me fit basculer dans un lit avec des barreaux. Je ressentis la déchéance physique caractérisée par une incontinence urinaire. Elle me transmit ces informations : « Cette infirmière était si pressée de faire ma toilette ; sans ménagement, elle me tournait de droite à gauche dans le lit, c'était loin d'être agréable ! Quand tu venais me voir, ma petite-fille, tu étais mon rayon de soleil de la journée. Tu n'étais pas là quand je suis partie, mais ce n'est pas grave ! » Elle me ramena à la culpabilité de sa petite-fille de ne pas avoir été présente dans ses derniers instants. L'esprit me montra les terribles conditions de vie d'une femme en fauteuil roulant et prononça « Martine », prénom d'une de ses filles, handicapée. La grand-mère demanda à sa petite-fille « Suzanne » qui était présente dans la salle de bien s'occuper d'elle. L'esprit de cette vieille dame m'indiqua la date de ses obsèques en novembre 2012. Par sa manière de m'incorporer, je ressentis une à une les souffrances qu'elle avait subies. Elle me laissa entendre qu'elle n'était pas complètement libérée de ce parcours et s'obstina à me parler de sa déchéance physique, comme une obsession. Elle me dit qu'elle ne croyait pas en Dieu. J'ai alors considéré que son esprit avait besoin d'aide et je lui ai dit : « Vous devez être en paix maintenant et laisser la souffrance derrière vous. Allez vers la lumière ! » Le jour de notre passage dans le monde spirituel, nous ferons tous l'expérience de nos pensées bonnes ou mauvaises. L'exemple de cette dame nous démontre les difficultés de son esprit à surmonter la souffrance physique car, à l'évidence, elle ne comprenait pas encore la nouvelle dimension dans laquelle elle était entrée.

Un pardon non accepté

Ce jour-là, j'étais en conférence à Saint-Brieuc ; alors qu'au milieu d'une rangée de la salle, je venais de délivrer un message à une dame, je vis apparaître l'esprit d'un homme qui me dit : « Je suis du Jura, ma femme est là, à votre droite ! » Je répétai donc à haute voix son message en demandant si, à ma droite, une personne du Jura était présente. Une femme leva timidement la main, elle était effectivement proche de moi. Je lui dis: «Madame, votre mari vient de me préciser que vous êtes du Jura, il est là présent ce soir à côté de vous!» Elle me regarda les yeux ronds, complètement incrédule. Je lui décrivis son mari: peu de cheveux, un béret noir sur la tête, pas très grand. Je le vis se rapprocher d'elle en me faisant entendre des cloches et me dit qu'il avait habité à la campagne, pas loin d'un petit bourg, et qu'il s'était occupé de ses vaches. Sa femme confirma: «Oui, c'est bien lui!» Je ressentis aussitôt en moi des vibrations négatives, une forme de souffrance, j'eus le sentiment que ce qui allait suivre allait être un peu douloureux. Je crus me tromper quand il s'adressa à sa femme: «Je veux te dire que je vois Marguerite.» Il venait de me parler de vaches, je demandai alors à sa femme: «Votre mari avait une vache qui s'appelait Marguerite?» — Non, me dit-elle, mais c'était le prénom de ma belle-sœur, une véritable peau de vache!» Tout le monde dans la salle s'esclaffa! Quant à moi, je n'eus pas du tout envie de rire, je restai sur mes gardes, car les vibrations étaient celles de la souffrance. Je réalisai très vite où était le problème. L'esprit du mari poursuivit: «Elle n'a pas apporté ma photo, elle les a d'ailleurs toutes déchirées, sauf une qui est à la maison!» Je répète ces mots à l'épouse qui me répond: «Oui, monsieur, c'est bien vrai!»

Le malaise éprouvé intérieurement continua à croître, puis ces mots passèrent à travers moi: «Pardonne-moi pour tout le mal que je t'ai fait, s'il te plaît, pardonne-moi ! » L'énergie de cet esprit me fit souffrir, les mots hésitants qui sortaient de ma bouche étaient chargés d'émotion et démontraient que j'étais en contact avec un esprit perturbé qui n'était pas en paix. La réponse de sa femme fut forte et cinglante : « Non, sûrement pas ! » Imaginez ma position entre la colère de l'épouse derrière laquelle se cachait aussi une profonde souffrance, et l'esprit du mari qui regrettait son attitude et demandait de l'aide sur le chemin du repentir ! Ce fut un moment très pénible pour moi, physiquement, émotionnellement. Je remercie toujours mes guides d'être présents à mes côtés dans ces moments d'incorporation difficiles à gérer. L'énergie de l'esprit prit subitement mon bras, le leva comme s'il s'apprêtait à frapper quelqu'un ! Toute l'assistance était stupéfaite, mais il le rabaissa aussitôt en me faisant répéter encore une fois : « Pardonne-moi. » Il était ainsi clair qu'il battait sa femme et n'avait pas été gentil avec elle. Puis son énergie incorpora mes hanches me faisant courber le dos et ressentir une douleur aux reins. Il me montra sa femme qui s'occupait de lui, ne recevant de sa part aucune reconnaissance mais toujours plus de maltraitance. Il dit qu'elle ne lui avait pas pardonné et il la suppliait de le faire. Mes guides intervinrent pour faire comprendre à cette dame l'importance d'accorder son pardon. Elle était tenace, secouant la tête de droite à gauche, elle répétait la même chose : « Non, non et non ! »

Je ressentais toujours la même souffrance. Mes guides me firent savoir qu'au fond d'elle-même, cette femme avait la foi : elle priait. Cette vie avec son mari étant terminée, elle devait apprendre à lui pardonner pour être dans la quiétude et la paix dans ce monde, puis dans l'autre dimension le moment venu. Lui répétant ces propos, je vis son visage changer. J'insistai sur le fait qu'une bonne personne pardonne toujours à celui qui a fait du mal et qu'elle devait être consciente qu'une vie passée avec un bourreau répondait toujours à un objectif spirituel. N'était-elle pas venue sur cette terre et dans cette relation pour guérir une ancienne blessure karmique avec son mari ? Pardonner, c'est évoluer vers l'amour inconditionnel et se dégager des blessures du passé. Le visage de cette femme laissa échapper quelques larmes. Les éclaircissements que je venais de lui donner contribuèrent à déclencher chez elle une prise de conscience ; elle promit d'essayer de lui pardonner. La promesse faite à son mari par mon intermédiaire se traduisit par la sensation intérieure d'une énergie bienfaitrice, comme si l'esprit me transmettait le début d'un apaisement. Ce fut pour moi un moment fort en émotion.

« Je m'appelle Marie-Thérèse » : quand le pardon libère

Le but poursuivi par cet esprit était également de formuler une demande de pardon. Alors que je me déplaçais dans la salle et que je me trouvais à proximité d'un monsieur, j'entendis : « Je m'appelle Marie-Thérèse, mais on m'appelait Marie-Thé ! » Elle me désigna son mari parmi cent cinquante personnes, je me dirigeai vers lui. Il était complètement bloqué, crispé sur son siège, il osait à peine lever la tête vers moi. Il ne dégageait pas de vibrations négatives, mais il était manifestement en état de souffrance et de choc émotionnel. Je lui décrivis l'esprit de sa femme qu'il reconnut aussitôt. Elle m'avoua ses problèmes de couple, plus particulièrement un manque de dialogue entre elle et son mari. Elle lui dit : « Pardonne-moi d'avoir été méchante avec toi, je n'avais pas toute ma tête à cause de la maladie. » Je lui précisai que sa femme parlait de la maladie d'Alzheimer. Il acquiesça d'un signe de tête. Elle lui demanda pardon de l'avoir « étouffé ». Elle me fit une description détaillée de sa cuisine et me dit qu'elle était présente auprès de son mari au moment du petit déjeuner. Elle me fit savoir qu'elle avait eu un problème d'alcool et qu'elle en était profondément désolée. Son mari le confirma. Depuis son départ, dit-elle, il avait évolué grâce à un monsieur qui avait été placé sur sa route pour l'aider ! Son mari hocha une nouvelle fois la tête en signe d'approbation. Soudain, j'entendis l'esprit de sa femme prononcer le prénom de ce monsieur, « Dédé ». L'épouse était heureuse de voir son mari et Dédé ensemble. L'homme face à moi en fut bouleversé. Elle regrettait d'avoir toujours joué le rôle de la victime dans ses relations avec les autres. Elle aimait son mari et lui demanda une nouvelle fois pardon. J'entendis son époux pousser un soupir de soulagement. Il commençait à être plus détendu. Marie-Thé me montra une croix qui était à ses côtés et qu'elle regardait à l'envers. « Oui, me dit son mari, je lui avais mis une croix à l'envers dans son cercueil ! » Quelle drôle d'idée, pensai-je... Je m'adressai au mari : « Vous l'avez embrassée sur le front en lui disant d'aller en paix. Elle vous a entendu. Marie-Thé ne croyait pas au Bon Dieu et le regrette. » Elle remerciait Dédé de son aide. Elle me fit savoir qu'elle voyait, dans le monde spirituel, son frère adoré en donnant son prénom, Marcel. « Ne pense pas à venir me rejoindre, dit-elle à son mari, tu as la vie devant toi », puis elle l'embrassa.

Elle reviendra à la fin de la conférence adresser un nouvel au revoir à son conjoint et donnera devant tout le monde ce détail : « J'ai oublié de vous dire que mon mari s'appelle Henri ! » Il affirma devant tout le monde : « Oui, c'est bien mon prénom. » Ce beau contact médiumnique fut une libération aussi bien pour Henri que pour l'esprit de Marie-Thérèse. C'est à chaque fois un bonheur pour moi de pouvoir œuvrer à la réconciliation de deux êtres en faisant en sorte qu'ils continuent à vivre leurs expériences de vie dans la paix et la sérénité.

Grazie mille

Quand la mort physique sépare deux êtres qui s'aiment, quand la douleur est à ce point intense pour le survivant que la vie lui devient insupportable, la rencontre d'un médium sérieux et compétent peut représenter pour lui une véritable bouée de sauvetage.

« J'ai rencontré Alain Joseph Bellet pour la première fois le 10 janvier 2014 à une conférence médiumnique organisée pour aider les gens à affronter la souffrance d'un deuil.

Il y avait tellement de monde dans la salle qu'il me parut évident que tous n'auraient pas la chance d'avoir un message. Le thème de la conférence était le suicide.

Comme tous ceux qui attendaient un message, j'ai profité de la pause précédant la séance de médiumnité pour aller déposer la photo que tu aimais tant, celle qui était sur ton bureau et que j'avais fait agrandir pour tes obsèques. La séance commença et j'eus bien vite l'occasion de constater qu'un bon nombre de personnes de l'assistance avaient été personnellement touchées par le suicide d'un proche. Le médium s'approchant de la rangée dans laquelle je me trouvais s'adressa à ma voisine venue avec sa fille. Il lui dit que son mari s'était suicidé et que le corps de celui-ci n'avait été retrouvé que huit jours plus tard. Il fit une description très précise de la scène. La fille de cet homme ne put retenir ses sanglots.

Il s'adressa ensuite à un jeune homme qui se trouvait juste devant moi et qui avait perdu sa maman. Alain Joseph lui donna des détails si pertinents qu'il se mit lui aussi à pleurer.

Puis ce fut mon tour. Alain Joseph me fixa droit dans les yeux et me dit: “Binic, vous êtes Yveline! Vous avez perdu votre fille?” Je lui répondis que non. “Pourtant, me dit-il, je vois une femme derrière vous.” Je lui répondis alors: “C'est ma compagne!”

Quelle surprise alors quand il retourna vers la table pour aller chercher ta photo parmi une multitude d'images de défunts, sans se tromper! L'émotion commença à m'envahir, mon cœur battait la chamade. Le médium me dit à ce moment-là: “Elle est belle votre amie et se sent heureuse d'être belle!” Et il ajouta aussitôt: “Tu aurais pu prendre une autre photo!” Je ne pus alors m'empêcher de sourire devant l'expression que prit, à ce moment-là, le visage d'Alain Joseph, cette expression que j'avais souvent vue sur ton visage; j'avais l'impression de t'avoir devant moi. "Votre amie me parle de pétales de roses." Tout de suite me revinrent en mémoire les roses blanches de notre jardin que tu aimais tant. Il me surprit à nouveau en disant: "*Andiamo*, cela veut dire quoi?" C'est de l'italien et cela signifie: Allons-y! En avant! Je n'y croyais pas, tu me parlais en italien! Les larmes me montèrent aux yeux. Souvent, tu me disais: *Andiamo*.

Alain Joseph Bellet planta à nouveau son regard dans le mien, se mit à trembler et, comme si c'était toi qui me parlais, je l'entendis me dire: "Je t'aime, je t'aime" d'une façon si intense que j'en restai tétanisée. Puis il poursuivit en me répétant des propos que tu m'avais si souvent tenus du temps de ton vivant: "Tu dors mal, tu dors mal, il faut que tu ailles voir le médecin, et surtout n'oublie pas de fermer les fenêtres!"

Je compris tout de suite à quoi il faisait allusion! Tu avais cette obsession de vouloir toujours vérifier que portes et fenêtres étaient bien fermées. Plus de doute possible! Oui, c'était bien toi qui étais là près de moi. J'étais venue à cette séance pour me rassurer en espérant de tout cœur avoir un signe de toi, avoir un message que moi seule pourrais comprendre…

Tu poursuivis avec ces quelques mots: "Je voulais vieillir avec toi, tu voulais vieillir avec moi. Nous en parlions souvent ensemble."

Alain Joseph Bellet porta tout à coup la main à son cou et dit, le souffle court: "J'ai du mal à parler, je n'entends plus ma voix. Je suis désolée, je suis désolée…” Des mots murmurés comme dans un souffle. Mon regard s’embruma de larmes. Intubée à l’hôpital, tu ne pouvais plus parler. “Je suis désolée”, ce sont sûrement les derniers mots que tu as voulu me dire avant de partir.

À la suite de cette expérience, je décidai de prendre un rendez-vous privé avec M. Bellet afin de prolonger ce moment magique que je venais de vivre. Quelques mois plus tard, c’était un mercredi, je me retrouvai face à Alain Joseph ; j’étais stressée, mais quelle joie ! Quelle émotion indescriptible j’ai ressentie lorsque j’ai vu le médium se mettre à écrire frénétiquement comme sous ta dictée des tas de messages plus incroyables les uns que les autres, d’une force émotionnelle, d’une telle vérité et avec tant de détails que toi et moi seules connaissions ! Je vis M. Bellet écrire très vite, feuille après feuille, comme guidé par ta main.

“On me parle dans une langue étrangère”, me dit-il. À ces mots, je sentis un frisson me parcourir tout le corps. C’était bien toi qui étais là. Alain Joseph me dit alors : “Je vois une femme qui souffre sur un lit et qui a des difficultés à respirer. Elle a eu un problème, elle me touche la poitrine. Elle me parle d’une pendule, elle cite le chiffre 6, un peu avant, me dit-elle !” Comment ne pas être bouleversée par tous ces mots qui pour moi prenaient tout leur sens ? Avant le 6, c’était le 5, 10 minutes avant le 6 juin. Tu es partie le 5 juin à 23 h 50.

Ce sont tes derniers instants de vie au service de réanimation que tu me faisais revivre grâce à Alain Joseph. Tu y avais été admise pour insuffisance respiratoire. Il y avait une pendule face à ton lit de souffrance. Il était 22 heures ce 5 juin 2013 : appel de l'hôpital. La tension ne remonte pas et le médecin est très inquiet. Je pars en catastrophe. Tu ne vas pas bien du tout. Je te regarde. Je te parle. On ne se quitte pas des yeux. J'essaie de te transmettre ma force. Je regarde l'écran en permanence et la tension baisse toujours. Je t'embrasse, je te caresse. Je te parle. Toutes tes forces, tes peurs, tes angoisses, je les lis dans ton regard. Tes yeux sont cernés, tu transpires, tu as du mal à respirer. J'essuie ton visage, je te prends par les épaules, je te supplie de te battre. Et puis brusquement, ton regard se voile et ne me fixe plus. Les alarmes du monitoring se déclenchent : électrocardiogramme plat et tension nulle. L'infirmière arrive en me disant : "C'est fini, elle respire encore, mais ce ne sont que des spasmes." Tes yeux se sont fermés, tu as froncé les sourcils comme si tu semblais encore vivante, mais en souffrance. Je suis dévastée, je t'embrasse, je te secoue par les épaules, je n'y crois pas, j'ai envie de hurler. Tu es partie. Il est 23 h 50.

La consultation avec Alain Joseph se poursuivit et voici les propos qu'il me tint : "*Bella*, elle se sent à nouveau *bella, bellissima*."

Comment ne pas retrouver dans ces paroles l'inquiétude que tu manifestais de ton vivant de perdre l'éclat de ta beauté et de ta jeunesse ?

Le médium continua : "Elle est brune, les cheveux courts, le regard expressif et le sourire éclatant de blancheur, et elle me dit encore *Andiamo*. Elle rit ! Elle dit : "Beaucoup de rires dans notre vie ! Ce qu'on a pu rire toutes les deux !" Je te reconnais bien là, tu m'as tellement dit que tu aurais aimé être un clown !

Alain Joseph Bellet dit : "Pourquoi es-tu partie la première ?" C'est ce à quoi vous pensez ? Elle veut que vous arrêtiez de penser cela. "*Ti amo.*" Puis il me cita ces prénoms italiens : Maria, Luigi Maria. C'était le prénom de ton père que tu as tant aimé et dont la mort brutale, survenue en Italie en 1973, a été un véritable déchirement. "Je le vois, il m'a pardonnée, j'ai compris", me dis-tu par le biais du médium. Je comprends tes propos, car tu t'es toujours sentie coupable de lui avoir demandé de retourner en Italie lorsque les rapports entre ta mère et lui à Canaples en France étaient devenus exécrables. Tu pensais qu'il t'en voulait de cette décision.

Alain Joseph me le décrivit brun, les cheveux coiffés en arrière, jeune et beau, baratineur aussi, un sacré "cavaleur". Je me souviens, il était ainsi, les cheveux gominés, plaqués en arrière. Quand tu me montrais des photos de lui, sa coiffure te faisait rire ! Le médium ajouta : "Elle me montre une belle maison en Italie avec un escalier à balustrades, des sols carrelés noir et blanc. Elle me parle d'une nurse et aussi d'un couple, Emma et Gino ! Oui, incroyable ! Tu me donnes les prénoms des gens qui t'ont élevée et donné de l'amour. "Elle me fait un geste de la main, le pouce levé comme si elle voulait que vous lui serviez un verre à boire, et elle rit !" Le médium imita parfaitement ta gestuelle. C'était impressionnant, j'avais vraiment la sensation que tu étais face à moi. Puis il dit : "Comme je regrette cela !" Oh ! Je sais que tu regrettes, l'alcool te rendait colérique, car tu ne le supportais pas. Tu fis alors une comparaison bien précise avec une personne qui avait le même problème que toi. Je l'ai compris quand je t'ai entendue dire : "La Anna, la Anna aussi !" Comment douter de ta présence après tant de détails !

La consultation se poursuivit ainsi pendant plus d'une heure, me faisant revivre, via Alain Joseph, quarante années d'une vie d'amour fusionnel.

Tu me dis enfin : "Il ne fallait pas parler de religion ni de Dieu." C'est vrai, quand j'essayais d'aborder ces sujets avec toi, tu te dérobais. La religion et les croyances faisaient partie de ton enfance italienne : le Padre Pio, et puis ton oncle don Carlo, la sœur Rosetta et ta grand-mère qui peignait des toiles de la Vierge Marie. Ces toiles qui te faisaient horreur et que j'ai vendues à ta demande à un vide-grenier. Tu ne voulais pas parler de l'au-delà, mais le sujet t'a taraudée tout au long de ton existence.

"Je regrette cela" : C'est sur ces quelques mots de contrition, qui ne me surprirent pas, que la consultation s'acheva.

Alain Joseph Bellet me dit qu'il venait de vivre une expérience singulière. Il décida de t'adresser une prière courte mais intense. Je le vis soudainement changer de visage, une énergie entra en lui.

Et c'est dans une voix étonnante, atypique, dans un déchirement lui venant du plus profond de son être que ces mots jaillirent de sa bouche : "*Grazie mille, grazie mille.*" Des larmes coulèrent alors sur ses joues. Il m'expliqua que l'énergie d'amour qui l'avait traversé avait été d'une forte intensité.

Comme s'il venait, par cette prière dite avec le cœur, de ressentir tout ton amour et une grande paix, un soulagement.

Grazie mille, mon tendre amour, mon ange, ma vie. Prends soin de toi et sois en paix avec toi-même. »

Contacts médiumniques en consultation

Le surnom que me donnait ma maman

Françoise, dans ce témoignage, souhaite rendre un hommage à sa maman.

« Ma mère s'était présentée à Alain Joseph beaucoup moins âgée qu'à l'âge de sa mort. Les traits du visage décrits par le médium correspondaient exactement à une photo d'elle, jeune, que j'avais en ma possession. Il était donc facile de vérifier la véracité de cette description. Elle exprimait le fait d'être soulagée de ce long calvaire qu'avaient été les derniers moments de sa vie sur terre. Une énergie incorpora Alain Joseph, lui faisant ressentir une oppression dans la poitrine, des difficultés respiratoires. Elle me disait être avec son mari et avec son chien. Elle me parlait des longues heures passées dans son jardin fleuri qui lui demandait beaucoup de travail. Elle voulait que je me souvienne de ces moments de bonheur. Deux esprits se présentèrent alors en même temps et se nommèrent à tour de rôle : Jean, puis Anne-Marie.

Je reconnus immédiatement les prénoms de mes grands-parents, que j'aimais beaucoup. Alain

Joseph me décrivit une scène où je frottais les escaliers couverts de sang. Ma mère disait souvent que ces marches étaient dangereuses… Elle montra au médium le jour où elle avait fait une chute. Elle utilisa alors une expression qu'elle employait toujours: "Ce fut le début de la fin!" Elle était effectivement tombée en descendant à la cave, il y avait du sang partout et son état de santé s'était considérablement dégradé à partir de cet accident. L'esprit de ma maman précisa d'ailleurs: "col du fémur". Alain Joseph me dit alors qu'elle me regardait en souriant et que tous ces affreux souvenirs appartenaient au passé. Elle allait ensuite me faire le plus beau des cadeaux en me donnant le "mot" par lequel elle savait que je ne douterais pas de sa présence. Alain Joseph me parla d'un surnom, en rapport avec moi, qui finissait par "ette". Un surnom? Cela pouvait être "Fanchette", "Fanchounette". "Non! Ce n'est pas cela, me dit Alain Joseph, c'est Biquette, s'écria-t-il, votre maman me dit: Biquette!" Quelle émotion! Vous n'allez pas me croire, ma maman m'appelait toujours "Ma biquette"!

Puis elle montra au médium que je portais au cou sa bague attachée à une chaîne et immédiatement elle lui fit entendre "un drôle de rire, me dit-il. Le même que le vôtre!" Oui, c'est vrai, maman et moi avions le même rire. Elle poursuivit en décrivant sa chambre à coucher et parla plus particulièrement d'un crucifix accroché au mur, qu'elle regardait tous les soirs avant de s'endormir, en pensant à ses parents et en priant pour eux. Elle dit: "Le Seigneur sait toujours tout! Misère, mon corps est diminué, je ne suis plus bonne à rien!" Tels étaient les mots exacts qu'elle me répétait toujours. Elle me dit alors: "Je suis là, ma biquette, je suis bel et bien là!" Elle désigna au médium une tasse sur laquelle figurait sainte Thérèse de Lisieux dans laquelle elle buvait son café chez la dame qui l'employait pour faire le ménage. Ce travail lui était nécessaire, car elle ne percevait qu'une maigre retraite de l'agriculture. Tout était tellement vrai! Elle parla aussi de sa sœur, Marcelle, avec qui elle allait chercher du charbon et qu'elle dit avoir retrouvée dans l'au-delà. Elle demanda à son fils d'arrêter de culpabiliser de n'avoir pas été présent au moment de sa mort. Je fus très surprise d'entendre cela, mais peu de temps après, mon frère me confirma la véracité de ses dires. Maman nous embrassa et me dit qu'un jour, on se retrouverait, tous ensemble.

"Ma petite biquette!" Ces trois mots que je n'oublierai jamais suffisaient à me convaincre que j'avais été, grâce à Alain Joseph, en réelle présence de l'esprit de ma maman.»

Un départ tragique!

Intriguée par les divers échos positifs qu'elle avait pu avoir concernant mon travail, Anita se présenta à mon cabinet pour son premier rendez-vous, espérant au plus profond d'elle-même pouvoir entrer en communication avec ses chers disparus.

À peine fut-elle installée face à moi qu'une très belle Bigoudène portant la coiffe fit son apparition. Vous allez me dire: quoi de plus naturel, en Bretagne? Dans le passé bon nombre de Bretonnes portaient encore leur costume traditionnel et leur coiffe ! Elle me donna aussitôt son prénom afin de bien marquer sa présence face à ma consultante encore un peu incrédule : « Marie-Louise, je m'appelle Marie-Louise ! » Anita me regarda étonnée et me dit immédiatement : « Oui, c'est maman. » Elle ne pouvait y croire et à peine avais-je eu le temps de lui répondre, qu'une autre femme d'une autre génération se présenta à mes côtés ; les deux esprits avaient décidé de venir ensemble : « Dites-lui qu'Albertine est là aussi ! » Anita sembla abasourdie, les questions se bousculaient dans sa tête : « Que ce monsieur puisse me donner le prénom de ma mère Marie-Louise, passe encore ; mais qu'il me donne celui de ma grand-mère, cela me paraît tout à coup extraordinaire ! »

Cette consultation se poursuivit et mena ma consultante de surprise en surprise. Quelques semaines auparavant, Anita avait eu la douleur de perdre une amie très chère, qui avait elle-même, du temps de son vivant, connu un drame en perdant son fils. Une voix vint me chuchoter à l'oreille : « Lisette vous fait savoir qu'elle est aujourd'hui heureuse et qu'elle a retrouvé son fils chéri. Surtout ne vous inquiétez pas pour elle ! » Anita explosa en sanglots. Je lui dis alors que ce merveilleux contact avec le monde des esprits était un cadeau. L'un de mes guides vint à son tour pour me faire savoir qu'Anita, toujours face à moi, avait perdu son frère dans des circonstances tragiques. M'apparut alors dans l'angle de la pièce un homme portant un habit de marin. Je ne l'entendis pas tout de suite me parler mais il me montra une scène : une mer très agitée, des rochers, il m'indiqua plus précisément la pointe de la Torche dans le Finistère-Sud. Un profond malaise s'empara de moi, je compris immédiatement que cet homme avait péri en mer. Tout à coup, je me mis à parler breton et à répéter ces mots: « *Toul an ifern !* »; bien qu'étant originaire de cette région, je dois vous dire que je ne parle ni ne comprends la langue de mes ancêtres. Je vis alors le visage d'Anita devenir complètement blême et elle me dit d'une voix tremblante: « Oui ! Ce n'est pas possible ! Cela veut dire "trou de l'enfer"; mon frère était marin et il a perdu la vie, là-bas ! Oh mon Dieu ! Il est là aussi avec nous ! ? » « Oui, Anita, votre frère est bien là et il me dit de vous remercier pour vos prières. »

Quand les esprits nous demandent d'être des messagers pour leurs proches

D'autres esprits continuèrent à se présenter, et notamment les parents d'une personne vivante se prénommant Irène et qui se trouvait dans l'environnement proche d'Anita; ces esprits voulaient que ma consultante transmette ce message à leur fille: « Irène ne doit plus rester fâchée avec sa sœur, il faut absolument qu'elle lui pardonne ! » Aussi surprenant que cela puisse paraître, il arrive parfois que des esprits étrangers à la personne qui me consulte viennent faire passer un message pour un ami, un voisin, un collègue de travail, mission parfois difficile à remplir, car tout le monde n'est pas forcément prêt à recevoir aussi brutalement de telles informations. Sur le moment, Anita ne sembla pas comprendre de qui il s'agissait, quand subitement ces deux esprits me donnèrent un nom de lieu-dit, toujours en breton : « Kerganten. »

Immédiatement, Anita, les yeux remplis de larmes, me confirma qu'il s'agissait de voisins de l'endroit où elle avait vécu autrefois.

Anita, toute bouleversée, me confia qu'après une telle consultation, elle se sentait apaisée, heureuse d'avoir eu les preuves de la présence de ses chers disparus à ses côtés et qu'elle était désormais convaincue de les retrouver un jour.

Une chaîne en or

Marie-Line me consulta ce matin-là dans l'espoir d'avoir des nouvelles de ses grands-parents et, bien qu'ils soient partis depuis de nombreuses années, elle ne parvenait toujours pas à se remettre de ce deuil.

Je fus très étonné de voir m'apparaître très rapidement l'esprit d'une femme aux cheveux blancs ondulés qui me fit ressentir une oppression très forte dans la poitrine, suivie d'un départ brutal et rapide. Elle me fit comprendre qu'elle n'appartenait pas à la famille de ma consultante, mais qu'elle la connaissait très bien, étant une amie proche. Elle me montra une scène de la vie quotidienne dans laquelle Marie-Line se trouvait dans sa cuisine et tentait de consoler une jeune femme qui pleurait le décès de sa mère et ne cessait de répéter cette phrase : « Je ne verrai plus maman ! » Ma consultante comprit instantanément de qui il s'agissait puisque, deux jours auparavant, elle avait eu effectivement une conversation avec la fille de cet esprit qu'elle avait vainement tenté de consoler et qui lui répétait inlassablement: «Je ne verrai plus maman.» Comme pour être sûr que Marie-Line ne doute pas de sa présence et qu'elle transmette le message, l'esprit de cette dame me donna une kyrielle d'informations destinées à sa fille qu'elle savait en souffrance et dont elle était sûre que celle-ci ne pourrait que constater l'exactitude des informations transmises; elle me donna ainsi une liste de prénoms faisant partie de sa famille: sa maman Marie-France, sa nièce Catherine, sa sœur Brigitte et son neveu Pierre.

Elle évoqua aussi une chaîne en or lui ayant appartenu, que sa fille portait autour du cou et qu'elle touchait régulièrement en pensant à sa maman. Elle poursuivit en me donnant le surnom qu'on lui donnait jadis lorsqu'elle travaillait pour la maison Dior: «Eugénie»! L'histoire ne devait pas s'arrêter là, car l'esprit de cette femme décidément bien bavarde et visiblement soucieuse de donner un maximum de détails me dit que son autre fille Sylvie avait encore plus de mal à croire que sa sœur à une vie après la mort. «Tout cela est bien triste!», dit-elle. Elle souhaitait que Marie-Line dise à Sylvie que sa maman était enterrée avec un bijou qu'elle lui avait offert, un cœur de perles, et qu'elle la voyait se promener régulièrement à son endroit préféré, là où coule un ruisseau. Marie-Line, qui connaissait très bien ce lieu, ne put que se résoudre à accepter la mission de transmettre les messages reçus de cet esprit qui, visiblement rassuré disparut aussi rapidement qu'il était apparu.

Quand les esprits me parlent en breton

La consultation avec Marie-Line prit ensuite une tournure inattendue. J'entendis tout à coup: «Pen ar Guarn, Pen ar Guarn!», probablement un nom de lieu transmis par un esprit pour l'instant invisible. Marie-Line écarquilla les yeux: «Mais c'est le lieu où vivait toute ma famille!» Une énergie masculine très puissante me fit prononcer ces mots: «Il faut rendre le bonjour à toute la famille! Je m'appelle Louis!» Puis s'adressant soudain à moi, il me glissa avec humour ces quelques mots: «C'est pour toi le médium. Tu sais, dans le temps, tu aurais brûlé sur un bûcher!»

Il me montra ensuite une scène de son passé dans laquelle il rendait visite à une magnétiseuse qui guérissait les verrues et chez laquelle il avait conduit sa petite-fille, âgée alors de huit ans. Il me précisa que le magnétisme avait fonctionné. Il me compara à cette femme qui faisait du bien! Marie-Line, tout émue, confirma l'exactitude des détails de ce qu'elle avait vécu avec son grand-père. Il me dit ensuite avoir travaillé très dur pendant toute son existence pour permettre à sa famille de ne manquer de rien malgré des conditions de vie très difficiles. Puis soudain, il prononça un nouveau prénom: «Thérèse» que Marie-Line me confirma être le prénom de sa sœur. Il ajouta immédiatement: «Il faut l'aider, car elle ne va pas bien.»

Tout à coup m'apparut une grand-mère affairée à faire du picot, de la broderie, elle donna son prénom: «Mar'chan.» Je ne compris pas ce nom que je venais de prononcer, mais Marie-Line me confirma que c'était son prénom en breton. Cet esprit me dit qu'elle était réputée pour son caractère obstiné, bourru, et qu'il était souvent difficile de lui adresser la parole. « C'est bien vrai », me dit ma consultante en souriant, en même temps que son grand-père qui, une nouvelle fois, refaisait son apparition. Une autre scène s'imposa à moi ; Marie-Line se trouvait dans un jardin au fond duquel il y avait un poulailler où il était formellement interdit d'aller jouer car la porte fermait mal et risquait donc de laisser s'échapper tous les volatiles. Puis un nouvel esprit se présenta à moi comme étant la grand-mère paternelle de ma consultante. Elle me fit prononcer ces mots que je ne compris pas bien sûr : « L'oiseau fait son nid, l'oiseau fait son nid » tout en me montrant qu'elle n'avait plus de dents. Dans une vive émotion, Marie-Line me dit : « Oui ! Je sais ce qu'elle veut dire. Nous avions eu une conversation juste avant sa mort pendant laquelle elle me répétait sans cesse : "L'oiseau fait son nid." » La consultation touchait à sa fin et, en guise d'ultime déclaration, cette grand-mère me donna son nom de famille : « Le Cossec » et, s'adressant à sa petite-fille, lui dit : « On est tous heureux ici quand vous pensez à nous, je t'embrasse », avant de dire en guise d'au revoir « Mamm-Gozh »… Marie-Line, bouleversée, me confirma que c'est ainsi que tout le monde l'appelait.

Un juron en breton !

Témoignage de Michelle

« Mon frère Jean-Pierre est décédé en 2002 de façon brutale. Son départ m'a causé un immense chagrin. C'était mon jumeau. Depuis cette date fatidique, j'ai l'impression d'avoir raté quelque chose, de ne pas avoir su faire ce qu'il fallait pour le garder en vie.

J'avais vu Alain Joseph Bellet en conférence, j'avais été impressionnée par tous les messages de défunts qu'il transmettait lors de ces réunions médiumniques. Les détails étaient précis. Les gens à qui il s'adressait confirmaient systématiquement toutes les informations que les esprits lui donnaient. Je pris donc, un jour, la décision de venir le rencontrer en rendez-vous privé.

Au début de la consultation, l'énergie de mon frère incorpora Alain Joseph qui se mit subitement à tousser très fort tout en se plaignant d'une grande douleur dans la poitrine. Je reconnus immédiatement mon frère, décédé d'une embolie pulmonaire et qui toussait énormément juste avant de mourir. Puis, le médium me parla d'un cendrier en cristal posé sur une table et débordant de mégots de cigarettes que Jean-Pierre voulait lui montrer. Effectivement, j'ai toujours connu ce cendrier plein, trônant sur la table de la maison familiale. À travers cette vision, mon frère voulait exprimer les regrets de ses excès passés, l'alcool et le tabac. Soudain, comme pour chasser cette image, il donna à Alain Joseph le diminutif qu'il me donnait toujours : "Mich" et qu'il était le seul à utiliser pour m'appeler. Puis, il me ramena à notre enfance en parlant avec précision de l'île de Groix sur laquelle nous avions passé de merveilleuses vacances. Alain Joseph toujours incorporé par l'esprit de mon frère saisit un stylo et se mit à dessiner ce que je reconnus comme étant un nœud marin, ce même nœud qu'il m'avait appris à faire. Ce qui va ensuite me surprendre à maintes reprises, c'est d'entendre un mot en breton : *touen*. De son vivant, Jean-Pierre disait toujours ce juron, souvent employé sur cette île. Qui peut encore douter quand on reçoit de tels détails ? Le médium soupirait aussi à chaque fois qu'il délivrait une phrase comme le faisait constamment mon frère. L'incorporation de son énergie le faisait soupirer ! Exactement comme lui ! Alain Joseph tourna subitement la tête vers la droite et ces mots sortirent de sa bouche : "Toi, t'es un bon gars, ici on t'aime bien ! Je t'aurais rencontré avant, je t'aurais regardé de travers !" Je reconnais bien là le caractère entier de mon frère. C'est vrai qu'il était plutôt du genre mécréant. Alain Joseph me dit le voir subitement apparaître en compagnie d'un chien, un berger allemand. Oui ! Effectivement, j'avais eu dans le passé un berger que mon frère affectionnait tout particulièrement.

Finalement, Jean-Pierre, par quelques phrases supplémentaires, chercha à me rassurer et me demanda d'arrêter de m'inquiéter, de culpabiliser, que j'avais fait tout ce qu'il fallait pour lui mais qu'il avait préféré partir "en douce" ! Que de détails tous plus vrais les uns que les autres ! L'esprit de Jean-Pierre, pendant toute cette séance, avait bel et bien communiqué grâce aux facultés d'Alain Joseph. Je ne l'oublierai jamais.

Michelle. »

La confirmation de son amour

Témoignage de Caroline

«C'était la première fois que je rencontrais M. Bellet. Alors que je m'installais confortablement dans un fauteuil, la séance démarra sans préambule, avant même que j'aie eu le temps de finir de m'asseoir. Mon mari, Pierre, s'empressa de transmettre ces mots: "Ma petite Caro, je t'aime. Je suis souvent près de toi!" Je restai stupéfaite d'entendre cette phrase qui fut d'autant plus pertinente pour moi qu'elle venait de dissiper certains malentendus survenus avant sa mort. Malentendus qui m'avaient fait douter de son amour pour moi. Comme pour continuer à me persuader de sa présence, il poursuivit en me disant: "J'étais dans la voiture, à vos côtés, pour venir à ce rendez-vous." J'en restais toute surprise, et encore plus quand je l'entendis me dire qu'il avait vu notre fille, qui m'accompagnait ce jour-là, fatiguée au point d'abaisser son siège pour se reposer. Effectivement, c'est ce qu'elle avait fait et ce de façon tout à fait inhabituelle. Pour mieux accréditer ces paroles, il me précisa qu'il l'avait vue se toucher le bas du dos en se plaignant d'avoir mal. Tout était rigoureusement exact.

Puis, l'esprit de mon mari se mit à décrire l'intérieur de notre maison et une scène où, face à la grande baie vitrée de notre salon, il regardait son jardin tristement. C'était son habitude de regarder dehors: “Je suis un contemplatif !”, disait-il toujours. Il poursuivit: “Je me sentais si faible et si fatigué avant mon départ.” À ces mots, je me sentis émue jusqu’aux larmes. Mais Pierre fit dire à Alain Joseph qu’il ne voulait pas me voir pleurer. Effectivement, le jour de son départ, je l’avais vu très fatigué, mais sans tenir compte de son état de lassitude, je lui avais dit que cela irait mieux sans chercher à le dissuader de se rendre à sa séance de sport. Quand subitement ces propos passèrent par le médium: “Arrête de culpabiliser, arrête de pleurer à cause de cela. Ma chérie, comme j’étais têtu, il fallait que je sorte faire du sport. Qui aurait dit, alors que j’entretenais ma condition physique, que j’allais partir d’une crise cardiaque, comme papa ! Je suis avec lui maintenant !” Cette nouvelle me réjouit, car mon mari aimait beaucoup son père qui, lui aussi, avait été terrassé par une crise cardiaque. Pierre enchaîna sur une anecdote qui s’était déroulée peu de temps avant la consultation. Il dit: “Le département 22. Je t’ai vu très stressée à l’idée de conduire ta nouvelle voiture à boîte automatique. Mon esprit était à tes côtés !”

Il poursuivit en prononçant un prénom: “Marie, Marie.” Il insista à plusieurs reprises mais je ne voyais pas de qui il voulait me parler. Il se mit tout à coup à chantonner: “Ti ta ti, ti ta ta !” et je vis Alain Joseph qui tout en fredonnant ces mots se mit à bercer dans ses bras un enfant invisible. Je ne compris pas immédiatement à quoi cela devait me faire penser, mais de retour chez moi, j’eus la révélation de cette vision en me remémorant la nounou que mon mari avait eue dans son enfance et dont son frère et lui riaient beaucoup, car elle chantait sans cesse “Ti ta ti, ti ta ta”, à longueur de journée. Mais plus grande fut ma surprise d'apprendre que Marie, la nounou, était décédée au moment même où je me trouvais dans le bureau d'Alain Joseph ! J'en conclus donc que Pierre était au courant de l'arrivée de Marie dans le monde spirituel et qu'il avait voulu m'en avertir.

Puis, pour continuer à me prouver qu'il me rendait souvent visite dans mon quotidien, il évoqua un plan d'eau près duquel je me promène souvent avec un couple d'amis qui m'aide beaucoup à surmonter ce drame.

Cette consultation me laissait incroyablement bouleversée, quand j'entendis Pierre me dire : "L'oncle Jean a besoin d'aide, il est malade !" ; là encore, comme pour Marie, je ne compris pas tout de suite le sens de ce message. Ce n'est que quelques jours plus tard que j'appris que l'oncle Jean souffrait d'une grave maladie…

Alain Joseph dit : "Votre mari me fait savoir qu'il allait souvent à Angers." Oui, c'est la ville dans laquelle vivait notre fille, et comme pour me persuader un peu plus de sa présence, il me décrivit en détail le logement qu'elle occupait. Comment, parmi ces milliers de communes de France, le médium avait-il pu précisément me donner le nom de cette ville ? Il poursuivit en faisant allusion à l'aide que sa fille lui demandait souvent avec cette phrase : "Papa, si tu m'entends…" Mais aussi à mon inquiétude face aux déboires sentimentaux qu'elle rencontrait. Il me donna le surnom "Doudou, Doudou", ce qui ne m'évoqua rien de particulier sur le moment. De retour à la maison, j'en parlais à ma fille qui me confirma que c'était le petit nom qu'elle donnait à son fiancé. Comment rester incrédule après cette profusion de détails qui ne pourraient que déstabiliser le plus cartésien d'entre nous ?

Soudain Alain Joseph entendit un aboiement et prononça ces mots : "Mais tais-toi donc ! Mais tais-toi donc !" Ce sont exactement les termes qu'utilisait mon mari lorsque notre petit chien aboyait. Le médium me regarda fixement et dit : "Merci de t'occuper de ma mère, car je sais qu'elle n'est pas facile !" Puis, il me répéta ce qu'elle disait souvent : "C'est moi qui aurais dû partir à sa place."

Pierre me ramena au souvenir d'un voyage que nous avions fait ensemble aux îles Canaries : "Te rappelles-tu notre dernier voyage au soleil ? Nous nous promenions au bord de la mer et nous attendions le coucher du soleil ; nous étions heureux ; c'était magique ; que du bonheur !" Bien sûr que je me souviens de ces moments de notre vie à jamais gravés dans ma mémoire.

Soudain, il changea de conversation et dit : "J'aurais dû m'intéresser davantage à la spiritualité, mais tu sais, toi, que ce n'était pas mon truc, que j'avais du mal à croire en Dieu ! Tout est maintenant beau et merveilleux." Il revint alors au moment de sa mort et décrivit ses derniers instants et ceux qui suivirent son décès : "Je me suis vu allongé par terre. Je me suis senti sortir de mon corps au moment où mon cœur s'est arrêté de battre. Je me suis retrouvé dans une chambre froide à l'hôpital avant d'être mis le lendemain dans un cercueil pour rejoindre le funérarium. Je ne comprenais pas ce qui m'arrivait." Après avoir décrit les circonstances de sa mort, il évoqua le chiffre 4 et une scène où il me voyait téléphoner à son frère pour lui annoncer son décès. Tout cela est vrai jusqu'au moindre détail, notre maison porte le numéro 4 de la rue où nous habitons.

"Votre mari me parle maintenant en souriant d'une dénommée Christine, me dit Alain Joseph, il veut évoquer quelque chose que vous aimez tout particulièrement !" Bien sûr, je compris à quoi il faisait allusion. Le jour de mon rendez-vous, j'avais confié la "mission" à une amie de confectionner des habits pour ma poupée d'enfance. Vous devinez comment j'appelle cette poupée ? Christine !

Il continua en me détaillant mon quotidien. Il me voyait mettre son eau de toilette pour me sentir plus proche de lui, mais qu'il était temps que je donne ses affaires. Je les conserve au même endroit dans notre maison. Soudain, il montra à Alain Joseph une scène où notre fille, présente dans la voiture, attendant la fin de la consultation, n'arrêtait pas de se regarder les mains, ce qui, chez elle, est une habitude. Il me dit également que c'était lui qui avait éteint et allumé les lumières plusieurs fois à la maison. Oui, nous avions eu peur ce jour-là, ne comprenant pas ce qui se passait. Quel bonheur de savoir que c'était lui qui cherchait à nous faire des signes !

La séance de médiumnité touchait à sa fin lorsque Pierre termina la consultation sur un beau message: "Ma chérie ! Tu dois progresser, avancer, sortir de la maison !" Il est vrai que, depuis qu'il est parti, je suis perdue, je me replie sur moi-même, ne sachant plus quoi faire de ma vie sans lui. "Je serai de temps en temps à tes côtés pour t'accompagner, surtout le mois de ton anniversaire, décembre, et tout particulièrement le 31, pour chaque changement d'année."

Pierre se souvenait que je déteste cette date et qu'à chaque 1er janvier, en lui adressant mes vœux, je l'embrassais en lui disant que j'appréhendais ce qui allait se passer dans l'année à venir !

C'est sur ces mots que l'esprit de mon mari nous a quittés, me laissant dans un état second, réalisant à peine tout ce qui venait de se passer ! Ce n'est qu'après être rentrée chez moi que j'ai repris mes esprits et pris conscience du grand cadeau que mon mari venait de me faire. Merci à toi, Pierre. Caroline. »

Ce témoignage nous démontre une nouvelle fois que l'esprit est au courant de faits méconnus du consultant sur le moment et vérifiés par la suite (l'accueil dans le monde spirituel de la nounou de Pierre, Marie, la santé de Jean…).

Peur d'être une nouvelle fois déçue

Témoignage de Michelle

« Mon mari nous a quittés brutalement dans un accident de voiture. Ce fut terrible pour nous.

La première fois que j'ai essayé d'aller voir un médium, c'était une femme, je suis sortie de mon rendez-vous fort déçue, assaillie par le doute. Je me demandais s'il était vraiment possible de communiquer avec l'au-delà. Cette femme ne m'en avait nullement convaincue… Quelque temps plus tard, ma fille me dit avoir trouvé sur Internet quelqu'un qui semblait sérieux. Il s'agissait de M. Bellet. Ma précédente expérience, peu concluante, me fit douter de l'utilité d'une nouvelle tentative.

En cherchant tout de même un peu plus d'informations, nous avons vu que ce médium faisait du bénévolat dans plusieurs associations. Sa démarche nous parut sincère. Ma fille réussit à me décider à aller le voir en conférence en me disant que je n'avais rien à perdre.

Le jour de la réunion, il y avait plus d'une centaine de personnes dans la salle. Je fus totalement décontenancée en le voyant se diriger vers nous et en l'entendant signaler la présence de mon mari à nos côtés. Il nous donna sans hésiter les jour, mois et lieu de l'accident ainsi que toutes les circonstances comme s'il avait, en personne, assisté à la scène : le bord de la route, le fossé, le mur…

Il fut aussi capable d'énoncer le diminutif du prénom de ma fille ainsi que les prénoms de mes petites-filles.

Il nous fit ensuite la description des enfants assis à table au moment du petit déjeuner, rapportant des propos qu'elles avaient tenus en les citant presque mot pour mot. C'était tout simplement incroyable ! Il ne m'était plus permis de douter de la présence, auprès de nous, de mon mari décédé. Je ressentis alors un bonheur infini. Il est important de préciser aux sceptiques que nous étions à plus de 500 km de chez nous et ne connaissions personne dans le secteur. Il était ainsi impossible qu'Alain Joseph ait pu entendre parler ou se souvienne particulièrement de cet accident. Et même si ça avait été le cas, comment aurait-il pu avoir connaissance des détails de notre vie quotidienne ? Emballées par cette expérience mais aussi un peu frustrées qu'il n'ait pas pu passer plus de temps à nous parler, je décidai d'aller plus loin dans ma démarche en prenant un rendez-vous privé avec lui.

En conférence, Alain Joseph nous explique qu'il est parfois sollicité simultanément par de nombreux esprits. Il s'efforce chaque fois de répondre à l'attente d'un maximum de gens qui souvent sont en grande souffrance à la suite d'un deuil. Par les messages qu'il transmet, qu'ils soient courts ou longs, et en montrant quelques photos de matérialisation d'esprits qu'il obtient, il prouve à chacun la survie de l'âme de nos chers disparus. Les rendez-vous privés sont intéressants dans la mesure où il n'y a pas d'interférences. Le délai d'attente m'a paru bien long et difficile. Entre-temps, ma mère est tombée malade. Elle décéda deux mois et demi avant la date de rendez-vous.

Le jour J, je suis allée voir Alain Joseph, très sereine, en toute confiance. À peine installée dans la pièce, il me décrivit mon mari, ma mère puis mes grands-parents, de leur taille à leur corpulence en passant même par la couleur de leurs cheveux ! Il s'attarda un peu sur l'esprit de ma maman en soulignant qu'elle avait eu un problème à un œil. C'était comme si Alain Joseph voyait les membres de ma famille devant lui. Il me rapporta aussi les propos que j'avais tenus en allant déposer des fleurs sur leurs tombes quelques jours plus tôt, en précisant même le nom du lieu ! L'esprit de ma maman évoqua ensuite mon frère, non croyant, en l'appelant par son prénom. Elle me demanda de l'aider à réveiller sa conscience.

Alain Joseph se mit soudain à rire et me dit: “Vous, vous avez un problème avec la courroie de votre sèche-linge !" Je n'en croyais pas mes oreilles ! J'avais justement demandé à mon frère, avant de partir à mon rendez-vous, de la réparer.

Alain Joseph continua et me parla de nouveau de mon mari : son accident, l'urne, une voiture grise.

Une voiture grise ? Pour la première fois, je lui signalai qu'il faisait erreur. Ma voiture est plutôt foncée. Il me répondit alors du tac au tac : "Et celle que vous avez l'intention de vendre, elle n'est pas grise ?" Hallucinant ! Je n'avais pas pensé à ma deuxième voiture… que j'allais mettre en vente. Mon mari en profita pour décrire la panne que je venais d'avoir avec ce véhicule.

Sans transition, Alain Joseph me demanda : "Qui était obnubilé par ses lunettes ?" puis répéta, avant que je ne lui réponde ce qu'il entendait : "Ah ! Elle en a fait toute une histoire de mes lunettes." Je fis immédiatement le rapprochement avec l'une des réactions de ma nièce, qui avait insisté pour que l'on fasse incinérer ma mère avec ses lunettes ! Tout ce que je venais d'entendre était avéré. Je suis ressortie de cette consultation totalement heureuse et impressionnée à la fois.

Aujourd'hui, et même si la vie est toujours difficile, je souffre moins. Je remercie Alain Joseph du fond du cœur de m'avoir permis, par sa médiumnité, de poursuivre mon chemin en ayant la certitude qu'il y a une vie après la mort, que nos chers disparus sont toujours à nos côtés et continuent à veiller sur nous. Mille mercis ! Michelle B. »

Un dernier voyage à l'étranger

Ghislaine se présenta face à moi dans un état de souffrance extrême, incapable de cesser de pleurer : elle venait de perdre son compagnon.

Tout en lui expliquant ma manière de fonctionner dans la médiumnité, je vis l'esprit d'un homme enveloppé de lumière descendre d'un escalier, faisant l'effort considérable de venir à notre rencontre pour rassurer sa femme de sa survie. Il était heureux de venir nous parler de lui. Il commença par évoquer son passé, des événements qui avaient marqué son passage sur terre. Il avait perdu son papa très jeune et en avait beaucoup souffert. Il me montra un homme en uniforme, son père quand il était militaire. Il donna son prénom « Jean-Louis » ; j'entendis également le prénom de sa première épouse avec qui il avait eu un enfant. Son énergie incorpora mes mains et me ferma les paupières ; il me fit comprendre qu'il était aveugle. Ensuite, il me prit le bras pour me faire écrire ces mots, alors qu'il entendait sa compagne dire : « C'est vrai, Jean-Louis, tu es vraiment là ? » Il répond : « Oui bien sûr, ma chérie, je suis bien là, je t'aime ! » Puis l'esprit se tourne vers moi : « Je l'aime tellement ma petite femme, elle pleure, elle pleure mon départ ! » Il poursuivit en donnant des détails bien précis : « Je sais, le moment de ma mort a été tellement rapide, on ne s'y attendait pas. Qui aurait dit que je serais mort au cours de ce voyage ? Je ne t'ai pas dit au revoir. » Ghislaine pleura. Son mari est décédé lors d'un voyage qu'ils faisaient ensemble à l'étranger.

Je vis à côté de Jean-Louis l'esprit d'une femme qui, autrefois dans sa vie quotidienne, s'habillait tout le temps en noir. Elle dit s'appeler « Maria ». « Oui, c'est sa maman », confirma Ghislaine. L'esprit de Jean-Louis me provoqua une douleur à la tête et me précisa que c'est au Maroc qu'il avait quitté cette terre : « Voyage... Chute... Tête. » « Il est tombé sur la tête », me dit sa compagne. Il me montra ensuite l'hôpital, les urgences. Je le vis allongé sur un brancard. Il dit aussitôt : « Ne pense pas à mes derniers moments. Ce jour-là, ils étaient débordés à l'hôpital. Les gens restent à souffrir sur leur lit, moi je n'ai pas traîné, c'est mieux ainsi. » L'esprit de Jean-Louis me prévint que sa compagne pensait au suicide et que je devais gentiment lui faire comprendre que ce geste ne les réunirait pas ! Ghislaine laissa échapper sa douleur : « C'est trop dur ! C'est trop dur ! » J'entendis mes guides dire : « Ghislaine, votre esprit, avant de venir sur terre, a choisi ses épreuves pour mieux évoluer et grandir. La perte de votre compagnon en faisait partie. De cette séparation naîtra une grande évolution spirituelle. » Jean-Louis ajouta : « Oui, ton âme incarnée dans ton corps physique est capable de surmonter cette épreuve. Prie Dieu de t'aider, fais-lui confiance. » Ghislaine répondit : « C'est trop difficile, je n'en peux plus. » Jean-Louis poursuivit : « Je sais. Prie Dieu de te donner la force et le courage d'avancer sans moi pour l'instant. Je t'en supplie, soyons réunis par la pensée en attendant le jour de nos retrouvailles. Ce n'est pas juste, diront certains, mais cela fait partie du dessein de Dieu de nous rappeler à lui, en temps et en heure. Mets de la joie et de l'amour dans tes pensées, c'est beau et c'est ainsi que nous sommes et serons réunis. »

Jean-Louis nous fit ici comprendre qu'il désirait que Ghislaine vive dans la joie, dans des pensées positives. « Je n'aime pas te voir souffrir, change tes pensées, je suis avec toi. » Il va lui donner ensuite de belles preuves de survie. Son énergie incorpora mes bras pour me montrer la façon dont il caressait son chat. « Il est avec son chat de l'autre côté. » Il me dit qu'il aimait les plantes, qu'il utilisait leurs vertus pour soigner son entourage. « Il continue à faire de la musique, me fait entendre des chants d'oiseaux qui résonnent dans ma tête ! » Ghislaine hocha la tête et dit avec beaucoup d'émotion : « Oui, tout cela est vrai. » « Il me fait sentir des odeurs, m'indique qu'il aimait créer des parfums », petit détail connu de sa compagne.

Avant de nous quitter, Jean-Louis tint à dire à sa compagne qu'il la voyait sur sa tombe et l'entendait lui parler. Il fit allusion à un dessin, puis dit : « Merci pour Nanou ! » Dans une émotion intense, Ghislaine me dit en pleurant : « Quel beau cadeau il vient de me faire ! » « Pourquoi ? », lui demandai-je. « Je viens de lui faire graver "Nanou" sur sa tombe, c'est ainsi que l'appelait sa maman ! »

Cet échange prouve une nouvelle fois que les esprits captent nos pensées en répondant à des questions que l'on se pose dans la relation qui nous unissait à eux. Ils démontrent qu'ils sont au courant de nos états d'âme, qu'ils sont parfois autour de nous, qu'ils nous suivent également dans nos déplacements, comme ce témoignage en atteste.

Étienne: « Bois un petit coup, cela ira mieux après ! »

« "Tienne, Tienne, Tienne", voilà les premiers mots qu'Alain Joseph Bellet nous énonce alors que maman et moi venons de nous asseoir face à lui ! Il décrit aussitôt le visage d'un homme les cheveux coiffés en arrière, les tempes grisonnantes, les yeux marron. Nous le regardons bouche bée, les larmes coulent sur nos visages. Comment douter ? Papa vient de se présenter, dès le début de la consultation.

Nous allons vivre un moment unique avec ce monsieur que nous rencontrons grâce à son livre : *Je communique avec les défunts.* J'avouai à maman être un peu stressée avant le rendez-vous. J'avais des douleurs au ventre. J'appréhendais un peu l'entretien. Mon père allait-il venir nous parler ? Un contact médiumnique était-il possible ? Crédible ? Après les premières minutes, alors que papa venait d'annoncer son prénom et de donner la description exacte de son physique, plus de doute possible. Je me laissais porter par les incroyables surprises qui allaient suivre. Alain Joseph écrit ce qu'il voit, ce qu'il entend, et quelquefois même l'esprit lui dicte des messages. Les premiers mots transmis furent : "Faut pas qu'elles pleurent, faut pas qu'elles pleurent !" Le médium poursuivit : "Étienne vous envoie tout son amour, il vous embrasse toutes les deux et dit qu'il ne lui a pas été facile de vous quitter !"

Nous nous souvenons de ses derniers jours, longs et douloureux pour nous tous. Alain Joseph nous dit que papa était présent lors de l'anniversaire de maman que nous venons de fêter ! Il nous remercie pour le beau texte lu lors de ses obsèques, plus particulièrement ses filles, car il sait qu'elles se sont donné du mal pour l'écrire. L'esprit de papa nous envoie des signes de sa présence à nos côtés, au quotidien. Il va décrire le rez-de-chaussée de ma maison avec la pendule agaçante qui fait trop de bruit, mais également le jardin de ma sœur dans lequel il lui avait fabriqué un four à pain. Il montre aussi qu'il est au courant que maman vient de planter un camélia, la veille de notre rendez-vous avec lui, et qu'elle a entrepris de faire des modifications dans le jardin avec l'aide d'un ami. "Elle s'est lancée dans la construction d'une terrasse devant la maison avec le p'tit… le petit… le petit Louis…" C'est hallucinant ! Nous appelons effectivement notre ami "Petit Louis". Je suis déconcertée d'entendre un inconnu décrire nos habitations sans jamais y être venu et parler de nos moments de vie. Mais que c'est bon et rassurant de savoir que papa est près de nous ! Nous sommes à peine remises de nos émotions qu'Alain Joseph se met à décrire trois esprits qui se présentent à lui dans son bureau, il nous en donne les prénoms : Jeanine, Mémère, Jean-Claude ! Ce sont des membres de notre famille décédés ces dernières années. Notre père lui montre son four, du pain, il lui donne le prénom de son ancien apprenti boulanger puis celui de son petit-fils. Je suis émue de l'entendre. Mon père fait dire à Alain Joseph que mon fils a des nuits agitées, qu'il se réveille souvent. Il joue et rigole avec lui, car l'enfant ressent sa présence. Surprise, je lui demande en pleurant et en riant de ne plus jouer avec lui, de ne plus le réveiller la nuit, car il a besoin de dormir. Alors que cela durait depuis plusieurs semaines, mon bébé a retrouvé dès le lendemain un sommeil tranquille !

Les moments les plus drôles de ce rendez-vous, c'est lorsque Alain Joseph va exprimer sa fatigue et demander de l'énergie à ses guides ; il lève son coude à plusieurs reprises et, sans pouvoir contrôler ses gestes, se met à rire et à dire : "Bois un petit coup, cela ira mieux après !" Il décrit cette scène où notre père débouche une bouteille de vin et fait semblant de lui servir un verre. Papa aimait profiter des bons moments de la vie et trinquer lorsque nous nous retrouvions tous ensemble en famille. Alain Joseph continue de faire des gestes incontrôlés et nous demande pourquoi l'esprit de mon papa l'incorpore de cette manière. Nous sommes stupéfaites de le voir soudain replier les manches de sa chemise sur ses avant-bras de la même façon que papa et de se mettre, les mains jointes, à se tourner les pouces comme mon père le faisait toujours. Puis Alain Joseph enchaîne en me demandant : "Avez-vous toujours mal au ventre ?" Comment pouvait-il le savoir ?

À la fin de cette consultation, un autre rendez-vous fut pris immédiatement par ma mère, car elle tenait absolument à ce que ma petite sœur puisse, à son tour, vivre un tel moment.

Puis ma maman témoigne. »

« Au premier rendez-vous pris avec ma fille aînée, l'esprit de mon mari m'avait demandé presque pardon de n'avoir jamais fêté la Saint-Valentin, mais avec notre surcroît de travail, nous n'y pensions plus. Fait du hasard ou fait extraordinaire, ce deuxième rendez-vous que je vais vous décrire eut lieu le jour de la Saint-Valentin ! Nous étions toutes les deux impatientes à l'idée de converser par l'intermédiaire d'Alain Joseph, moi avec mon mari, ma fille avec son papa. L'esprit d'un homme fit tout de suite son apparition et Alain Joseph annonça : "C'est un Jacky qui est là !" Incroyable, en effet, c'était mon oncle décédé au mois de décembre 2013. Étienne fit ensuite son apparition en me donnant les détails de ma vie au quotidien de ces derniers mois : un problème à mon œil droit, ma voiture, mon activité professionnelle. Il décrivit une scène à mon travail où il me voyait dans une boulangerie mettre des bonbons en petits sachets, me parla d'un client qui avait l'habitude de m'appeler Maguy à cause d'une ressemblance physique avec le personnage de la série télévisée du même nom. Tout était la pure vérité ! Je n'en revenais pas, ces détails me démontraient une fois de plus que mon mari était présent à mes côtés. J'étais tellement heureuse ; je me suis sentie aussitôt moins seule. Étienne s'était aussi évidemment adressé à ma fille en lui parlant de ses deux enfants, disait qu'il aurait aimé aller à la pêche avec eux, les voir grandir. Il a précisé qu'il venait les voir dans une cabane construite dans le jardin quand ils jouaient ensemble. Cela aussi était vrai ! Ma fille lui demanda également s'il était au courant de la gravité de sa maladie, un cancer des poumons, dont il avait voulu préserver mes filles. Jamais nous n'avions fait allusion à ce cancer, prétextant toujours une mauvaise sciatique pour justifier ses états de fatigue récurrents : "Je vous ai caché la vérité pour vous protéger !"

D'autres membres de la famille se sont invités à ce rendez-vous : mon père, mon oncle et, à mon plus grand étonnement, ma petite sœur décédée à un an et demi de la mort subite du nourrisson. Elle est apparue à Alain Joseph Bellet avec une couronne de fleurs sur la tête. Effectivement, maman avait gardé une photo du jour de son décès avec cette même couronne. J'étais stupéfaite et encore très émue de cette visite, car j'ai toujours dit que ma petite sœur me protégeait dans toutes les situations de ma vie.

Nous étions déjà presque à la fin du rendez-vous, mon mari fit dire à Alain Joseph qu'il fallait le laisser partir maintenant, car il avait d'autres choses à faire, d'autres personnes à accompagner. Soudain, on vit le bras et la main d'Alain Joseph se tendre et prendre le stylo d'une manière inhabituelle et écrire :

"Étienne t'aime, je vous aime, gros bisous." Incroyable, pas besoin de comparer les écritures, elles sont identiques ! Avec sa signature de surcroît ! Mon mari me laissait un dernier petit mot d'amour.

Ces moments passés avec mes chers disparus m'ont redonné le goût de vivre. Nous avons repris nos existences en main. Nous savons désormais qu'ils vivent, qu'ils sont autour de nous, qu'ils nous voient et nous guident aussi. Ils doivent poursuivre leur chemin de l'autre côté et, commc nous l'a précisé Alain Joseph, nous devons les laisser évoluer. »

« Tu n'es pas seule, je suis là »

Témoignage de Marie-Claire

« Trois ans après le décès de mon mari, Alain, j'ai eu l'occasion de rencontrer M. Alain Joseph Bellet.

C'était un jour du mois de février, je venais de terminer son livre *Je communique avec les défunts* qui avait éveillé en moi des sentiments très forts.

J'ai donc parcouru les 850 km qui séparaient mon domicile du lieu de la consultation. Mon fils m'accompagnait pour ce premier rendez-vous qui a duré plus d'une heure. Maintes preuves irréfutables d'une vie après la vie nous ont été données en cette belle journée ensoleillée. L'élément le plus marquant fut celui où M. Bellet nous annonça l'arrivée d'une grand-mère se prénommant mamouchka. Il n'était pas sûr d'avoir bien compris et écrivit donc ce patronyme sur une feuille de papier avant de l'orienter vers nous. Il se trouve que mamouchka était le petit nom que mon fils donnait à sa grand-mère paternelle. Ce surnom n'a aucune origine ethnique ou particulière dans notre famille… Il s'agissait simplement d'un petit nom original (plus atypique que mamy ou grand-mère) que ma belle-mère avait choisi, sans aucune autre raison que d'opter pour un choix peu courant. Cette grand-mère, que mon fils aimait tant, précisa au travers de M. Bellet qu'elle était décédée d'un cancer des poumons et que, malgré les nombreux avertissements des médecins et de sa famille, elle n'avait jamais choisi d'arrêter de fumer. Voilà déjà deux éléments, le surnom et l'origine du décès, que M. Bellet ne pouvait en aucun cas connaître.

Beaucoup d'autres choses furent apportées par les différents défunts intervenant lors de cette entrevue. Tour à tour, nous avons pu discuter, grâce à Alain Joseph, avec mes parents… Mon père, décédé en 1980, s'est présenté avec une casquette, comme il avait l'habitude d'en porter une, en déclinant son état civil, prénom et nom: Jean C. Ma mère, décédée en 2007, fut décrite parfaitement par Alain Joseph: une petite femme, de belle corpulence, la tête couverte d'un fichu. Puis ce fut au tour de ma belle-mère mamouchka, et enfin de mon mari, l'acteur principal de ce témoignage. Beaucoup d'éléments précis dont la description de la maison, la couleur des murs intérieurs et extérieurs, la disposition du jardin, furent apportés par celui qui a partagé ma vie durant quarante ans.

Quelques mois plus tard, je décidais à nouveau de reprendre un rendez-vous avec Alain Joseph, histoire de revivre une seconde fois cette merveilleuse expérience. Dès que je fus installée dans son bureau, l'esprit de mon mari se manifesta auprès de lui. Il se présenta, souriant, plus jeune qu'à l'âge de son décès, et me fit part de tout l'amour qu'il me portait et de sa grande joie de pouvoir communiquer avec moi. “Tu as fait tout ce chemin pour rencontrer ce monsieur. C'est le bonheur de pouvoir communiquer à travers lui. Je vous ai vus discuter tous les trois dans la voiture.” Effectivement, j'avais effectué ce long déplacement en Bretagne en compagnie d'un couple d'amis.

L'esprit de mon mari montra à Alain Joseph qu'il aimait cueillir des fleurs sauvages pour me les offrir. Il était passionné par l'horticulture et le jardin de notre maison en était abondamment fleuri, ce qui nous avait valu d'être récompensés, à plusieurs reprises, par notre commune. Il n'était pas rare que des automobilistes s'arrêtent pour prendre notre maison en photo. Mon conjoint précisa que désormais, là où il était aujourd'hui, il créait des jardins par la pensée, sur de grands espaces dans lesquels il aimait à se promener. Il insista sur le fait qu'il était désolé de ne plus pouvoir m'aider et que je devais désormais me débrouiller seule pour l'entretien de notre jardin.

Après avoir lu le livre d'Alain Joseph, je pressais mon mari de manifester sa présence par des petits signes. Le médium, lors de la consultation, nous dit qu'il avait pris l'habitude d'allumer et d'éteindre les ampoules à l'extérieur de la maison. Effectivement, cela se produit chaque fois que je lui en fais la demande ! Mais il me précisa qu'il ne pouvait pas toujours répondre à mes requêtes, car cela lui nécessitait énormément d'énergie.

À ce moment, un autre esprit intervint et dit s'appeler Jean… Il s'agissait de mon père décédé en 1980, qui passait simplement me faire un petit coucou. Mon mari et lui se voient régulièrement maintenant.

Alain, par l'intermédiaire de M. Bellet, me demanda de ne plus m'inquiéter pour notre fils qui, malgré de nombreuses difficultés traversées dans le passé, avait retrouvé une certaine stabilité grâce à un nouvel emploi qu'il venait de décrocher.

Il dit le voir devant un ordinateur entouré de chiffres. Mon fils a en effet pris la direction d'une agence bancaire en janvier 2016.

Ensuite, mon époux me précisa que ma petite voiture grise garée le long du mur en briques rouges de notre maison me donnait beaucoup de soucis. "Je te vois en ce moment regarder le tableau de bord de ta voiture ; il y a un problème avec le moteur." Je devais effectivement me rendre au garage, la semaine d'après, car le témoin moteur s'était récemment allumé. Il me parla aussi du vélo électrique que j'avais acheté après son décès alors que j'étais restée pendant plus de vingt ans sans être remontée à bicyclette. Puis mon mari fit allusion à la prise de poids excessive de notre chat qu'il décrivit en détail, tigré avec des yeux verts, et dont il me donna le prénom : Tigrou.

Le médium dit que mon mari me remerciait aussi car il me voyait le soir dans ma chambre rose saumon prier pour lui. "Tu n'es pas seule, je suis là, je t'aime, je t'aimerai toujours, un jour on se retrouvera mais tu as le temps… Je regrette d'avoir perdu mon alliance peu de temps après notre mariage", ajouta-t-il encore. Incroyable, il me parlait de cette anecdote qui nous avait tant marqués tous les deux !

Mon époux parla ensuite de notre petite-fille, il donna son prénom, Camille : "Elle est douce, elle a souvent mal au ventre, surtout le matin avant d'aller à l'école. Je te vois arranger ses cheveux (je me plains souvent de sa coiffure, car elle est assez bouclée et n'aime pas se peigner). Je veille sur elle et je demande à ses parents séparés de bien s'entendre pour l'élever."

Mon mari dit qu'il me voit soulever des pierres dans le jardin pour y trouver des vers de terre, il entend des oiseaux chanter. Oui, c'est tout à fait exact ! Il allait aussi me surprendre quand j'entendis : "Votre mari me parle d'un enregistrement à venir, d'un film que vous allez faire !" Il faut savoir que je travaille comme bénévole dans un centre de réadaptation pour animaux sauvages blessés…

principalement des oiseaux et des petits mammifères et je fais parfois la chasse aux vers de terre, dans le jardin, pour nourrir les volatiles. En outre, une équipe de télévision nationale devait se présenter quelques semaines plus tard afin de réaliser un documentaire sur le centre. Une fois qu'Alain Joseph eut reformulé tout ce qu'il venait d'entendre, mon mari lui dit : "Oui, c'est bien ça, vous captez bien."

Puis mon mari évoqua un prénom : Michel ! Oui ! Bien sûr que je connais Michel ! Cette relation datait d'avant notre rencontre. Il précisa qu'il savait que je l'avais revu récemment ! Pas de doute, l'esprit de mon mari me voyait dans mon quotidien ! Il connaissait même mes intentions, il savait que j'aimerais refaire un bout de chemin aux côtés de ce Michel. "Attention, il t'a déjà fait souffrir et pourtant tu ne mérites pas ça. Tu as tellement d'amour à donner, ma petite femme. Tu ne dois pas culpabiliser, vouloir être heureuse n'est pas une faute. Il ne faut pas rester seul sur terre. Sois donc en paix mais fais attention à toi. Méfie-toi de l'égoïsme, car l'être humain en veut toujours plus."

Alain Joseph intervint alors… "Je vois l'esprit d'un petit garçon aux yeux très noirs, avec de petites mèches brunes sur le front… Il est couvert de plaques rouges… J'entends également le chiffre 4." En février 2015, nous avons eu le malheur de perdre mon petit-neveu de quatre ans. Il est décédé d'une leucémie foudroyante.

Une fois ce grand moment d'émotion passé, mon mari conclut son intervention en expliquant que, là-haut, il rencontrait des amis, qu'ils organisaient des réunions ensemble, dissertaient à propos de la beauté des énergies de l'univers et de l'être humain, créature de Dieu.

Merci du fond du cœur pour ces moments forts en émotions et qui seront gravés à jamais dans ma mémoire.»

Un contact avec son enfant

Témoignage de Geneviève

«Lorsque j'ai pris rendez-vous avec M. Bellet, j'étais bien loin de m'imaginer la multitude de détails intimes et précis que le médium serait capable de me donner! D'ailleurs était-ce possible? Je me revois devant la porte de la maison d'Alain Joseph, un peu avant l'entretien, prier ardemment pour que mon fils puisse communiquer avec moi, qu'il me donne les preuves, oui les preuves de sa survie! La douleur de ne pouvoir le serrer dans mes bras, de ne pas pouvoir lui parler, était bien présente jusqu'à en devenir insoutenable.

J'ai frappé à la porte du médium avec beaucoup d'espoir. J'ai été très étonnée d'entendre Alain Joseph me dire avant de commencer la séance de médiumnité: "Chère madame, je ne veux rien entendre, je ne veux voir aucune photo non plus. Ce sont les esprits qui sont autour de vous qui me donneront les détails de leur présence à vos côtés aujourd'hui. D'ailleurs, un homme vient de m'apparaître, dit Alain Joseph, comme étant votre frère, il porte une casquette. Il avait un rituel, il aimait jardiner, mais quand il rentrait du jardin, il s'essuyait méthodiquement les pieds en les tapant sur le paillasson avant de se diriger vers le lavabo pour se laver les mains ! Cela a été depuis toujours imposé par votre maman !" J'éclate en sanglots, car l'émotion est forte, oui, tout cela est vrai ! Alain Joseph dit distinguer un autre homme à ses côtés, plus âgé, son père. "Donc également votre père ! Il vous aime, il a été présent autour de vous, bien souvent… il me montre une conversation que vous avez eue avec un jeune homme qui doit être un fils." Oui ! Je commence à deviner où mon père veut en venir. Alain Joseph va dire alors : "Lio, Lio, Lio ! Vous avez perdu Lionel, c'est votre fils qui se présente maintenant à moi…" Incroyable ! Je pleure, et voilà les mots que je vais aussitôt entendre : "Mam, je suis là à côté de toi. La dernière fois, nous nous sommes parlé au téléphone, je n'allais pas bien et toi non plus ! Quand on a découvert mon corps, tu n'étais pas là ! J'étais chez moi dans mon lit, c'était le 14 février ! On a mis mon corps dans un grand plastique, j'ai été incinéré !" Alain Joseph décrit physiquement très précisément mon fils, très brun, les cheveux tirés en arrière, très mal dans sa tête, dans sa peau ! Il dit être un passionné de musique ! Tout cela est la pure vérité ! Je crois rêver ! Toutes ces précisions sont des preuves de survie ! Mon fils est bien là ! "Maman, arrête de culpabiliser, arrête de pleurer, tu as fait de ton mieux ! Pense à toi, tu mérites d'être heureuse ! Maman, s'il te plaît, arrête de pleurer !" Il poursuit et j'entends le médium dire plusieurs fois ces mots : "Je suis ton Lio, Lio, je suis souvent à tes côtés, je te vois me parler devant ma photo. Je viens aussi dans tes rêves, maman, je te donne des signes, nous sommes reliés par la pensée !" Il m'a fait la description d'un rêve où il venait me chercher, me prenait dans ses bras pour me porter à toute vitesse, toujours plus haut dans le ciel, dans une fusion d'âmes, ce qui m'a fait hurler de bonheur et m'a donc réveillée. D'autres rêves ont été partagés, d'autres signes aussi reçus avant le rendez-vous avec M. Bellet. Il dit être au courant du cancer de mon mari, qui s'est bien battu et qui a gagné son combat contre la maladie.

Puis, Lionel m'a fait part ce jour-là de son amour toujours plus fort et du lien éternel qui nous unissait. Il m'a dit être soulagé, être heureux et enfin en paix. Il parle de son frère Joachim, il dit : "Je vois Jo, Jo ! Nous aimions faire de la guitare tous les deux, nous étions musiciens, répétitions, concerts ! Je peux te dire que je le vois dans sa maison, maman ! Là où il y a une auge en pierre à l'entrée !" C'est vrai ! Quelqu'un de cartésien qui ne croit pas à la médiumnité devrait se dire : comment le médium peut-il donner des détails si précis ? Avouez qu'une auge dans une maison n'est pas chose courante ! Lionel poursuivra ses messages en donnant des précisions intimes sur la vie de son frère. "Il fait chambre à part depuis quelque temps avec sa femme, le couple a des problèmes à résoudre ! Depuis que j'ai quitté la terre, il s'est acheté une nouvelle voiture de la marque Peugeot !!" Alors là, je ne sais pas, je ne suis pas au courant ! lui répondis-je. J'ai bien sûr à mon retour vérifié le détail auprès de son frère ! Exact !! Continuant de parler des visites chez son frère il dit : "Les niches sont maintenant décorées par des objets reliques qui m'appartenaient, dont l'ange que j'ai sculpté, ainsi que la statue de la Vierge Marie !" Il va me surprendre encore quand il me dit : "Tu sais, le jour où tu as pris deux plantes chez mon frère, j'étais là !"

C'était tout simplement merveilleux ! J'étais dans le bureau d'Alain Joseph Bellet, et aussi dans une autre dimension, baignée dans une énergie de bonheur, indescriptible ! Alain Joseph dit voir un homme se présenter à lui : "Il y a un Fred présent !"Oui ! Mon ami Fred ! Je lui avais demandé de venir à cette consultation ! "On me dit que Germaine est là aussi, et que vous avez vous aussi ce prénom sur votre acte de naissance !" Oui ! répondis-je, tout à fait, c'est mon aïeule ! Que d'amour dans cet échange ! Je suis heureuse de partager cela avec vous ! Pour celui qui hésite à croire, il ne doit plus y avoir de doute.

Je tiens à remercier du plus profond de mon cœur Alain Joseph pour cet échange si intense et si lumineux avec mon fils, mon père, Fred et Germaine. L'amour des miens me permet de survivre, qu'ils soient sur terre ou dans une autre dimension, celui que je leur témoigne comme celui qu'ils me témoignent. »

Un deuil pas terminé

Témoignage de Nathalie

Parfois, le contact médiumnique réveille une souffrance et un deuil pas encore terminés.

« Le 12 février 2012, le téléphone sonne. Mon papa m'annonce que sa maman est décédée, elle avait quatre-vingt-dix-neuf ans et demi. Mon père, alors malade d'un cancer, disparaîtra à son tour trois mois plus tard le 12 mai 2012 à l'âge de soixante-quatre ans, nous laissant ma mère, mon frère et moi, dans un deuil profond. Un certain temps après leur disparition, maman, qui a pour habitude d'acheter ses livres par correspondance, découvre *Je communique avec les défunts* d'Alain Joseph Bellet. Ce n'est pas son style de littérature, mais "quelque chose" la pousse à l'acheter. Après l'avoir lu, elle me tend le livre en me disant qu'elle aimerait rencontrer cet écrivain ! En cherchant sur Internet, je trouve un site qui me précise qu'il est médium et qu'il consulte ! Maman me demande de l'accompagner et j'accepte volontiers.

Avant ce premier rendez-vous avec le médium, mon côté cartésien va prendre le dessus et je demande : "Papa, pour être sûre que ce soit toi, donne-moi le petit surnom Bouchon par lequel tu avais l'habitude de m'appeler." Paysages sinistrés d'un hiver pluvieux, le stress est à son comble. Et si ça ne marche pas ? Et si c'est un charlatan ? Nous avons programmé d'autres activités au cas où... Dans la matinée, et après repérage des lieux, nous allons à Pont-Aven. Mon regard se pose sur le nom d'un restaurant : Au Petit Bouchon !!! Trop beau ! J'en ai les larmes aux yeux. Dommage, il est fermé.

On y est. Le médium nous reçoit chez lui, dans une petite pièce. Il y a un bureau de style ancien, deux belles chaises, des portraits de sa grand-mère bien-aimée. On s'y sent bien. C'est chaleureux, accueillant. Un bien-être m'envahit. Il nous explique le déroulement de ce qui peut ou non se produire.

Il nous décrit l'esprit d'un homme qui, de son vivant, portait des chemises à carreaux. Le médium précise qu'il a une main sur chacune de mes épaules et qu'il entend des détonations. Mais c'est mon grand-père ! Il était chasseur ! L'esprit lui fait part de souvenirs que nous avons vécus avec lui ! Troublant ! D'autant que certains détails sont cités et le médium ne peut pas les deviner : dessin de sa maison, entendre parler de pièces de monnaie trouées, etc.

Alain Joseph nous annonce d'autres esprits : mes arrière-grand-mères maternelles et paternelles ainsi que mon papa. Il nous dira que ça fonctionne bien, car il y a beaucoup d'amour qui circule entre nous ! Tour à tour, chacun donnera des éléments vécus avec eux, des regrets ou des pardons que nous seules pouvons connaître.

Mon grand-père a dit à ma mère : "Tu ne t'attendais pas à cela !" Non, c'est vrai ! Nous attendions mon père ! Mais quelle joie immense d'avoir autant de monde !

L'esprit de mon père parle au médium de sa maladie, de notre impression d'être abandonnées et se décrit en détail. L'énergie de mon père incorpore le bras d'Alain Joseph qui dessine un quadrillage 1, 2, 3, 4, un sudoku ! Papa y jouait beaucoup. Il nous parle également de rangements, d'étiquettes. Oui, il était très "classement" ! Il accompagne ses petits-fils à l'école, voit maman lire sur le canapé et mettre ses géraniums en pot. Puis vient un moment fort : il nous demande de récupérer les cartons de bouquins dans le garage pour les donner à mon frère. "Il adore Milou", lance le médium ! Après le décès de papa, nous avons effectivement vidé la maison de ma grand-mère et seule ma maman savait où elle avait mis ces fameux cartons des aventures de Tintin et Milou ! Ils étaient bel et bien dans le garage de ma maman ! Comment le médium pouvait-il le savoir ? Quelqu'un le lui a bien soufflé ! Le rendez-vous a duré une bonne heure. Je n'ai pas eu de "signes" autres que le restaurant à Pont-Aven concernant mon petit nom Mon Bouchon. Nous repartons maman et moi pleines d'espoir, de bonheur, de joie avec l'envie de revenir.

Ce fut le cas, plusieurs mois plus tard. Cette fois nous décidons d'enregistrer la consultation, en cachette de M. Bellet.

Nous retournons à Pont-Aven, biscuits et gourmandises obligent ! Cette fois, le restaurant Au Petit Bouchon est ouvert. "Fait rarissime" nous dira le propriétaire, nous n'ouvrons jamais les mercredis ! Tiens, c'est rigolo, de plus, il n'y a que nous ! Dommage pour les autres, c'est exquis ! 14 heures, nous y voici... Alain Joseph nous accueille, toujours souriant. Il nous réexplique le déroulement de la séance, ce qui laisse aux esprits le temps de venir à lui. Au bout de cinq minutes, il me regarde et me dit : "On me dit que vous enregistrez en cachette la consultation, c'est vrai ? Vous pouvez enregistrer si vous voulez !" Oups ! Mince, trahi par un défunt ! Trop fort ! Car même ma mère assise à mes côtés n'avait pas vu à quel moment j'avais enclenché mon appareil.

L'esprit de mon père parle de réunion et de date d'anniversaire, cela me semble banal comme information, mais il précise l'âge exact. Pas trente-neuf ans ou quarante-deux ans ! Non, quarante et un ans, il n'y a pas d'erreurs ! Puis en forme d'invective, mon père dira à ma mère : "Tu feras ton temps !" avec le sous-entendu que ce n'était pas la peine de vouloir en finir avec la vie comme ma mère en avait eu l'idée. Il nous parle du cabanon dans le jardin que maman a fait détruire : mon père était là. Il était là aussi quand nous avons fini de vider la maison de ma grand-mère. Il fait allusion à des nénuphars… Ma mère m'en a effectivement offert un pour mettre dans mon jardin comme objet de décoration. Il évoque des travaux de peinture et la couleur blanche alors que je viens juste de finir de repeindre ma salle de bains de cette couleur. Puis il parle d'une paire de boucles d'oreilles que ma maman a perdue mais que j'ai retrouvée chez moi.

Le médium va enfin nous dire que nous sommes parties la première fois sans avoir eu un détail attendu ! Je pense alors à mon petit diminutif : Bouchon.

Lors de mes vacances de printemps chez ma mère peu de temps avant d'aller à Quimper, un verre s'est cassé tout seul dans la cuisine. Le médium parle de cette anecdote et que si l'esprit de mon papa l'évoque, c'est qu'il confirme son action ou sa présence. C'est fabuleux, c'est magique ! Quand ce verre s'est cassé, nous avons immédiatement pensé à mon père. Savoir après coup que nous ne nous sommes pas trompées, c'est magnifique, un vrai cadeau !

Tout à coup, M. Bellet s'est mis à chanter "Parlez-moi d'amour"… ! Mon grand-père fredonnait souvent cette chanson ! Il nous apprend qu'il caresse les cheveux de ma grand-mère lorsqu'elle s'endort et qu'il la voit manger du chocolat ! Pas faux pour le chocolat ! Ma grand-mère a quatre-vingt-dix-huit ans et raffole du chocolat !

À la fin de la séance, mon père remercie M. Bellet. Il lui dit que, du fond du cœur, il lui aurait chaleureusement serré la main en partant. Qu'il aurait aimé avoir cette opportunité de pouvoir communiquer du temps de son vivant avec sa défunte maman et qu'il souhaitait que nous fassions un témoignage. Sur ces dernières paroles, Alain Joseph va enfin nous dire que nous sommes parties la première fois sans avoir eu un détail attendu ! Je pense alors immédiatement à mon petit diminutif : Bouchon. Le médium va dire entendre : "Bichon". Je corrige et lui réponds : "C'est certainement bouchon que vous voulez dire ?!!" Les esprits n'ont plus de cordes vocales et, pour le médium, bichon ou bouchon, c'est la même chose ! BOUCHON, JE T'AIME ! L'esprit de mon père venait de répondre à ma demande en donnant au médium mon petit surnom. Quel bonheur ! Quelle belle preuve de survie !

Forte de tout cela, j'écris rapidement mon texte. Et puis, boum ! Dans les jours qui ont suivi la visite chez Alain Joseph, mon médecin me diagnostique une dépression. Après un travail sur moi et avec l'aide d'une psychologue, je m'aperçois que je n'ai pas fait le deuil de mes défunts. Je pense que c'est grâce à cette visite que j'ai pu enfin accepter leur départ. Monsieur Bellet, j'ai lu votre livre *Un médium en Bretagne*. Pourquoi, alors que vous avez traversé tant de malheurs dans votre jeunesse, vous nous apportez tant de bonheur ? Je tiens à vous manifester toute ma gratitude et vous remercie du fond du cœur ainsi que vos guides, mon père qui a fait, j'en suis sûre, tout ce qui était en son pouvoir pour que ces rendez-vous aient lieu, et enfin je remercie toute ma famille défunte venue lors de ces rendez-vous, et ma maman. Mille mercis à tous, Nathalie de Briançon. »

Quelques anecdotes

Besoin d'une preuve irréfutable

Un monsieur dit à son père: «Papa, je ne crois pas à une vie après la mort, mais si tu m'entends je vais faire une expérience. Je vais voir un médium en Bretagne. Si tu es vivant, je veux que tu me donnes une preuve de ta survie par son intermédiaire. S'il te plaît, dis à ce médium, Alain Joseph Bellet, le prénom que tu me donnais quand j'étais petit et que je détestais. Alors je saurai que tu es en vie ! »

Ce monsieur face à moi dégageait des vibrations qu'il m'était facile de déterminer comme du doute ou du scepticisme. Dans un cas comme celui-ci, je m'efforce malgré tout de jouer mon rôle d'intermédiaire, mais d'une façon moins agréable que lorsque je suis en compagnie d'une personne qui croit en mes capacités médiumniques. L'esprit d'un homme se présenta à moi comme étant le père de mon consultant. Son fils, droit, immobile sur sa chaise, sembla surpris des détails que l'esprit donnait. Je le sentis de plus en plus mal à l'aise. Quand soudain l'esprit dit: « Alors, Marcel ! » Je le vis fondre en larmes. L'esprit de son père venait de répondre à sa demande et lui enlever tout doute de sa survie. Les guides m'expliquent que ce genre de sollicitation est considérée comme de l'égoïsme. L'être humain ne se rend pas compte des efforts que les esprits fournissent pour répondre à ce type de demande aussi incongrue.

Que faire de ton alliance, papa ?

Le contact médiumnique avec le papa du jeune homme assis face à moi se terminait. L'esprit s'était exprimé clairement et le dialogue avait été très limpide. Je lui demandais s'il voulait poser une question à son père. Il répondit par l'affirmative : « Ma sœur et moi ne savons pas quoi faire de ton alliance, papa ! » La réponse ne se fit pas attendre, je vis l'esprit balayer d'un revers de la main l'inutilité de cette question. La consultation était terminée et je m'apprêtais à descendre en premier l'escalier, quand, subitement, l'énergie de l'esprit m'incorpora et, dans une volte-face, je me retournai vers mon consultant et, en le pointant du doigt, je lui dis : « Tu ne vas quand même pas la mettre à ton doigt ! » Le jeune homme blêmit et dit aussitôt : « Ce n'est pas possible ! C'est incroyable, je me disais justement que j'allais la mettre à mon doigt ! » Nous pouvons donc facilement conclure que l'esprit du père a capté la pensée de son fils et a répondu à travers moi.

Un danger par rapport à la santé

En conférence médiumnique à Saint-Brieuc, je fus incorporé par l'esprit d'un homme qui me guida vers sa femme dans la salle et lui adressa ce message : « Attention à ton cœur, ma chérie ! » La dame fut surprise et ne comprit pas tout de suite ce que son mari lui disait. Pas très agréable à recevoir, on peut l'imaginer. Quelques semaines plus tard, elle m'appelait en m'affirmant que, deux semaines après la séance, elle avait failli mourir et avait été opérée du cœur en urgence.

Une dame vient en consultation et, dans un échange médiumnique, son fils lui demande de visiter un neurologue. Le médecin découvrira une tumeur au cerveau.

Je souligne que les esprits sont au courant de notre état de santé, qu'ils dévoilent parfois, s'ils en ont l'autorisation.

Davantage de preuves

Une dame a fait le voyage depuis le sud de la France espérant avoir des nouvelles de son mari défunt. Pendant qu'elle s'installait face à moi, je ressentis la présence d'un esprit qui exprima son étonnement à pouvoir dialoguer à travers moi. D'un naturel peu bavard, il donna pourtant une quantité de détails bien précis sur sa maison, sa profession, celle de sa fille, les circonstances de son départ et de son passage dans l'autre monde. Aussi, lorsque sa femme lui demanda pardon, il m'expliqua la raison de sa demande, petit secret les liant tous les deux. Bien entendu, il le lui accorda. Lorsqu'elle me demanda s'il pouvait donner son prénom, je ressentis l'agacement de son mari qui avait déjà tant de mal à communiquer. Je sais les efforts que cela leur coûte de répondre du tac au tac à une question précise. Alors que je ne prêtais pas attention à l'incorporation d'une énergie poussant ma main et le stylo à écrire, cette dame le remarqua et me demanda de lui montrer la feuille. Elle écarquilla les yeux pour me dire : il vient de vous faire écrire son prénom ! L'esprit avait choisi de répondre à sa question en utilisant mes facultés psychographiques. Elle me quitta sans réellement comprendre le cadeau qu'elle venait de recevoir. Merci à son mari et à mes guides.

Vivre dans l'amour ou dans la peur

Le manque de lâcher-prise et le manque de confiance en Dieu nous entraînent à vivre des expériences où la peur s'insinue dans notre quotidien. Peur d'avoir des problèmes de santé, peur de se retrouver dans l'insécurité matérielle, peur de l'abandon, peur de la déception amoureuse, peur du rejet, peur de la souffrance physique et morale… Ces peurs déclenchent des phobies qui peuvent nous dominer. Les alimenter crée toujours plus d'affliction et de déséquilibres. Chaque esprit possède en lui-même ses propres craintes, ses propres imperfections qu'il doit apprendre à combattre, le temps de son incarnation terrestre. Le détachement progressif de ses angoisses entraînera peu à peu l'être humain à vivre davantage dans l'amour que dans la peur. C'est un pas en avant vers une plus grande foi et confiance en Dieu. Essayons tous d'avoir ce genre de pensée: « Ce qui doit arriver, arrivera, selon la volonté de Dieu et je l'accepte ! Car je sais que Dieu placera sur mon chemin les expériences nécessaires à mon évolution. » Prenez le temps de regarder vos peurs en face et apprenez à les combattre, une à une, dans la compréhension d'un défi spirituel à relever.

Vos pensées doivent toujours être centrées sur le moment présent dans le seul but d'atteindre la paix et la sérénité intérieure. Bien souvent, toutes ces peurs en dissimulent une, bien plus grande : la peur de la mort. Dominer la peur de la mort, s'en remettre à Dieu, c'est réussir à relativiser et à chasser ces sentiments de crainte qui nous empêchent de progresser.

La peur de la mort

L'homme a toujours eu peur de ce qu'il ne connaît pas, de ce qu'il ne maîtrise pas. La majorité des âmes incarnées sur cette terre se demandent s'il y a quelque chose après, et si oui, ce qu'on éprouve quand on passe de vie à trépas. L'être humain ne sait pas quand arrivera son heure et quelles seront les circonstances qui l'amèneront à quitter ce monde. Même s'il se refuse d'y penser, la mort est néanmoins une certitude qu'il devra affronter un jour ou l'autre. Elle est inéluctable.

L'idée de mort s'assimile à la perte de tout contrôle, à l'impuissance, à l'impermanence des choses, et finalement à la fragilité des hommes. Elle peut frapper aveuglément d'un instant à l'autre, elle est subie. On peut la combattre vaillamment, mais au bout du compte, c'est toujours elle qui gagne. Nous sommes tous absolument égaux devant elle, mais pas tous également armés pour « vivre » au mieux cette aventure. À l'évocation de celle-ci, les émotions et les sentiments ne sont pas les mêmes pour tout le monde.

La peur de la mort est une émotion négative qui peut vous empêcher de vivre en toute quiétude et provoquer à différents degrés des sentiments d'angoisse, plus particulièrement quand la mort plane comme une menace au-dessus de votre vie ou de celle de vos proches. Elle peut devenir obsessionnelle, asphyxiante dans les actes du quotidien, et se révéler insidieuse à l'annonce d'une maladie grave ou lorsque les difficultés liées à la vieillesse s'installent, faisant naître une prise de conscience, l'idée d'un départ définitif. Beaucoup de gens ne peuvent rendre visite à un malade incurable ou à un agonisant, car la mort des autres les renvoie à leur propre disparition. Ce comportement compréhensible est cependant considéré comme un manque d'évolution spirituelle. Il est de notre devoir d'entourer notre prochain de tout le soutien et de tout l'amour dont il a besoin dans le moment qui précède son départ.

Cette peur de la mort découle aussi, souvent, de l'ignorance, d'un manque de recherche spirituelle. Il est à remarquer que l'intensité de cette peur est supérieure chez les personnes qui vivent toute leur existence terrestre dans l'inconscience et dans le déni le plus total de la survie et de l'existence de Dieu. La plupart des êtres humains ne parlent pas de la mort qui reste pour eux un sujet tabou.

Cette crainte peut aussi s'exprimer chez les hommes qui croient à l'après-vie ou qui sont dans la ferveur d'une religion. À l'approche du moment du grand voyage, elles se retrouvent face à leur bonne ou mauvaise conscience, à espérer le paradis ou craindre l'enfer selon leurs convictions. Les préoccupations terrestres, la disparition des liens physiques avec les proches, l'appréhension des différentes étapes du passage dans l'autre monde et la destination finale de ce long voyage sont autant de causes possibles qui peuvent créer des conflits et des déséquilibres intérieurs et donc, de ce fait, provoquer un passage plus difficile dans le monde spirituel. Les circonstances d'un départ plus rapide et brutal, quant à elles, ne laissent pas le temps à l'être humain de penser à leurs angoisses de la mort. Le temps de réflexion face à celle-ci peut être donc différent pour chacun d'entre nous.

Comment surmonter la peur de la mort ?

Si vous intégrez la notion d'éternité en votre esprit, en réalisant la futilité des biens et la fugacité des plaisirs terrestres, en vous concentrant sur de nouveaux objectifs spirituels à atteindre, vous pourrez alors vous détacher de cette peur et lâcher prise plus facilement. Cela vous permettra de combattre la peur de la mort et surtout de vous laisser porter par la vie.

La conviction qu'il existe bien quelque chose « après » réduit souvent la peur de la mort et lui enlève son côté sombre, funeste, lugubre. Beaucoup de gens au sortir d'une consultation ou d'une conférence médiumnique me disent ne plus avoir cette peur grâce aux échanges rendus possibles avec leurs chers disparus. Les contacts avec les esprits nous démontrent la survivance de l'âme et nous permettent de comprendre que la mort n'est pas une fin mais un passage vers une autre réalité. La peur des non-retrouvailles disparaît, l'espoir renaît et la foi se fortifie.

Témoignage de Sandrine

« Depuis toute petite, j'ai toujours eu très peur de la mort et du néant, j'imaginais ne plus jamais revoir ma famille, mes amis. Cela me terrifiait et faisait naître en moi des angoisses insurmontables.

Je me posais parfois la question du but de cette existence, pourquoi tout s'arrêtait ainsi brutalement ? Le simple fait d'y penser me provoquait des angoisses. Ma vie spirituelle était inexistante et je n'avais ni la foi ni aucune croyance.

À quarante et un ans, mon frère dont j'étais très proche est décédé d'une maladie foudroyante. Cela a été un drame pour moi et ma famille. Curieusement, le soir de son décès, j'ai commencé à percevoir une présence autour de moi. J'ai aussitôt rejeté ce ressenti, croyant que mon imagination me jouait un tour. Mais au fil des jours qui ont suivi, j'ai senti des odeurs de parfum, lu des mots qui s'affichaient tout seul sur l'écran de mon téléphone ou de mon ordinateur. Je croyais devenir folle et je me suis donc mise à lire des livres sur le sujet de l'après-vie. C'est ainsi que je suis tombée sur un livre d'Alain Joseph Bellet : *Je communique avec les défunts*. Ce livre m'a impressionnée et j'ai eu très envie d'assister à une réunion publique de ce médium.

Lors de la première conférence, en fin de séance, Alain Joseph est venu vers moi, m'a pointée du doigt parmi une centaine de personnes et a dit : "C'est Kiki, je suis là, je ne t'oublie pas !"

Comment le médium pouvait connaître le surnom que nous donnions à mon frère ? J'ai désiré le rencontrer personnellement. Je suis allée en consultation privée accompagnée de ma fille et de mon autre frère. Quel moment inoubliable ! Nous avons eu des détails très précis : les prénoms de nos proches, les circonstances du départ de mon frère Kiki et le nom des personnes avec qui il se trouvait là-haut comme ma grand-mère et des amis à lui. Mon frère adressa des messages à transmettre à mes parents afin qu'ils comprennent sa présence à leurs côtés. Il remercia ma mère pour la rose qu'elle cueille chaque jour dans le jardin pour lui, il dit la voir la sentir avant de la mettre dans un vase à côté de sa photo.

Il exprima la déception de voir le manque d'ouverture spirituelle de nos parents, malgré les signes qu'il provoquait à la maison.

Alain Joseph dit ressentir leur énergie dans son corps. J'ai été surprise de voir les expressions et mimiques de Kiki sur son visage.

Au fil de ces échanges, la peur a commencé à disparaître et mon esprit s'est petit à petit ouvert. Allais-je réussir à convaincre mes parents d'assister à une conférence médiumnique afin qu'ils comprennent la survie de mon frère ? !

Pour maman ce fut plus facile, elle préféra prendre un rendez-vous particulier. À cette consultation, elle comprit très vite que c'était bien son fils qui lui parlait, car il lui donna des détails sur des anecdotes et situations de leur vie commune qu'eux seuls connaissaient. Ce contact lui redonna l'espoir et la certitude de revoir son enfant. Il lui ôta toute peur de la mort.

Ce ne fut pas le cas pour mon papa que je parvins à "traîner" à une conférence peu de temps après.

L'esprit de mon frère revint de nouveau et s'adressa directement à lui. Le médium se dirigea vers mon père, lui donna son prénom et lui dit : “Papa, il faut croire !” Mon père resta alors figé sur place et muet. L’esprit de mon frère poursuivit son message en lui donnant des détails de son passé jusqu’au moment de son départ, ce à quoi mon père acquiesça sans réagir plus que cela. Je fus très surprise de le voir impassible. À la fin de la conférence il me dit : “C’est trop gros pour être vrai.” Je compris alors son refus total de voir la réalité en face et je l’interrogeai pour savoir comment, à son avis, Alain Joseph avait pu donner autant de détails sur nos vies et celle de Kiki. Il ne savait pas… Mon père avait tout simplement peur. Comment était-ce possible que son fils, mort, puisse parler à travers ce médium ? Faisait-il erreur depuis tant d’années en pensant qu’il n’y avait rien après la mort ? Et s’il y avait une vie, comment se déroulait-elle ? Y avait-il des raisons d’avoir peur ?

Il était plus simple pour lui de tout nier en bloc, tout cela ne pouvait être possible.

Quelque temps plus tard, il tomba malade et ne tarda pas à aller rejoindre mon frère.

L’épreuve du deuil nous frappa une nouvelle fois. Ma foi, ma croyance m’aidèrent à traverser ce passage difficile. Un mois après son décès, je suis allée voir Alain Joseph en conférence avec mes filles. Je n’attendais rien de particulier, sauf peut-être, de pouvoir assister aux échanges avec les esprits. J’allais recevoir ce jour-là de beaux cadeaux !

Une nouvelle fois, je vis le médium se diriger droit vers moi parmi toute cette assemblée. Il dit : “Vous avez perdu votre papa !”

Alain Joseph décrivit physiquement mon père avec une grosse moustache bien épaisse et alla jusqu'à mimer ce que faisait papa du temps de son vivant: caresser sa moustache entre ses deux doigts. Nous fûmes alors surpris de l'entendre dire: "Tu avais raison, ma fille, je ne te croyais pas, mais tu avais raison!"

Incroyable! C'est alors que je me suis souvenue de notre conversation à la sortie d'une conférence où il doutait de la médiumnité.

Ensuite il répondra à toutes les questions que je me posais intérieurement et il ira jusqu'à nous donner la plus belle preuve de survie que nous puissions espérer. En effet, avant notre départ pour la conférence, mes filles et moi avions eu une discussion dans la voiture, et l'une d'elles m'avait dit: "Tu imagines, maman, que papy intervienne pendant la conférence et qu'avec son humour particulier au lieu de nous dire au revoir, il nous dise: Ah tante Rosa, comme il avait l'habitude de le faire!"

À la fin du contact médiumnique, le médium sembla hésiter un instant avant de nous répéter ce qu'il venait d'entendre: "Je ne comprends pas ce que votre père me raconte, il me parle d'une tante Rosa! C'est une tante à vous?!"

Nous nous esclaffâmes! Incroyable, ce n'était pas possible, nous en avions les larmes aux yeux, il venait de nous prouver sa présence!! Il avait entendu la conversation avec mes filles, quel bonheur, quel cadeau!

Si papa ne croyait pas à la médiumnité de son vivant, il était intervenu depuis le monde des esprits, choisissant de nous rassurer.

Les preuves de survie seraient trop nombreuses à coucher sur le papier, mais désormais je n'ai plus peur de la mort.

Merci à mon frère, à mon père, à Dieu qui a permis ces contacts et bien sûr à Alain Joseph Bellet pour tous ses efforts déployés afin de transmettre des messages et pour son immense gentillesse. »

Sandrine a cessé d'avoir peur de la mort, elle sait maintenant qu'elle retrouvera ses êtres chers.

Un exemple de sérénité dans l'acceptation de la mort

Mon chemin a un jour croisé celui d'une belle personne qui s'appelait Armelle. Lors d'une consultation et d'une conférence médiumnique, elle avait eu la chance de recevoir des messages de son papa et d'autres défunts de sa famille. Ces échanges lui avaient considérablement ouvert les yeux sur la spiritualité. On lui diagnostiqua un cancer des poumons contre lequel elle se battit avec force et courage.

Un jour, elle me téléphona pour me dire qu'elle était sur le point de partir et souhaitait me dire merci et au revoir. Elle m'invita donc à lui rendre visite. Lorsque j'ai ouvert la porte de sa chambre d'hôpital, je fus bouleversé de la voir, malgré la souffrance et des difficultés respiratoires, dans un état de quiétude, de sérénité, de paix. Elle était enveloppée de belles vibrations d'amour. Il lui était, certes, difficile de quitter les siens, mais elle me dit qu'elle avait accepté son départ dans la certitude de retrouver ses chers disparus. Elle avait la force d'affronter la mort, car sa grande foi dépassait ses peurs et ses angoisses. Ce moment est gravé dans ma mémoire à jamais.

Si nous pouvions tous être comme Armelle, dans cet état d'acceptation, de lâcher-prise et de paix avant de mourir, alors notre passage serait plus facile.

Maman, pourquoi doit-on mourir?

Petit garçon, j'accompagnais maman sur la tombe de son père adoptif, je lui posais alors toutes ces questions: «Pourquoi doit-on mourir, maman, et renaître? Pourquoi le prêtre parle de l'enfer et du paradis? Pourquoi ne va-t-on pas tous au paradis? Que raconte-t-il?» Dans cette période, je commençais à voir, entendre et ressentir les énergies des esprits dans mes petites jambes, sans vraiment comprendre ce qui se passait. Ma tendre mère me répondait toujours: «C'est comme ça, mon fils; on doit tous un jour venir sur cette terre et la quitter. Tu es trop jeune pour penser à la mort.» Mon regard se posait sur la tombe du grand-père Alour qui venait de mourir. J'ai le vague souvenir de l'entendre m'expliquer que sous la plaque de marbre reposaient trois cercueils; dans l'un d'eux se trouvait le corps du grand-père. Je ne comprenais pas trop pourquoi on devait mettre le pépé dans une boîte, puisque je savais qu'il n'y était pas!

À cet âge, je revois cette porte blanche que l'on avait fermée devant mes yeux. Derrière celle-ci, couché sur un lit, le grand-père agonisait. Puis, ma grand-mère dix années plus tard est allée à son tour rejoindre son mari. Je me souviens du dernier baiser déposé sur son front. La froideur cadavérique reste gravée dans ma mémoire, comme quelque chose de très désagréable. J'ai réalisé bien après que mes parents avaient voulu me protéger, car ils ne m'avaient ni contraint d'embrasser le corps du grand-père, ni obligé à assister à sa veillée funèbre, ni de voir l'ensevelissement de son cercueil le jour de ses obsèques, alors que je n'avais que six ans.

La peur de la mort est profondément ancrée chez certains adultes parce qu'ils ont été marqués dans leur enfance par les circonstances qui ont entouré le départ de l'un de leurs proches et par diverses obligations : embrasser le corps du défunt ou assister à son enterrement, sans préparation psychologique ni préambule d'aucune sorte. Les enfants voient leurs parents dans la douleur, la révolte, le désespoir, c'est alors que commencent à naître les prémices de l'anxiété. Le comportement des adultes doit donc être exemplaire.

À l'inverse, ceux qui ont la foi peuvent utiliser des arguments simples pour aider l'enfant à comprendre la dissociation du corps et de l'esprit. « Le corps de pépé est étendu là, dans cette jolie caisse en bois habillée de satin, mais ce que tu vois ce n'est pas pépé, c'est juste son corps. Il est ailleurs, dans le ciel maintenant, avec un corps beaucoup plus lumineux et léger. Un jour, tu le retrouveras. » Cela permet à l'enfant de comprendre que la vie continue après la mort et qu'il n'y a aucune raison d'avoir peur, ni du cadavre, ni du cercueil, ni de la mort. La notion de prière, de mots choisis avec le cœur, dès la petite enfance, amène aussi l'âme incarnée sur le chemin de la spiritualité et l'aide à intégrer la notion de survie.

Deuxième partie

PSYCHOGRAPHIES AVEC LE MONDE SPIRITUEL

Le dialogue dans l'écriture doit reprendre

Au cours d'un réveil très matinal, une vision s'imposa à moi: elle avait l'apparence d'un système planétaire avec au centre la terre entourée d'une quantité de cercles d'énergie. J'avais le sentiment que chaque cercle correspondait à une sphère occupée par les esprits d'un même niveau d'évolution. Une interprétation possible de l'univers infini et des multiples dimensions créées par Dieu.

Mes guides, Josuah et Gabriel, allaient-ils une nouvelle fois m'aider à comprendre les étapes qui suivent la mort physique, les conditions de celle-ci, et développer les modalités du grand voyage de retour ? Allaient-ils me décrire les premiers pas de l'esprit dans l'autre monde, l'adaptation à sa nouvelle vie, ô combien inconnue pour l'être humain ?

La réponse ne se fit pas attendre, mes guides m'invitèrent, au cours d'un message, à faire preuve de discipline dans l'organisation de mon travail afin de programmer du temps pour l'écriture de cet ouvrage. Il fallait aussi me préparer à recevoir de nouvelles psychographies abordant de nouveaux points d'étude, essentiels au cheminement spirituel de l'homme.

Le message était explicite : le dialogue, dans l'écriture, devait reprendre !

L'écriture automatique

Je ne reviendrai pas sur les dangers et le mode de fonctionnement de l'écriture automatique. Cet autre moyen mis à ma disposition pour dialoguer avec le monde des esprits nécessite de la rigueur, de l'étude, du discernement quant au contenu des messages écrits qu'on appelle « psychographies ».

Médium psychographe, j'ai aussi la particularité de recevoir des textes de différentes manières. Parfois, indépendamment de ma volonté, l'énergie de l'esprit va s'emparer de ma main et me faire écrire dans un état de semi-inconscience. Je prends alors connaissance de mes écrits lorsque la psychographie a été délivrée. Dans les premiers temps, où mes guides me demandaient de m'essayer à ces exercices, j'ai vécu une expérience très particulière ; un esprit s'empara de ma main, me fit frapper la table avec une extrême violence pour finir par me faire écrire un texte transmis sous l'emprise de la colère et ce, sans que je puisse réagir d'aucune manière.

À l'inverse, les contacts psychographiques établis avec mes guides ou de bons esprits se font dans une énergie d'amour et de douceur.

D'autres fois, je peux entendre un esprit m'inviter à prendre un stylo et c'est dans une totale conscience que je vais écrire ce que cette entité va me dicter. Il se peut alors que ces séances soient accompagnées d'incorporations, de clairvoyance, de claire audience.

Le contenu des psychographies

Les directives de mes guides ont toujours été claires quant au contenu des psychographies : les textes reçus doivent être simples et compréhensibles par tout le monde. En plus des facultés dont je dispose, l'écriture est pour moi un moyen de dialoguer et d'analyser plus en profondeur mes échanges avec le monde spirituel. Selon le niveau de l'esprit qui communique avec moi, je peux distinguer la nature intime de ses pensées, son niveau d'évolution et le but de la démarche qu'il poursuit. Je suis souvent surpris par ce que je reçois et par la manière dont cet échange se déroule, car je ne sais jamais à l'avance où l'esprit va me conduire ; je me contente, simplement, de l'accompagner dans son histoire en retranscrivant mot pour mot ce qu'il veut me transmettre. Comme vous pourrez l'observer à la lecture des messages de mes guides, le vocabulaire utilisé, les tournures de phrases sont dans un style plus élaboré que les psychographies provenant d'esprits moins évolués qui ont recours à des termes, des expressions, voire des tournures de phrases de la vie courante.

On constate par ces messages que l'esprit conserve sa propre capacité de raisonnement et qu'il saura imposer les idées qu'il souhaite faire passer même si celles-ci ne sont pas en adéquation avec ce que pense le médium qui les reçoit.

Il peut m'arriver de reproduire l'écriture de l'esprit qui communique, comme nous le confirme Évelyne dans le témoignage d'Étienne.

Quoi qu'il en soit, ce travail doit se faire dans la plus grande humilité et avec la plus grande prudence, afin de se préserver des esprits frivoles, mal intentionnés, manipulateurs, qui influencent le monde terrestre. Selon leur degré de connaissance et de compréhension, certains d'entre eux décrivent leur propre réalité sans se rendre compte que leur point de vue est erroné, car ils sont incapables de comprendre la complexité du monde qui les entoure et le sens des lois qui régissent le monde invisible, dans lequel, désormais, ils évoluent.

Les psychographies sont le reflet de différentes écoles de pensée à travers lesquelles nous pouvons remarquer des points en commun dans un enseignement général dirigé vers le bien. Mais certaines d'entre elles se distinguent par des nuances, dans les idées. Ces différences s'expliquent tout simplement par le niveau d'évolution des esprits qui communiquent et qui ont malgré tout le souhait, à des degrés variés, de voir progresser l'être humain. L'ignorance et le manque de désir de s'instruire de certains autres proviennent de leur peu de volonté à vouloir étudier et à se remettre en question. Ainsi, leurs connaissances limitées au plan vibratoire qu'ils occupent ne leur permettent pas de tout comprendre, donc de nous transmettre l'exacte vérité.

Le passage dans l'autre monde ne donne pas accès au plus haut degré d'intelligence, de moralité et de savoir. Bien que leurs facultés soient plus développées que les nôtres, les esprits évoluent aussi, peu à peu, à la mesure de leurs efforts vers les secrets de l'univers divin.

Il ne suffit pas non plus de recevoir des psychographies pour être un bon transmetteur. Le médium doit aussi travailler à son amélioration et selon son mérite, il doit tendre à être l'instrument des esprits de vérité qui ont toujours pour but, par son intermédiaire, d'enseigner, d'éduquer l'être humain et de donner à ceux qui souffrent l'espérance de l'éternité en leur montrant le bon chemin qui mène à la lumière.

Les psychographies et témoignages de cet ouvrage montrent parfois des similitudes dans le déroulement des expériences vécues par les esprits. Mais au fur et à mesure que ces échanges s'affinent, nous voyons apparaître de nouveaux points d'étude essentiels à la compréhension des étapes qui entourent la mort physique ainsi que l'organisation du monde spirituel. Les répétitions sont utiles à l'intégration de cet enseignement.

Une expérience de mort imminente

Les textes religieux nous transmettent différentes versions de la mort et de l'après-vie auxquelles l'être humain adhère ou non selon son intime conviction. Nous pouvons constater que ces versions nous conduisent parfois à confondre, à nous méprendre et à nous faire des représentations imaginaires en ce qui concerne la destination de l'esprit.

Le spiritisme apporte, grâce à la médiumnité, un enseignement bien plus précis sur les différentes étapes qui précèdent et suivent le passage dans l'autre monde.

Répétitivement et de manière épisodique, ce message revenait à mon esprit : « L'homme n'est pas assez préparé à la mort ! »

Il était clair que cette affirmation devait me guider dans mon étude et dans mes échanges avec les esprits pour aider mon prochain à appréhender ce moment d'une manière plus positive, dans la connaissance de ce qui est et non dans la peur.

À la veille de faire ce long voyage qui nous ramènera à notre véritable foyer, nous nous posons tous la question de savoir comment cela va se passer pour nous. Le retour sera-t-il facile ? Difficile ? Comment se dérouleront nos premiers pas dans l'autre monde ? Comment faut-il se préparer ?

De nombreuses personnes sont revenues témoigner et parler de leur expérience de mort imminente (EMI), de leur voyage aux frontières de la mort. Il semblerait qu'elles aient vécu les mêmes sensations. De nombreux livres traitent de ce sujet.

Je me suis demandé pourquoi ils étaient revenus dans leur corps. Était-ce comme une seconde chance accordée par Dieu pour les aider à comprendre le sens de la vie sur terre ? Pourquoi ne pas poser la question à l'un de mes guides ?

Je fus surpris de n'avoir de réponse ni de Gabriel ni de Josuah mais d'entendre un esprit me demander d'écrire.

La pointe du stylo glissa aussitôt sur le papier et j'entendis :

« L'expérience d'une EMI n'est jamais le fruit du hasard mais de la volonté de Dieu. C'est ce qu'on appelle la Providence divine. J'ai fait l'expérience de la mort une première fois, ce qui m'a totalement changé. J'ai quitté la terre quelques années plus tard d'une manière définitive, sans pouvoir témoigner. Je souhaite le faire aujourd'hui avec votre collaboration, Alain Joseph. »

L'esprit du docteur Max témoigne

« Je suis mort une première fois sur la route !

Je m'appelle Max et je souhaiterais vous faire part de ma première expérience face à la mort. Je n'étais pas préparé à l'affronter à dix-huit ans et si je viens aujourd'hui, par le biais de ce médium, vous en parler, c'est pour aider les jeunes, oui pour les aider à comprendre l'importance de s'améliorer et de ne pas tomber dans les travers de la jeunesse.

Ce soir-là, il faut être honnête, j'avais bu plus que de raison. Je m'étais laissé emporter par l'ambiance d'une soirée entre copains. C'était même un concours à celui qui boirait le plus possible. Quelle bêtise ! Quand on est jeune, on ne réalise pas toujours le danger. Je n'avais que dix-huit ans, la première fois, oui la première fois que j'ai rencontré la mort ! Enfin, la réalité du monde invisible, devrais-je dire !

Je suis né dans une famille athée, donc sans croyance, ni religion ni réflexion sur le sens de l'existence. Je le précise, car c'est important, ô combien important, de réaliser qu'il faut utiliser son temps de vie terrestre avec discernement et non pas s'enivrer et se perdre dans les plaisirs terrestres.

Je suis heureux de pouvoir témoigner et de faire un retour en arrière, non pas que ce soit agréable de revivre ce moment, oh non ! Mais cela est utile et nécessaire pour mieux comprendre mon parcours.

Ce jour-là, je tenais le volant de la main droite et de l'autre une cigarette. Je roulais à vive allure en fredonnant la chanson entendue dans le bar que je venais de quitter. C'était le 12 mars 1998, les vapeurs d'alcool me faisaient transpirer. J'avais chaud dans la voiture, je ressentis donc le besoin d'ouvrir ma vitre pour que l'air entre dans l'habitacle. Je jetai ma cigarette et c'est ainsi que tout bascula ! Je roulais trop vite, je perdis le contrôle du véhicule qui, en plein virage, se renversa et fit plusieurs tonneaux.

La violence du choc me fit traverser le pare-brise, car je n'avais pas mis ma ceinture de sécurité.

C'est en faisant ce vol plané, dans un état second, que j'ai commencé à revivre plusieurs séquences de ma vie, depuis le moment passé au bar avec mes copains, jusqu'à ma naissance sur terre : bébé dans les bras de ma mère. Puis, je vis mon corps allongé sur le bas-côté de la route. L'obscurité de la nuit ne m'empêchait nullement de voir mon visage recouvert de sang et les plaies ouvertes me laissaient entrevoir de nombreuses fractures. Je n'avais pas conscience de ce qui se passait avant que les pompiers ne se penchent sur moi et me transportent à toute vitesse jusqu'à l'hôpital. Mon état s'aggravait rapidement quand j'entendis : "On va le perdre si on ne se dépêche pas."

C'est alors que mon cœur s'arrêta une première fois. Je me retrouvai au-dessus de mon corps, sans souffrance, dans un état de paix, avec l'impression de me sentir léger, oui très léger. J'ai réalisé alors que je n'avais plus aucune sensation physique et que je devais être mort. Je me suis soudainement retourné et, aussitôt, je me suis senti aspiré dans un tunnel où j'avançais à grande vitesse, tout en ayant l'impression de flotter dans l'air. Je ne ressentais ni peur, ni angoisse, j'avais la vague impression de vivre une expérience hors du commun comme dans un film ! J'avais également l'étrange sensation de ne pas être seul. À l'extrémité de ce tunnel, je vis m'apparaître un point lumineux et plus je m'en approchais, plus il grandissait, diffusant une lumière non pas aveuglante, mais attirante. Je fus à son approche comme enveloppé d'un amour indescriptible, je dirais dans la plus haute vibration de joie et d'allégresse que vous puissiez imaginer. Moment à peine semblable à la totale plénitude du bonheur que l'on ressent à la naissance d'un proche, à l'émerveillement que l'on peut éprouver face à la nature ou à l'écoute d'une musique qui nous porte dans la plus haute de ses vibrations, proche de l'extase. Ces sentiments et émotions humaines, comparativement à ce que je ressentis alors, atteignaient à peine le premier petit échelon sur la grande échelle de cet amour incommensurable.

L'environnement dans lequel je me trouvais ressemblait à un brouillard lumineux. Dès mes premiers pas, j'entendis : "Mon petit, tu n'es pas seul." Je vis m'apparaître une silhouette, et au fur et à mesure qu'elle s'approchait, le visage me parut familier : je l'avais déjà vu sur une photo ancienne. Je reconnus alors mon grand-père. Il était jeune et beau comme il l'avait été. Il vint vers moi, me rassura sur ma situation tout en m'interrogeant : "Mon petit, pourquoi as-tu commencé ta vie sur terre d'une manière si légère ?"

Je fus surpris par ses propos. Puis, à côté de lui, se tenant légèrement en retrait, apparut un être qui diffusait une lumière plus intense. Son sourire bienveillant me laissait entrevoir tout son amour pour moi. Il me projeta ses pensées : "Qu'as-tu donc fait de ta vie ? Pourquoi te détruire ainsi ?" C'est alors que je réalisai être face à un être supérieur qui savait tout à mon sujet. Avec beaucoup d'amour, il me fit revivre les événements les plus importants de ces dix-sept dernières années, marquées par l'orgueil, la vanité et le manque total de charité intellectuelle, notamment envers les autres étudiants. Je ne voulais ni partager mon savoir ni les aider. Il me fit comprendre que j'abusais de mon temps sur terre et que je m'éloignais des objectifs prévus dans mon plan de vie. Je me contentais de faire peu, le strict minimum ; au lieu d'étudier, de progresser, je vaquais à des occupations moins nobles, dans les excès de sexe, d'alcool et dans le culte de mon corps. À la fin de cette expérimentation à côté de cet être de lumière, je ressentis un sentiment de grand vide intérieur. Je m'étais occupé des plaisirs de la chair, au lieu de m'occuper de mon âme. Incroyablement, je ne me suis pas senti jugé, mais je compris que chacune de mes pensées et actions avait été empreinte de légèreté, d'insouciance et d'égoïsme tout au long de ma vie terrestre, aussi courte fut-elle.

"Es-tu prêt à revenir sur terre ? Tu dois repartir." Je lui répondis : "Non, pourquoi y retourner ? Je suis si bien ici."

"Tu as autre chose à faire. Regarde." Il me montra une partie de mon futur. Je devais poursuivre mes études, devenir médecin et aider certains humains à survivre. Il me montra des contrées lointaines où des hommes, des femmes et des enfants souffraient de malnutrition et d'une maladie très grave non soignée, du fait de la pauvreté. Mon rôle devait être essentiel ! Je devais apporter un soulagement aux personnes en souffrance physique et morale. Il me montra une belle rencontre, celle d'une femme que j'allais épouser et avec laquelle je fonderais un foyer. Cette mission me sembla alors si difficile à accomplir ! Je me croyais incapable de garder en mémoire le contenu des livres médicaux, je m'étais toujours contenté du minimum, de survoler la complexité des mécanismes physiques de l'être humain. Cela me parut une tâche au-dessus de mes moyens.

Cette pensée fut aussitôt paralysée! Et ces quelques mots que j'entendis furent à jamais ancrés dans mon esprit: "Tu vas revenir sur terre pour t'améliorer, mais aussi pour soulager, guérir tes frères simplement par charité et dans une totale abnégation de toi-même. La plus grande richesse que tu peux recevoir ici est celle de l'amour de celui que tu as sauvé sur terre."

Mon grand-père, attentif et présent, m'encouragea en m'adressant un regard si intense et si rempli de bienveillance qu'il fut gravé en moi à jamais. Il se dégageait de celui-ci tellement d'énergie qu'il me transmit sa force et j'eus la certitude de son soutien.

"C'est le moment pour toi de repartir", me dit-il!

Je me suis senti tiré en arrière et, à la vitesse d'une pensée, je repris, par la tête, possession de mon corps, allongé sur une table d'opération. Je quittai une sensation de légèreté, de paix et d'harmonie pour passer à un état de lourdeur extrême avec l'impression d'enfiler un manteau de souffrance.

Quand j'ai ouvert les yeux, j'ai vu le visage de ma mère penché sur moi et les premiers mots que j'ai prononcés résonnent dans ma mémoire: "Je sais maintenant, pardonne-moi." Elle n'en comprit pas le sens, elle exprima simplement son amour pour moi, heureuse de retrouver son fils, sain et sauf.

Mon visage exprimait une paix et une quiétude qui étonnèrent mes proches, mais je fus incapable de parler du voyage que je venais de faire. À quoi bon me battre avec une famille qui n'avait aucune croyance ? Je n'avais nullement envie de passer pour un illuminé. Au fil des jours, je récupérai toutes mes forces en pensant chaque jour à l'être de lumière que j'avais rencontré, à son amour pour moi et à la brève discussion que j'avais eue avec ce grand-père que je ne connaissais pas. Je n'avais plus aucune raison d'avoir peur de la mort ! Je me surpris à penser au jour heureux où je quitterai ce monde pour retrouver "l'autre dimension" que je considérais désormais comme ma véritable demeure.

La naissance de la foi et de ma croyance en Dieu me poussa à chercher des réponses aux questions que je me posais sur le sens de la vie sur terre. La doctrine spirite codifiée par Allan Kardec m'apporta l'essentiel de ces réponses.

Une voix intérieure me rappelait cette phrase : "Qu'as-tu donc fait de ta vie ? Qu'as-tu fait pour les autres ?" Je prenais conscience que Dieu me donnait l'opportunité de faire un travail sur moi pour mieux accomplir cette mission d'entraide fraternelle.

À la surprise de mon entourage, ma personnalité changea, mon comportement, ma façon de voir la vie aussi. J'étais imprégné d'une force, d'une volonté, d'une soif d'apprendre pour m'améliorer et atteindre ce but, ancré en moi : soulager et pouvoir, selon la volonté de Dieu, guérir mes frères.

Pendant sept longues années, j'ai consacré mon temps à l'étude du corps humain et à la connaissance de toutes les maladies qui pouvaient entraver son fonctionnement. D'hôpitaux en hôpitaux, j'ai rencontré la souffrance humaine physique, mais aussi morale… Jusqu'au jour où je me suis posé la question de savoir si, dans les autres pays, les moyens médicaux étaient aussi conséquents que ceux mis à notre disposition. Au fil du temps, mon désir de partir pour l'étranger devint plus fort. Je savais intuitivement que le but que je devais poursuivre n'était pas dans la facilité d'exercer dans un pays riche, mais au contraire de soulager une population pauvre qui manquait de moyens et de connaissances médicales.

J'ai réussi brillamment mes examens et j'ai quitté la France pour l'Afrique.

Du haut de mes vingt-cinq ans, je pensais avoir toute la force nécessaire pour affronter la misère humaine sur ce continent. J'avais absolument tort. À la sortie de l'aéroport, je fus accueilli par un membre de l'organisation et, alors que la voiture s'enfonçait dans la brousse, je regardai la beauté du paysage qui défilait devant moi. Parfois, nous croisions des marcheurs, femmes et enfants, vieillards qui faisaient des kilomètres pour aller chercher de l'eau. Mon regard croisa celui d'une femme qui portait des seaux, son bébé sur la poitrine. Je pus y voir tellement de souffrance que mon cœur se serra. Allais-je réussir à remonter les conditions sanitaires et sociales de ces pauvres gens ? Nous approchions d'un village dans lequel était installé un petit dispensaire dont le personnel se limitait à un assistant et une infirmière. Au cours d'une réunion de médecins à l'organisation, j'avais été prévenu des difficultés de ma tâche et que j'allais devoir faire face à des problèmes de malnutrition, de déshydratation, sans compter toutes les maladies provenant du manque d'hygiène et de contraception. L'épidémie du syndrome d'immunodéficience acquise (sida) continuait à faire des ravages du fait d'un manque de prévention, de médicaments et de suivi médical. J'ai retroussé mes manches et j'ai commencé par soigner les indigents, à me déplacer d'un village à l'autre, à panser, guérir, aidé soit de mon assistant soit de l'infirmière. Parfois la tâche me semblait gigantesque et le doute m'assaillait. Les journées étaient bien remplies. Du matin au soir, je travaillais sans relâche, dans une totale abnégation ; le soir, je m'écroulais de fatigue. J'ai souvent prié pour demander à recevoir de l'aide de différentes organisations et pour obtenir de nouveaux médicaments. Je me suis révolté contre la lenteur administrative qui retardait l'arrivée des secours ; je me suis senti impuissant face à la mort. J'ai recouvert d'un drap blanc le corps de femmes, d'hommes et d'enfants qui n'avaient pas pu bénéficier de ces traitements. J'ai œuvré à mettre en place différentes structures de prévention de la maladie afin de limiter sa propagation et j'ai mis en place le suivi d'examens médicaux. Devant l'ampleur de mon travail, j'ai dû solliciter de l'aide auprès de plusieurs associations humanitaires.

Un matin, je vis descendre d'une ambulance une magnifique infirmière souriante et d'une telle beauté que j'en tombai aussitôt amoureux. Je n'avais pas oublié ce que l'être de lumière m'avait annoncé. Nous nous sommes mariés, nous avons eu deux belles filles et nous avons nagé dans le bonheur. J'ai fondé cette famille dont on m'avait parlé dans le monde spirituel. J'ai fait au mieux chaque jour qui passait pour concilier mon rôle de père, d'époux et de médecin.

Il a fallu beaucoup de temps avant que je me décide à parler à ma famille de mon voyage aux frontières de la mort. Alors que nous étions réunis un jour à table, j'ai fini par expliquer cette expérience vécue à l'âge de dix-huit ans. J'avais été cliniquement mort pendant au moins deux minutes et j'avais pu avoir un aperçu du monde invisible. Un cadeau inestimable reçu afin que je puisse reprendre ma vie en main et suivre ma destinée.

Ma femme ne douta absolument pas de mes propos et m'avoua avoir toujours ressenti cette foi et cette bonté en moi exprimées dans une très grande ferveur. Il suffisait d'après elle de me regarder travailler. Ma famille était pour moi toute ma vie, elle m'apportait l'équilibre dont j'avais besoin pour accomplir ma mission.

La recherche sur le sida en Europe et aux États-Unis avançait à grand pas et je devais me tenir informé de l'évolution de nouveaux traitements à venir et donc assister à des congrès. Un voyage en Europe fut alors programmé. À mon arrivée en France, alors que je louais une voiture à l'aéroport, j'ai réalisé que je n'avais pas conduit depuis des années sur un périphérique. L'idée de me perdre m'angoissait comme celle de ne pouvoir arriver à l'heure à mon hôtel pour pouvoir changer de vêtements et prendre une douche afin d'honorer le premier rendez-vous avec un de mes anciens professeurs.

La circulation était loin d'être fluide et je stoppai le véhicule, contraint et forcé, immobilisé dans un embouteillage. Le temps passait et je dus prendre mon mal en patience ; nous étions au mois d'août et le fait d'être en voiture sur une des routes de mon pays d'enfance me rappela, aussi étrange que cela puisse être, le jour de l'accident que j'avais eu il y avait dix-huit ans, à l'âge de dix-huit ans. Un bref instant, dans la notion du temps qui passe, je pensais au chiffre 18 comme une coïncidence à mon retour. Perdu dans mes pensées, je réalisai aussi que je n'avais plus de famille, ma mère s'était envolée dans l'autre monde. L'impossibilité dans laquelle je m'étais trouvé de lui faire mes adieux m'attrista une nouvelle fois. Assis là, sur le siège de la voiture, le passé ressurgissait devant mes yeux, ainsi que tous les détails de mon EMI, enfouis dans mon subconscient. À mon plus grand regret, je réalisai que je n'avais pas pu parler de mon expérience. Depuis, de nombreuses personnes avaient osé témoigner de leur approche au-delà de la mort et je gardais à l'intérieur une forme de culpabilité de n'avoir pu le faire. Nous étions le mardi 16 août 2016 et je pensais qu'il était peut-être temps avec ma famille de revenir dans mon pays ; alors peut-être aurais-je le temps, un jour, d'expliquer à un public, de raconter les détails de cette formidable aventure dans le monde des esprits ? Tout au long de ma vie, quand un patient décédait, je priais secrètement pour lui, dans la certitude qu'il allait retrouver ce monde merveilleux.

La climatisation de la voiture me mettait mal à l'aise, je préférai l'éteindre et ouvrir la fenêtre mais les gaz des tuyaux d'échappement rendaient l'atmosphère irrespirable. La circulation était toujours bloquée par un accident et les minutes s'éternisaient, jusqu'au moment où le temps sembla s'arrêter. Je commis l'irrémédiable erreur de sortir de la voiture sans regarder, quand un véhicule surgit au même instant, m'expulsant sur le bas-côté où ma tête vint heurter une rambarde métallique. Ma mort fut instantanée.

Je suis mort une deuxième et dernière fois sur la route !

Je suis relativement vite sorti de mon corps en réalisant que je revivais la même expérience qu'à mes dix-huit ans. J'étais une nouvelle fois allongé sur le bitume, mon âme au-dessus de mon corps. Ma mère m'apparut aussitôt, souriante, elle m'enlaça dans les vibrations de son amour. Elle m'expliqua que le rendez-vous avait été fixé et qu'elle était là pour m'accueillir.

J'étais dans un état de quiétude, de paix, car j'avais été préparé à ce jour. Dans un état de conscience, je vis des êtres de lumière commencer à procéder à mon détachement, puis je fus transporté dans une ambulance. Avant de plonger dans un sommeil réparateur, j'ai demandé à mon guide de visiter ma famille et je me suis retrouvé à mes propres obsèques. J'ai pu revoir ma femme et mes filles présentes dans la souffrance de la séparation. Ce qui m'a aidé, c'est de pouvoir capter leurs pensées. Elles exprimaient leur certitude en ma survie et en nos futures retrouvailles ; cela me permit de poursuivre mon chemin, rassuré. Mes premiers pas dans le monde spirituel furent guidés dans l'amour des retrouvailles. Je vis apparaître mon grand-père, sa femme, mais aussi de nombreux patients que j'avais aidés, soulagés, tous heureux d'exprimer leur affection fraternelle.

Quand vint le bilan de mon existence, je compris que cette expérience de mort imminente vécue à l'âge de dix-huit ans avait été une bénédiction et m'avait permis de progresser. Elle avait profondément changé ma personnalité et aidé mon esprit à grandir. J'ai lutté contre mon égoïsme et j'ai réussi à le dominer en faisant preuve d'un total altruisme envers les autres, dans la bienveillance, la charité et l'amour envers mes frères. Le seul regret était de ne pas avoir pu parler de mon EMI de mon vivant, afin d'aider les habitants de la terre à croire à la survivance de l'âme.

C'est aujourd'hui, grâce au mérite de mes actes, que j'ai l'autorisation d'exprimer mon expérience et d'apporter dans ce livre le témoignage de mon parcours afin d'aider les jeunes et les moins jeunes à se préparer à ce moment qu'ils vivront tous un jour. N'oublions jamais que nous sommes tous des frères dans l'éternité. D.M. »

Un certain nombre de personnes dans le monde vivent des expériences de mort imminente et reviennent du monde spirituel transformées. On remarque de nombreux points communs dans le récit de leur voyage aux frontières de la mort. Elles vivent les mêmes émotions : se sentent mourir, éprouvent une grande paix et voient la souffrance disparaître. Elles quittent leur corps pour entrer dans un tunnel au bout duquel elles retrouvent un être cher et aussi parfois un être supérieur. Après un laps de temps, elles reviennent dans leur corps physique avec le sentiment d'avoir vécu une aventure exceptionnelle.

Dans le déroulement de leur bref séjour dans l'au-delà, elles relatent avoir vécu intensément les scènes de leur vie passée et avoir pu intégrer, avec l'aide d'un guide ou d'un parent, l'importance des efforts à accomplir pour s'améliorer.

Elles ont, pour la plupart, assimilé la notion de dévotion envers leur prochain et se souviennent toute leur vie durant de cet amour inconditionnel qu'elles ont pu recevoir. Cette expérience leur a donné la possibilité de comprendre le véritable sens de l'existence sur terre et d'atteindre les objectifs de leur incarnation.

Le guide de Max lui dit: « La plus grande richesse que tu peux recevoir ici est celle de l'amour de celui que tu as sauvé sur terre. » Dans ce message, on peut comprendre que nous recevons le retour de l'amour que nous avons donné aux autres durant notre séjour terrestre.

Ce type d'expérience positive vécue par un petit nombre d'êtres humains est à prendre comme une grâce de la Providence divine.

Le bilan de vie

Les êtres humains ayant vécu une EMI attestent revivre les événements qui ont ponctué leur vie terrestre. Dans mon ouvrage précédent, les esprits nous parlent aussi du bilan de vie sur terre comme une étape obligatoire à traverser. L'âme qui se désincarne fait une première étude de sa conscience. Elle revoit toutes les pensées, les actions commises et leurs conséquences chez les autres avec le même degré d'intensité que lorsque l'acte ou la pensée a vu le jour. Suivant le bien ou le mal que l'âme a provoqué, le bilan terrestre n'est pas toujours un moment facile à vivre. Il se poursuivra dans une étude plus approfondie dans le monde spirituel.

Ce mécanisme existe aussi au moment de la préparation à la future incarnation. L'esprit fait une nouvelle fois le bilan de son parcours spirituel et recomposera un nouveau périsprit où seront gravés, énergétiquement, dans les nouvelles cellules : les acquis, les faiblesses, les expériences passées et les nouveaux objectifs spirituels à atteindre.

L'esprit ne peut ni oublier ni effacer toutes les erreurs de son parcours. Il ressent la nécessité de s'amender, puis de réparer ses fautes pour pouvoir progresser.

Le moment des retrouvailles

Le docteur Max nous relate la présence réconfortante de sa mère dès le moment de sa désincarnation. Nous pouvons tous nous accrocher à l'espoir et à l'immense bonheur de retrouver, au moment de notre mort, les personnes que nous avons aimées et qui nous ont précédés dans le monde spirituel. Les témoignages qui vont suivre nous décrivent l'aide précieuse d'un parent, d'un ami, d'un guide venu assister le mourant avant, pendant et après le moment de déliement, et aussi à l'arrivée dans le monde spirituel. Les bons esprits connaissent ce bonheur. À l'inverse, comme vous allez le comprendre à la lecture des psychographies à suivre, les esprits d'un niveau inférieur d'évolution ne connaissent pas immédiatement ce réconfort.

Comme un leitmotiv, cette phrase revenait sans cesse à mon esprit : « La majorité des hommes n'intègre pas l'importance de s'améliorer intellectuellement et moralement, de sortir de l'ignorance pour bénéficier de cette aide et connaître un retour équilibré et heureux dans le monde spirituel. »

C'est alors que mes guides m'adressèrent le message suivant.

Message reçu de mes guides Joshua et Gabriel

« Nous, les guides, poursuivons la tâche de vous aider à comprendre le processus complexe de la désincarnation en y ajoutant dans cette nouvelle étude les éléments spirituels qui s'y rapportent afin de mieux vous aider à vous préparer aux diverses étapes qui précèdent et suivent le moment du grand retour. À la suite de ces psychographies, nous soulignerons de nouveaux points de réflexion, différents de ceux déjà développés dans l'ouvrage précédent afin de les intégrer à votre connaissance. L'état psychologique de l'âme, son degré de lâcher-prise ou d'acceptation face à la mort, ses modes de pensée, ses croyances sont aussi des facteurs déterminants dans le processus de la mort. Les degrés de confiance et de foi face aux épreuves envoyées par Dieu tout au long de la vie terrestre, la volonté de s'améliorer et de développer sa capacité à donner de l'amour ont aussi leur importance. »

Le processus complexe de la désincarnation et du passage dans le monde spirituel

L'approche singulière de deux esprits:

Ce jour-là, je fus surpris d'entendre deux esprits dialoguer et tenir une conversation animée à mes côtés. Sans attendre, leurs énergies incorporèrent mon bras puis ma main et la pointe du crayon glissa sur le papier. Le commencement de ce travail ne se présentait pas du tout comme je l'avais prévu! Josuah m'avait simplement dit: «Quand tu seras prêt, nous serons là!» Je pensais qu'il allait comme d'habitude me présenter ces esprits, un par un, mais ce ne fut pas le cas. Cette conversation s'imposait d'elle-même, et je compris que cet échange démarrait d'une manière inhabituelle!

Psychographie avec Élisabeth et Pierre Jacques

Une voix féminine:

«Je me souviens de ces derniers instants de vie sur terre! Depuis un certain nombre de mois, je souffrais d'une insuffisance respiratoire et je portais constamment une bouteille d'oxygène à mes côtés. Cette charge était pesante physiquement et psychologiquement parce qu'elle m'amenait toujours à la réalité de la maladie et au risque que je courais de défaillir, voire de mourir, d'un jour à l'autre. Il a fallu du temps afin que je puisse comprendre l'importance de l'accepter et de faire confiance à Dieu.

Je viens vous dire que je suis heureuse oui ! Aujourd'hui, je suis enfin libérée de ce corps qui me faisait souffrir. »

Une voix masculine répondit en guidant ma main :

« Moi pas ! Je suis attaché à la vie et non pas à la mort ! Elle me terrifie ! Pour moi, la mort est la fin de toute existence. Je ne crois pas en Dieu. »

La voix féminine :

« Entendez-moi ! Dieu existe comme une énergie d'amour, un être suprême qui est à l'origine de tout ce qui est, et de tout ce qui sera. »

Intervention de mon guide Gabriel :

« Laissez le médium écrire, il capte bien vos présences, vous devez avoir cette conversation à ses côtés ! Alain Joseph, je te demande de ne pas avoir d'inquiétude ! Je suis là. Laisse-toi guider dans ce travail d'écriture. Leurs pensées et paroles seront retranscrites d'une manière précise. Il ne faudra pas s'étonner d'un dialogue décousu, où le passé et le présent se mélangent. Plus particulièrement pour l'un d'entre eux qui est désorienté. »

La voix féminine :

« J'ai toujours su que Dieu existait et, chaque jour qui passait, je lui parlais et je priais à ma manière avec des mots dits avec le cœur. Dieu est présent en nous dans les bons comme dans les mauvais moments. Le jour où ma santé s'est dégradée, j'étais couchée, je suffoquais et je cherchais ma bouteille d'oxygène qui, comme d'habitude, était près de mon lit. Je ne la trouvai pas. Les médecins avaient diagnostiqué un cancer des poumons. S'ajoutant à des problèmes cardiaques, je savais au fond de moi que j'étais sur le chemin du départ. Il me restait peu de famille en ce monde, un frère, une belle-sœur et un fils que j'avais adopté. Un enfant adorable qui a toujours été présent à mes côtés. Fidèle à son amour pour moi, il m'a soignée, a veillé sur moi, a soulagé ma souffrance, jusqu'à la fin de ma vie. Mon mari et moi avons élevé notre fils dans la religion catholique, plus particulièrement dans la croyance et l'enseignement du Christ, mais il a longtemps été dans le doute, l'incompréhension. Un jour, il a vu ma santé se détériorer et il a fini par se tourner vers Jésus en lui demandant avec ferveur ma guérison ; il lui a alors adressé une prière avec des mots venant du cœur. »

Le crayon sembla s'arrêter, Gabriel dit : « Laisse pour un moment. »

J'entendis : « Non ! Nous souhaitons continuer ! » La voix féminine poursuivit :

« Je suis heureuse maintenant et je veux transmettre mon expérience pour qu'elle serve à autrui. Le médium cherche à aider, nous connaissons ses intentions et nous voulons écrire, oui, écrire à travers lui notre vécu.

Je souhaiterais revenir sur les différentes étapes et les prises de conscience qui ont précédé mon départ :

Je suis morte tout simplement dans mon lit. J'ai eu le bonheur de voir l'esprit de mon père entouré de lumière prendre place à mon chevet. Je ressentais le combat de mon corps qui luttait contre le mal qui me rongeait. Je souffrais et l'infirmière présente dans ma chambre paniquait à l'idée de ne pouvoir me soulager. Peu à peu, j'ai ressenti un apaisement, mon mental était comme paralysé. Papa m'invita à prier, il avait sa main posée sur mon front et m'expliqua que le moment était venu pour moi de quitter mon corps, qu'une aide spirituelle me faciliterait le passage dans l'autre monde dans une totale lucidité. J'avais la foi ; Dieu venait enfin me délivrer après cette longue maladie, j'allais être exaucée. Je ressentais la souffrance physique qui graduellement disparaissait pour laisser place au froid qui envahissait mon corps, j'étais dans un état indescriptible, mais prête pour renaître à la vie spirituelle. J'ai oublié de vous donner mon prénom : Élisabeth. »

La voix masculine s'imposa à ce moment-là : « Que racontez-vous là ? Vous parlez de passage dans un autre monde, d'aide de votre père ? De souffrance ? Je ne comprends rien à vos propos, sauf la souffrance bien sûr, oh oui, elle est interminable, j'en sais quelque chose. Vous me faites repenser à l'hôpital. Je n'ai pour ma part reçu aucune aide et cela ne s'est pas du tout passé comme cela ! J'étais en colère contre les médecins ! Ils m'avaient administré un traitement par chimiothérapie qui ne servait à rien. J'attendais naïvement le protocole qui allait me sauver. Les jours se sont écoulés péniblement et j'étais de plus en plus angoissé ; j'avais terriblement peur. J'ai compris que, cette fois-ci, je n'allais pas m'en remettre. J'allais finir dans le trou ! Oui, le trou, le néant. J'ai bien senti que mon corps allait me lâcher. La fatigue et la souffrance me laissaient à peine percevoir la présence des miens. J'avais peur, je m'accrochais à ce lit, je m'y accroche encore ! Je m'appelle Pierre Jacques. »

Le lendemain, la conversation reprit :

Gabriel : « Alain Joseph, je suis à tes côtés, laisse-toi guider sans réfléchir. Pierre Jacques et Élisabeth sont à nouveau présents. Demandons ensemble à Pierre Jacques avec patience, respect et amour de reprendre son récit. »

Pierre Jacques : « Je vous entends ! De quoi voulez-vous que je parle ? »

Élisabeth : « Voulez-vous nous parler de votre vie ? »

Pierre Jacques : « Je suis un homme d'affaires ; je suis riche ; j'ai réussi. J'ai fait comme tout le monde, je me suis marié et j'ai eu des enfants avec lesquels j'ai peu d'affinités. Mais je suis heureux et fier de ma réussite. Je suis tombé malade, j'ai lutté contre le cancer et ce n'est pas fini ! J'ai toujours envie de me battre, oui, je n'ai nullement l'intention de laisser mes biens derrière moi. Je veux continuer pleinement à en jouir. J'aime la vie, bien manger, bien boire, et j'aime les femmes ! Tout ce qu'un homme normal peut désirer. Je vais être franc et vous avouer que je n'ai jamais aimé mon épouse, ce fut un mariage précipité, sans amour. Je me suis marié car elle avait de l'argent. Oui, dans ma jeunesse, j'étais un employé de l'usine de son père. J'avais, d'une manière bien calculée, réussi à gagner les faveurs de mon beau-père et à être un jour présenté à sa fille. Au cours d'un repas, j'ai usé de mes charmes afin de séduire la demoiselle qui est tombée follement amoureuse de moi. Puis son père nous a quittés. Je lui ai succédé à la fabrique et je suis devenu le patron après seulement quelques années de mariage. Mes parents pourraient être fiers de moi. J'ai réussi à quitter ma condition sociale de pauvre pour devenir un homme riche. Oui, je suis issu d'une famille modeste, mon père était charpentier et ma mère bonne à tout faire.

Vous comprenez donc que je ne veuille ni rien partager ni quitter cette vie confortable ! Non ! Je m'y refuse. J'ai vu ma femme à mon chevet et mes enfants prier Dieu de ne pas venir me chercher. Dieu qui pour moi n'existe pas ! Je ne veux nullement me laisser faire de la sorte ! Non, je refuse de laisser mes biens à cette famille qui n'a pour moi aucune importance. Alors, j'ai lutté et je lutte encore. »

Élisabeth réagit :

« Avez-vous bien saisi le sens de la vie sur terre, cher monsieur ? Je vous vois dans la peine et cela me chagrine. Je viens vers vous afin de vous aider à le comprendre. C'est moi, Élisabeth. Je suis heureuse et je n'aime pas voir quiconque dans le désarroi et dans la peine. Nous devons nous entraider, nous sommes des frères ! »

Pierre Jacques : « Non je ne suis pas votre frère ! Je me demande ce que je fais ici ! Comment se fait-il que je puisse vous entendre et ne pas vous voir ? »

Élisabeth : « Pouvez-vous me laisser m'exprimer, s'il vous plaît ? Je suis aujourd'hui en paix, ma condition est heureuse dans ce nouveau monde auquel désormais j'appartiens. J'aimerais vous transmettre mon expérience, mon vécu sur terre, afin que vous réalisiez l'importance qu'il y a de s'améliorer. Je suis née dans une famille très modeste moi aussi. J'ai subi, depuis mon enfance, les souffrances morales et physiques liées à la pauvreté. Mes parents m'ont transmis la ferveur, la foi et les prières, le sens du partage. Je me souviens avoir eu très peu dans mon assiette et, lorsque j'étais rassasiée, je partageais les restes de mon repas avec ma voisine. Je donnais ce que je pouvais, parfois à mon détriment. Je pensais souvent aux autres avant de penser à moi, cela m'était naturel. Plus jeune, je rêvais de fonder une famille. Je me voyais maîtresse de maison et mère de plusieurs enfants. Je faisais confiance à Dieu, je savais qu'il m'exaucerait et qu'un jour j'aurais la possibilité de donner davantage aux nécessiteux. Je rêvais d'avoir les moyens de le faire.

Je me revois à la fin de ma vie, comme vous à l'hôpital, allongée sur mon lit, repenser aux grands événements qui avaient jalonné mon parcours pour faire le constat d'une existence bien remplie. L'introspection, quand elle est positive, aide à se libérer du passé. Que penser de mon passage sur terre ? J'avais épousé un homme bon, qui avait subvenu à mes besoins et plus encore. Il m'avait précédée dans la mort et j'étais heureuse d'aller le retrouver. J'avais su donner un sens à mon existence en intervenant dans des associations charitables afin d'aider au mieux ceux qui étaient démunis. J'étais heureuse de cela. Je n'avais pas pu, à mon plus grand désarroi, mettre au monde des enfants. J'ai fini par l'accepter et après avoir adopté et élevé un garçon, comme la chair de ma chair, je me suis occupée des petits malheureux. J'étais heureuse de cela aussi. J'ai prié et demandé à recevoir pour mieux pouvoir donner. J'ai aidé, oui ! J'ai aidé toute ma vie. J'avais la conscience en paix. »

Pierre Jacques : « Pourquoi parlez-vous toujours de Dieu, de charité ? Je suis à côté de vous mais je ne vous vois pas ! Je suis en vie ? Je ne suis pas mort ? Je ne comprends pas pourquoi je ne vois pas ma femme et mes enfants. Je suis seul dans le noir, dans l'obscurité… J'entends votre voix, alors je peux vous parler. Je suis tétanisé par la peur, je vois mon corps là, à côté de moi, et je ne peux pas bouger ; je suis seul ; tout seul ! Pourquoi ? Que se passe-t-il ? »

Élisabeth : « Tranquillisez-vous. Dieu vous aidera. Lorsque les forces de mon corps physique m'ont abandonnée, j'ai ressenti aussitôt la présence et l'amour du Très-Haut, son soutien, car j'avais la foi et confiance en lui. Dans un état second, comme je vous l'ai déjà dit, j'ai vu à mon chevet apparaître le visage de mon père. Au bout d'un certain temps, plus distinctement, j'ai vu son corps tout entier qui baignait dans la lumière. Il s'est approché de moi, m'a enveloppée de son affection et m'a dit : "Je suis là, ma fille, sois en paix, nous allons t'aider." J'apercevais, à ses côtés, deux êtres resplendissants de lumière qui me souriaient. Il se dégageait de ces esprits tellement d'amour que je me suis sentie rassurée.

Plus tard, j'ai pu revoir ici, dans les détails, ce moment important afin de pouvoir le comprendre. J'étais dans la quiétude, à la grâce de Dieu, avant que mon cœur ne cesse de battre. J'ai pu dire au revoir à mon frère et à mon fils qui étaient présents à mon chevet. Leurs prières étaient pour moi comme un doux réconfort et m'ont beaucoup aidée.

Mon père caressait mes cheveux et m'insufflait du courage par ses pensées : "Tu n'es pas seule. Pense à Dieu, il te libèrera au plus tôt. Tu obtiendras notre accompagnement, tu seras consciente dans la délivrance de la rupture des liens qui te retiennent à ton corps. Pense à la protection et à l'amour de Jésus."

Ce n'est que bien plus tard, alors désincarnée, que mon guide afficha devant moi cette scène où je me vis sur un lit d'hôpital, les yeux clos, un rictus sur les lèvres, entrer dans une phase d'agonie. Penché sur moi, mon père apposait toujours sa main sur mon front, alors qu'un être de lumière procédait à la rupture d'une quantité de filaments lumineux au niveau de mon ventre et de mon plexus ; un autre assistant spirituel opérait, de même, au niveau de mon thorax, puis au niveau de ma tête. Je revécus ainsi tout le processus de dégagement de mon âme jusqu'à la dernière étape, lorsque mon cœur cessa de battre. Alors que mon corps physique s'éteignait, peu à peu, les organes de mon périsprit se reconstituaient en parallèle en puisant dans une nouvelle énergie psychique toutes les forces nécessaires à leur renaissance.

Je revis mon corps étendu là, je pus l'apercevoir d'une certaine hauteur en réalisant que je pouvais me déplacer très facilement bien qu'encore retenue à lui, par une corde lumineuse.

Lors de la cérémonie, j'ai vu mon enfant déposer une gerbe de fleurs blanches sur mon cercueil. J'avais été surprise de pouvoir, en une fraction de seconde, quitter l'hôpital pour l'église. L'harmonie était présente, des chants merveilleux vibraient au diapason de l'orgue qui jouait. Je fus transportée près de mon garçon et je pus capter ses pensées: "Va, maman, sois en paix, va vers la lumière" et je lui répondis: "Toi aussi, va, mon fils, sois rassuré, je vais bien." Ce fut un échange de pensées qui ne dura qu'un bref instant. Je l'encourageais à me quitter et lui me demandait d'aller vers la lumière, celle-ci caractérisant à nos yeux l'amour de Dieu.

Nous avions eu le temps de parler tout au long de ma terrible maladie. Nous avions trouvé la sérénité dans l'acceptation de mon départ. Nous nous étions promis de faire notre possible pour correspondre grâce à un médium. Oui, nous savions que la médiumnité existait pour avoir assisté à des réunions à Paris. Nous avions la certitude de pouvoir un jour communiquer et être réunis.

Les personnes présentes à l'église étaient dans la communion et je ressentis dans leur propos beaucoup d'amour pour l'être humain que j'avais été. Ces paroles résonnaient en moi: "Élisabeth a aidé notre fille, c'est grâce à elle qu'elle a retrouvé la parole." "Nous n'avions pas de vêtements pour habiller notre enfant, Élisabeth a fait le nécessaire." "Elle a aussi pansé les plaies d'un enfant maltraité par son père."

Rétrospectivement, je vis défiler ma vie, des derniers instants passés sur terre jusqu'à ma naissance, en comprenant que ce n'était que le début d'une longue étude.

Les liens m'unissant à mon corps de chair furent relativement vite rompus. J'ai eu la grâce de recevoir de l'aide spirituelle et, malgré la souffrance physique, de rester éveillée et d'être transportée dans ce monde merveilleux dans lequel je me trouve aujourd'hui en paix. J'ai été prise en charge par mon guide puis sont apparus toute ma famille et mes amis ; ma grand-mère Marie et mon grand-père Albert étaient présents. Nos retrouvailles furent un moment de communion intense à la hauteur de l'amour que nous nous portions.

Ensuite, je fus transportée en convalescence dans un établissement de soins. Après une courte période de repos, mon périsprit fut vite revigoré par l'énergie du lieu dans lequel il puisait de nouvelles forces.

J'avais été entourée par une équipe spirituelle depuis le début de ma désincarnation, jusqu'à mon arrivée dans ce lieu de repos où mon guide avait procédé à la rupture du dernier lien existant avec mon corps physique. Dans une complète harmonie de pensées et de prières, je fus ainsi libérée pour devenir un esprit libre à part entière. »

Pierre Jacques : « Je ne comprends pas ! Pourquoi me racontez-vous votre histoire qui n'est absolument pas la mienne ? Je ne vous vois toujours pas. J'entends votre voix, la même qui me guide jusqu'à cette main qui, par impulsion, semble une nouvelle fois retranscrire sur du papier mes propres pensées. Dans quel but ? Pourquoi ? »

Élisabeth : « Essayez de garder votre calme et de réfléchir. De quoi vous souvenez-vous, mon ami ? Afin de progresser dans vos réflexions, revenons une dernière fois sur votre parcours. Vous voulez bien ? »

Pierre Jacques : « Si je dois parler de ce dont je me souviens, ce sera la dernière fois ! Bon… Allez, si vous voulez. Je me souviens être allongé sur un lit d'hôpital au moment où mon cœur a fait des siennes.

J'ai compris que la mort allait arriver. J'étais, comme je l'ai déjà dit, tétanisé ! Je tremblais de peur.

Au milieu de la nuit, j'ai perdu connaissance et je suis entré dans un état comateux et dans une longue agonie. Ma volonté était toujours de me battre, mais je n'avais plus de force. J'ai entendu les miens prier et demander à Dieu ma survie ! Je me suis dit, si cela peut leur faire plaisir ! Il n'existe aucun être suprême, ni de vie après la mort ! Nous étions pour une fois dans la même certitude : ils ne voulaient pas mon départ, eh bien moi non plus ! La mort a cependant fini par m'atteindre, mon cœur a cessé de battre et j'ai eu l'impression de descendre, descendre et de tomber dans un trou noir. Je ne saurais vous dire combien de temps cela a duré. Ce que je sais, c'est que je me suis ensuite réveillé à un enterrement ! Sans doute un mauvais rêve ! me suis-je dit. Je fus aussitôt surpris de voir ma femme et mes enfants qui pleuraient. Je vis un homme en soutane, le curé de la paroisse, leur serrer la main.

Et c'est alors qu'un cauchemar commença :

J'arrivai dans l'allée centrale de l'église et j'entendis alors des chuchotements. Deux personnes conversaient entre elles : “C'est son épouse que tu vois là devant ! Tu vois, cela vaut bien la peine d'être fortuné, d'avoir autant d'argent, on finit tous dans un trou !”

Pourquoi ces deux femmes médisaient-elles ainsi ? Mais de qui parlaient-elles ?

“Lui, le Pierre Jacques, était un homme vaniteux, orgueilleux, et surtout infidèle, tout le monde le sait ici qu'il a fait plus d'une fois sa femme cocue. Il n'était jamais à la maison, je le sais, Marie-Thérèse, leur voisine, est une copine. Et à la fin, on dit aussi qu'il buvait !"

Mais c'est de moi qu'on parle ! Eh, vous !! m'écriais-je, j'entends ce que vous dites de moi ! De quel droit parlez-vous ainsi ! Vous allez voir de quel bois je me chauffe !

Puis c'est une voix masculine qui résonna dans ma tête : "C'est son fils qui va hériter de sa fortune maintenant. Mais il est plus gentil que le père ; on voit bien qu'il a de la peine, le pauvre ! On dit que les chiens ne font pas des chats, tu vois cette expression n'est pas toujours juste !"

Cela était terrible, c'est comme si on me critiquait et que j'étais condamné à ne pouvoir répondre. J'essayais en vain de le faire, jusqu'à ce que je me sente attiré par un cercueil que je ne pouvais étrangement pas quitter du regard et vers lequel je me dirigeais, de plus en plus angoissé. C'est alors que je me penchai sur lui et que je pus voir à l'intérieur un visage blanc, tout émacié et recouvert de taches brunâtres. Ce fut pour moi un choc terrible ! Non ! Non ! Ce n'était pas possible, je venais de reconnaître mon visage ! Je refusais d'y croire. Le traumatisme fut si violent que je tombai aussitôt dans un profond sommeil. Combien de temps ? Je ne sais pas ! Ce que je sais, c'est que je me suis réveillé dans l'obscurité et dans le silence le plus total.

C'est depuis ce lieu obscur, où je me trouve aujourd'hui, que je vous parle. Les premiers moments à mon réveil ont été horribles, je me suis rendu compte que je pouvais bouger, à droite, à gauche, en avant, en arrière, en marchant sans cesse, sans trouver de mur que je puisse franchir. Mais d'ailleurs, dites-moi, où suis-je ? Pouvez-vous me le dire ? Que se passe-t-il ? Est-ce donc cela la mort ? Dois-je rester éternellement dans cette obscurité ? Mais si j'étais mort, je ne pourrais ni marcher, ni penser, ni réfléchir, ni vous parler ?!

Dès mon réveil ici, j'ai pensé que j'étais fou, mais je me souvenais pourtant de mon nom et de mon prénom. Je me suis dit que non, j'étais bien conscient ! Pourquoi devais-je subir ce froid, cette solitude ? J'étais régulièrement comme vidé d'énergie. J'ai crié, j'ai hurlé, personne ne m'a répondu. Étais-je puni ? Qu'est-ce que j'ai fait de mal ? Est-ce ici ce lieu qu'on appelle l'enfer ?

Je me souvenais quand, petit, mes parents m'obligeaient à assister à la messe, entendre le prêtre parler de Dieu, du paradis, du purgatoire et de l'enfer ! Je ne voyais cependant pas de flamme ! Aucun indice sur cet endroit, je ne voyais absolument rien ! Je tournais en rond, enlisé dans l'enchevêtrement de mes pensées.

Quelqu'un m'entendait-il ? Y avait-il une personne qui allait venir me parler ? J'étais là depuis des heures, des jours, des semaines, que sais-je ?

Angoissé, terrifié, cloué par la peur. Cette peur me poursuivait. Pourquoi ? Qu'avais-je fait de répréhensible pour vivre cela ?

Si je n'étais pas mort, alors j'étais bien vivant ! Par ce raisonnement, je me persuadais de ma survivance ! Je pouvais entendre le son de ma voix résonner comme un écho qui ne trouvait pas de fin. Je prenais bien conscience de ce nouveau corps qui semblait si méconnaissable. Je me suis souvenu de ce visage émacié, recouvert de taches brunâtres dans le cercueil. Oui ! Différent, je ne saurais expliquer pourquoi ? Ce sentiment étrange et angoissant annihilait en moi toute pensée et pouvoir d'analyse. Jusqu'à ce que ma main se pose sur ma figure, je tâtonnais mon nez, mon cou, puis mon visage tout entier en ressentant une terrible peur me submerger. Mon nez ! Il était différent ! Mon front semblait bosselé ! Je me suis mis à crier au secours ! Au secours ! Mon corps avait changé ! Il était devenu difforme ! Mais pourquoi ?

Le fait d'y penser me rapprochait d'une sépulture. Je vis la plaque tombale, je la traversai, puis je traversai le couvercle du cercueil pour me retrouver face à face avec un corps en décomposition. Je hurlai, je criai et, guidé par une forte envie de fuir, je me retrouvai à l'extérieur. Je réalisai alors que je n'avais jamais vraiment été séparé de mon cadavre, relié à lui comme une chaîne l'est à son prisonnier portant lourdement sa peine et son boulet.

Lorsque j'entendis résonner une voix haute et souveraine : "Regarde ton enveloppe charnelle, elle va devenir poussière ! Elle n'est que le manteau dont tu viens de te dévêtir. Réalises-tu maintenant que tu es un esprit ? Regarde ton nouveau corps, resplendit-il de lumière ou est-il assombri par les difformités de tes imperfections ?

Réfléchis, réfléchis. Qu'as-tu donc fait pour enrichir ton âme ? L'as-tu élevée grâce à de nouvelles vertus ou au contraire alourdie de nouvelles fautes ? Réfléchis, réfléchis, enfant de Dieu."

Je fus saisi d'effroi : d'où provenait cette voix ? Qui me parlait ? Réfléchir, pourquoi ? Je ne comprenais pas ! Je n'étais qu'un être humain après tout !

Avec ses défauts comme tout le monde ! J'étais bel homme, pourquoi étais-je aujourd'hui difforme ? Je remarquais toujours sous ces traits grossiers des ressemblances avec mon ancien corps. Pourquoi étais-je devenu laid, horriblement laid ? Était-ce parce que j'étais puni ? Mais qui, qui voudrait bien venir m'aider à comprendre ? Qui ? Étais-je donc condamné à ne pas avoir de réponse ?

Alors que je venais de hurler ces quelques mots, j'aperçus un petit point lumineux naître dans l'obscurité. Une lueur d'espoir soudain m'envahit ! Et je fus dans l'attente de voir ou d'entendre quelqu'un me parler. Ce point se rapprocha et grandit. Je vis alors ma fille et ma femme devant ma tombe, les mains jointes dans une prière. Elles pensaient à moi !

Au secours, au secours, je suis là ! Toujours vivant ! À côté de vous !! Je peux vous voir et vous entendre !

Vous invoquez votre Dieu pour moi ? Pourquoi ?

Je veux vous parler, je veux vous dire que je suis seul, j'ai besoin de vous ! Je vous ai ignorées toute ma vie, je le regrette, pardonnez-moi ! Je ne pus retenir mes larmes et j'éclatai en sanglots.

J'effleurai de ma main le visage de ma femme qui sembla sursauter, comme si elle pouvait ressentir ma présence ! J'étais là, à côté d'elle, pourquoi ?

Aidez-moi ! Aidez-moi ! Pourquoi autant de souffrance, n'y a-t-il pas d'ange gardien ! ? Oui, toutes les religions parlent d'un Dieu et des bons esprits ! Si je vis encore, c'est que je me suis trompé ! Il n'y a pas de mort, je le sais maintenant. Alors peut-être aussi que Dieu et le paradis existent ?

J'entendis la même voix me dire :

“Serais-tu en train de penser à la possible existence de Dieu ? Regarde ta femme et ta fille qui prient pour toi ! Remercie-les, car c’est grâce à elles que tu obtiendras de l’aide !! Observe la main du médium qui écrit. Écoute, écoute cette voix féminine qui t’aidera à comprendre. Celle qui te guidera vers l’éveil de ta conscience.”

Voilà ce dont je me souviens jusqu’à ce que j’entende votre voix. »

Élisabeth : « Merci, Pierre Jacques, vous sentez-vous mieux ? »

Pierre Jacques : « Un peu, merci de parler avec moi, je viens de réaliser que je suis bien plus qu’un corps fait de chair et d’os. »

Élisabeth : « Laissons passer un peu de temps, voulez-vous, et reprenons cet échange un peu plus tard. »

Sur ces mots, la conversation s’arrêta, pour reprendre plusieurs jours plus tard. Élisabeth revint vers Pierre Jacques :

Élisabeth : « Pierre Jacques, êtes-vous là ? »

Pierre Jacques : « Oui, je suis là, merci. Depuis l’autre jour, l’obscurité s’est transformée en un brouillard épais qui semble devenir de moins en moins dense ! Quel soulagement ! Je peux voir enfin ! Le décor est bien triste et même lugubre. Je suis entouré d’arbres dénudés, mais en comparaison, c’est un réconfort par rapport à l’obscurité. »

Élisabeth : « Je suis heureuse de cela, voyez, cette situation n’est pas figée dans le temps, ni éternelle. »

Pierre Jacques : « Je viens de comprendre, par une pensée venue d’ailleurs, que ce lieu correspond à ce que j’avais pu être, au regard de la pauvreté de mes actes passés. Dieu existe-t-il donc vraiment ? Va-t-il m'entendre ? Oui, je le pense ! Mais suis-je stupide, depuis le début de notre conversation, vous la voix féminine, Élisabeth, vous me guidez !

Êtes-vous toujours là ? Dites-moi ? J'aperçois une lumière, oui une lumière qui vient vers moi, et dans cette lumière, je crois voir une femme, elle me sourit. Elle se rapproche. »

Élisabeth : « Vous n'êtes plus dans l'obscurité, Pierre Jacques, venez à moi que je vous serre dans mes bras ! »

Pierre Jacques : « Vous ! Je reconnais votre voix, c'est donc avec vous que je dialogue depuis une éternité, me semble-t-il ! Mais qui êtes-vous ? »

Élisabeth : « Venez par ici, allons nous asseoir sur ce banc. Me permettez-vous de mettre mes mains sur les vôtres ? »

Pierre Jacques : « Oui, si vous voulez, mais qui êtes-vous donc ? »

Élisabeth : « Ne comprenez-vous pas ? Je suis tout simplement un guide pour vous. J'ai accepté ce rôle ici comme une mission. Au fil de nombreuses incarnations, j'ai toujours développé ce désir de servir Dieu et d'aider mes frères et sœurs. Je ne suis pas là pour vous juger, mais pour vous aider à progresser dans la compréhension de vos actes passés et des difficultés que vous avez rencontrées dans ce long voyage que fut votre retour en ce lieu. »

Pierre Jacques : « Pourquoi cette obscurité et ces ténèbres ? Pourquoi ne m'êtes-vous pas apparue depuis le début de notre rencontre ? Il me semblait, à vous entendre, que vous partagiez ma peine ! »

Élisabeth: «Je ne pouvais directement vous atteindre et j'ai choisi de vous parler de ce que fut mon parcours pour vous amener à réfléchir, à faire naître le désir de comprendre vos erreurs et de changer votre manière de penser. Il vous fallait intégrer par vous-même quatre points essentiels: la survivance de votre individualité, la possible existence de l'Éternel, le désir de progresser et de vous racheter des fautes passées. Sans au moins une de ces conditions, aucune possibilité de faire un pas en avant. C'est dans la prise de conscience que Dieu pouvait exister que vous avez été entendu et aussi grâce aux prières de votre femme et de votre fille.»

Pierre Jacques: «Dieu existe donc vraiment!»

Élisabeth: «L'obscurité dans laquelle vous avez vécu symbolise votre aveuglement; toute votre vie passée sur terre dans le déni de l'existence de votre âme, de votre conscience. Elle se transforme en un paysage triste et dénudé au regard de la pauvreté de vos pensées, de vos actions dans le mal et de votre manque d'intérêt pour l'éternité.»

Pierre Jacques: «Ne suis-je pas repoussant à vos yeux? Regardez toutes ces difformités qui font partie aujourd'hui de mon être? Je dois faire naître en vous du dégoût et de la répulsion!»

Élisabeth: «Non! Vous êtes mon frère! Mon égal. Vous êtes aussi un enfant de Dieu qui progresse vers la perfection. Il existe un amour inconditionnel et complètement désintéressé, bien au-delà de ce que vous pouvez aujourd'hui comprendre. Vous devez trouver maintenant, en vous, la voie du repentir et de la réparation des fautes passées, c'est le prochain pas à franchir.»

Nous comprenons, dans ces deux témoignages, les processus différents par lesquels ces deux esprits se désincarnent.

Le processus de désincarnation

Mes guides Gabriel et Joshua nous expliquent :

« À l'approche de la mort, un mécanisme obéissant à des lois naturelles se met en place ; l'âme et son périsprit (corps spirituel) se détachent du corps physique. La rupture des liens fluidiques qui les unissent doit être totale afin que l'âme puisse être enfin libérée. Tant que le corps spirituel ou périsprit est uni au corps physique dans un processus de dégagement, l'âme reste attachée à son corps de chair pendant un temps plus ou moins long. Ce temps varie suivant les circonstances du départ (mort naturelle, violente ou volontaire), le degré d'évolution de l'esprit et aussi son degré d'attachement aux biens et aux plaisirs terrestres. Pour celui qui s'est désintéressé des biens et des plaisirs de ce monde, le déliement peut se faire plus rapidement, parfois même avant la mort physique. À l'inverse, celui qui s'est attaché à la matière, à la sensualité, pourra connaître davantage de difficultés. Le passage dans l'autre monde n'est donc pas le même pour chacun d'entre nous. Ici, dans cet échange, les psychographies d'Élisabeth et de Pierre Jacques soulignent de nouveaux éléments qui influencent le processus de la désincarnation : l'état psychologique de l'âme, son degré d'acceptation et d'avancement, sa manière de penser et ses croyances. »

L'état psychologique de l'âme

Élisabeth possède une grande foi et une grande conviction de l'après-vie ; elle affronte la mort avec une force intérieure, dans la sérénité et dans la paix. La maladie lui a donné le temps de penser à son départ et de préparer ses proches à ce moment qu'elle accueille en toute quiétude. Elle ne demande aucun moratoire et s'en remet totalement aux soins des bons esprits. À ce sujet, la plupart des êtres incarnés demandent au Seigneur de prolonger leur séjour sur terre. Cette requête est rarement accordée ou exceptionnellement, par mérite et dans le but précis de parvenir à un noble objectif dans le bien. Élisabeth et ses proches acceptent la séparation et favorisent ainsi un retour en paix dans le monde spirituel. L'état moral de son âme est bon et joue en faveur d'un passage plus facile dans l'autre monde.

À l'inverse, Pierre Jacques ne possède aucune croyance. À l'approche de sa mort, dans le déni, il devient de plus en plus angoissé, torturé et révolté. Il quitte ce monde dans un grand désarroi.

Les préoccupations matérielles et relationnelles ont aussi une grande influence sur l'état psychologique de l'âme. Il conviendrait à l'homme, dans une quête de perfection, de se détacher des problèmes matériels, de relativiser et de résoudre si possible les conflits d'ordre relationnel avant son départ dans l'autre monde. Le refus du pardon, le manque d'indulgence, l'absence de tolérance et d'acceptation de l'autre sont autant de liens négatifs qui conditionnent un retour difficile.

Le degré d'évolution

L'âme incarnée sur terre a des objectifs spirituels à atteindre. À travers ses expériences de vie, elle doit progresser au niveau intellectuel et moral. Elle peut aussi stagner, se créer des dettes karmiques et repartir dans le monde des esprits aussi pauvre qu'à son arrivée sur terre. La somme de ses acquis et de ses faiblesses déterminera son degré d'évolution.

Élisabeth est une femme de cœur, mais avant tout un esprit ayant atteint un bon niveau spirituel. Sa confiance en Dieu est inébranlable. Nous pouvons remarquer chez elle les vertus de la sagesse, de la bonté, de l'altruisme, donc de nombreuses qualités morales.

Grâce à ses efforts, elle a progressé et atteint un tel degré de spiritualité qu'à la fin de la psychographie, nous comprenons, à notre plus grande surprise, qu'elle est devenue un guide dans le monde des esprits. En l'occurrence, celui de Pierre Jacques. Par amour, elle s'approche de lui avec délicatesse, se place à son niveau, lui parle de sa vie sur terre pour le conduire à des prises de conscience. Elle fait preuve de compassion, de patience, et s'exprime avec une douceur parfois empreinte de fermeté, comme le fait souvent un guide.

Pierre Jacques est d'un niveau spirituel bien inférieur. Il a fait preuve tout au long de sa vie d'un grand égoïsme, d'une totale indifférence envers les siens. Il est très attaché aux biens et aux plaisirs terrestres et s'accroche à ce qu'il possède avec la peur de tout perdre. Il a vécu sa vie sans foi ni croyance en utilisant son temps à s'enrichir, à s'occuper de son corps au lieu de son âme. Son retour dans le monde spirituel est difficile.

Il finira par prendre conscience de ses erreurs et grâce à un travail fait sur lui-même, à son retour d'une prochaine incarnation, il connaîtra une situation plus confortable dans le monde des esprits.

Le degré d'acceptation des épreuves

L'âme incarnée sur terre doit progresser vers la perfection afin d'être un jour auprès de son créateur. C'est à travers plusieurs vies, en venant faire de multiples expériences dans la matière, qu'elle finira par atteindre ce but. Ce long chemin parsemé d'embûches lui permettra de mieux comprendre et d'intégrer les lois divines. Dans le non-respect de ses lois, elle attirera à elle les conséquences de son irresponsabilité. À travers la réincarnation et la loi de cause à effet, l'âme comprendra le sens des inégalités terrestres, mais aussi celui des obstacles placés sur son chemin. La capacité à avoir tout au long de sa vie accepté avec foi et confiance les mises à l'épreuve envoyées par Dieu est aussi un facteur déterminant dans le processus d'une désincarnation plus rapide. Élisabeth en est un probant exemple.

L'assistance spirituelle

Pourquoi Élisabeth reçoit-elle la faveur d'une aide spirituelle et non Pierre Jacques ? Tenait-elle un rôle important dans ce monde ? Nous comprenons bien au déroulé de sa vie qu'elle ne possède ni richesse, ni pouvoir, ni position importante dans la société. Seules ses qualités humaines et ses nombreuses vertus acquises durant son existence, sa totale dévotion envers son prochain et sa très grande foi lui ont permis de bénéficier de cette assistance spirituelle au moment de sa mort. Car ce qui compte au moment de la désincarnation, ce n'est pas la position sociale, mais le type de comportement que l'être humain aura eu tout au long de sa vie.

L'esprit de son père lui apparaît accompagné de deux êtres de lumière, présents pour l'aider à accomplir une désincarnation plus facile. Son père la rassure, calme son mental et lui fait comprendre que son passage dans l'autre monde se fera d'une manière consciente.

Dans ce cas, la personne sur le point de mourir est prise en charge par une équipe de médecins spirituels. La mission de ces bons esprits est de procéder au détachement des liens qui unissent le périsprit au corps physique. Élisabeth nous explique cette intervention qui se fait par étapes successives ; l'un d'eux commence par intervenir au niveau du ventre ou plexus solaire. Puis le dégagement se poursuit en remontant vers le thorax pour se terminer par la tête et le cerveau. Agissant sur le thorax, le médecin-guide détache les liens du cœur qui cesse de battre. Le corps physique devient alors un cadavre, mais l'âme ne sera pas pour autant encore totalement libérée.

Élisabeth va recevoir une aide qui lui permettra de supporter les différentes étapes de sa désincarnation. Elle accompagne le travail de déliement de manière consciente et, même si c'est difficile, elle reçoit une aide qui lui permettra de moins souffrir. Elle ne connaîtra ni le moment de trouble qui suit la mort ni de difficultés à son arrivée dans le monde des esprits où le dernier lien l'unissant à son corps sera rompu.

Les êtres qui ne reçoivent pas cette assistance transitent dans le monde spirituel dans une totale inconscience et se réveillent après un temps plus ou moins long, désorientés, car ils ne savent pas où ils sont. Cela concerne plus particulièrement les hommes qui quittent le monde terrestre de manière brutale, mais aussi ceux qui ne possèdent ni foi ni croyance en l'après-vie. Ils ignorent les étapes qui suivent la mort.

Du fait de son niveau d'évolution, Pierre Jacques ne reçoit pas tout de suite une aide spirituelle ; personne ne vient l'accueillir. Il vit une longue agonie. Elle s'explique par le combat intérieur de son âme qui résiste et s'attache à son corps, ne se laissant pas porter par le processus incontournable du déliement qui l'en détache progressivement. La rupture des liens se fait donc naturellement et progressivement lorsque son enveloppe charnelle entre en décomposition. Le moment du déliement est long et les conditions dans lesquelles il se désincarne sont difficiles. Il quitte, en partie, son corps pendant la phase de coma et transite dans l'autre monde dans un profond sommeil pour se réveiller dans l'obscurité. Il reçoit l'aide d'Élisabeth qui lui fait prendre conscience de sa situation. Mais il peut aussi entendre, à travers une présence invisible, une voix souveraine qui le moralise. Sans avoir de détail sur son identité, nous pouvons supposer que celle-ci provient de son guide.

Les prières au moment de la désincarnation

À la question: «Les prières ont-elles de l'importance dans les étapes précédant et suivant la mort?», mon guide Joshua me répond:

«Oui! Nous soulignons l'importance de la prière au quotidien, mais aussi au moment de la préparation du grand retour. L'homme a bien souvent oublié qui il était et d'où il venait!»

À l'approche du moment de la mort, l'être humain en communion avec le divin peut commencer à implorer sa miséricorde, le pardon de ses péchés, la faveur d'un déliement rapide et le bonheur de revoir rapidement ses êtres chers. C'est une préparation bénéfique avant le grand voyage et cela permet ainsi à l'âme de commencer à élever ses vibrations vers l'amour de Dieu.

La prière sincère dite avec des mots qui viennent du cœur facilite le détachement des différents liens qui unissent l'homme à son existence terrestre. Le simple fait de diriger sa pensée vers l'Éternel l'amène souvent à ressentir sa foi et ainsi à retrouver la notion d'éternité. Il est important de faire la différence entre le simple fait de croire et celui d'exprimer son amour pour Dieu avec sincérité, force et profondeur.

Le pouvoir d'assistance des médecins spirituels est aussi amplifié grâce aux vibrations de la prière. L'être qui se désincarne, en pleine conscience, sait qu'il n'est pas seul et que Dieu l'accompagne vers l'une de ses demeures. Prière et foi, gratitude et amour, lâcher-prise et acceptation sont les outils qui l'aident et le préparent au grand retour.

Nous comprenons à la lecture de la psychographie d'Élisabeth le soutien de son fils et de son frère qui prient et implorent le Seigneur de lui faciliter son départ. Ils se soumettent à sa volonté. Toute sa famille pense de la même manière, ils sont tous dans la même énergie et donc dans la même harmonie vibratoire. Leurs prières sont alors entendues.

À l'inverse, la famille de Pierre Jacques prie le Tout-Puissant de le maintenir en vie. Les prières peuvent avoir un effet contraire sur l'être qui va se désincarner quand elles ne vont pas dans le sens des desseins de Dieu. Pendant l'agonie, les proches prient pour ne pas perdre l'être cher, bien que ce soit son heure. Elles sont en désaccord total avec la décision du Créateur. Ces personnes ne savent pas qu'elles le retiennent et prolongent ainsi involontairement, par leurs vibrations mentales, l'agonie de celui ou de celle qui finira de toute façon par partir. Les travailleurs spirituels ne peuvent donc, à ce moment-là, procéder au moment du déliement. Ils doivent alors éloigner la famille. Les médecins-guides, par des passes magnétiques, revitalisent les forces du mourant qui, à la surprise de tous, semble alors aller mieux. Les proches quittent le malade, rassurés. Cependant, son départ reste toujours programmé ; sa santé se détériorera une nouvelle fois, très vite, et l'équipe spirituelle, enfin seule, pourra accomplir son travail. Il y a souvent une amélioration avant le grand voyage de retour. Malheureusement, à l'annonce du décès, la famille souvent dans l'incompréhension peut être submergée par la colère, la révolte, car elle ignore la réalité spirituelle des faits. Le bref instant de rémission est une possibilité de pouvoir dire au revoir à l'être cher et de l'entourer de beaucoup d'amour. C'est une grâce divine et un cadeau qui doivent être appréciés et pour lesquels il faut remercier Dieu. Lorsque la mort intervient brutalement, lors d'un accident par exemple, souvent les adieux ne sont pas possibles, il est alors trop tard pour exprimer ses sentiments. N'oubliez pas de dire aux êtres chers que vous les aimez au quotidien.

Dans cette situation, les bons esprits comprennent nos pleurs, notre tristesse, mais nous demandent de ne pas nous laisser gagner par la colère et le ressentiment. Priez pour que l'être aimé reçoive l'aide de ses guides et que le moment du déliement soit le plus court possible, ainsi vous faciliterez ses premiers pas dans l'autre monde.

Rendez grâce au Divin et aux travailleurs spirituels lorsque vous vous rendez au chevet d'un mourant ou lorsque vous êtes de passage dans les hôpitaux. Ces bons esprits formant des équipes d'amour et d'entraide y œuvrent à tout moment. Les prières ont été d'un grand réconfort pour Élisabeth qui a réuni toutes les conditions pour un passage équilibré dans le monde des esprits. C'est un témoignage positif qui donne de l'espoir. Pierre Jacques ne reçoit que tardivement le bienfait des prières de ses proches, lorsqu'il prend conscience de sa situation dans le plan vibratoire qu'il occupe.

La cérémonie des obsèques

Pierre Jacques et Élisabeth peuvent assister à leurs obsèques, bien que leur cordon éthérique ne soit pas encore rompu.

Ce cordon est composé de plusieurs liens qui relient le périsprit au corps physique. Il se défait naturellement au moment de la mort physique, plus ou moins vite suivant le processus de dégagement. Élisabeth évoque ce cordon quand elle parle d'un faisceau de plusieurs filaments lumineux, Pierre Jacques le compare à une chaîne. Ces liens possèdent des caractéristiques dynamiques et extensibles, permettant à l'esprit d'effectuer ces déplacements. De même, lorsque vous rêvez, votre esprit, grâce à ce cordon, peut se déplacer dans le monde spirituel. S'il était rompu, le corps physique cesserait de vivre.

Pierre Jacques, pendant ses obsèques, contrairement à Élisabeth, vit une expérience très douloureuse. Dans le déni de sa survie et de sa mort, il se retrouve à l'église perdu, déboussolé… Il entend les critiques et les paroles blessantes qui créent chez lui encore plus de mal-être, de tensions, de révolte, d'incompréhension. C'est comme un mauvais rêve, un cauchemar, dont il ne peut pas se sortir. Il s'approche de son cercueil et se retrouve face à face avec son cadavre. Le choc est si violent pour lui qu'il replonge dans une profonde léthargie.

Nos ancêtres avaient pour rituel d'organiser une veillée funèbre ; elle permettait de rendre un dernier hommage au défunt. Le silence était respecté, il était interdit de parler, de rire. Les veuves s'habillaient de noir et marquaient ainsi leur différence dans le deuil, exprimant par des pleurs leur souffrance. Aujourd'hui, ces coutumes ont disparu.

Lors des obsèques, nous pouvons parfois constater les comportements irrespectueux de certaines personnes qui sont heureuses de rencontrer du monde, abordent des sujets de conversation de leur vie sociale, ou pire se permettent de critiquer, de juger le mort. Où est la véritable charité ? Où est la compassion ? Où est la spiritualité dans cette attitude ?

Ne perdez pas de vue que ce genre de comportement désinvolte et égoïste perturbe l'esprit mais aussi sa période de déliement. Il est important de prier pour celui qui vient de partir, d'avoir à son sujet des pensées lumineuses d'amour et de compassion ou de respecter le silence. Si ce n'est pas possible pour vous, il vaut mieux vous éloigner du corps, car l'esprit connaît vos pensées et entend vos paroles. Si vous faites simplement acte de présence pour vous donner bonne conscience, alors que vos pensées, vos paroles sont contraires à l'amour, abstenez-vous, car ce n'est pas faire acte de charité.

Les personnes assistant aux obsèques de Pierre Jacques ne sont pas charitables et, par leurs propos, blessent son esprit. Il entend les prières de sa femme et de sa fille, sans pour autant les comprendre. Il en rejette alors lui-même les effets.

Lors de mes consultations, les esprits décrivent parfois la cérémonie des obsèques, jusqu'à me répéter les sujets de conversations, les places occupées par leurs proches dans l'église ou au funérarium, le titre de la chanson écoutée, les mots d'un texte prononcé en leur hommage. Ils donnent des noms ou prénoms de personnes présentes et de celles qui sont absentes. Ils affirment ainsi leur présence à nos côtés.

Enterrement ou incinération?

Nous pourrions nous demander quel est le meilleur sort à réserver à notre corps physique après notre mort: inhumation ou incinération? Deux rites funéraires différents qui réduisent le corps à l'état de cendres ou de poussière. À la lumière des informations reçues par les esprits supérieurs, nous prenons conscience de la complexité du processus de désincarnation.

Existe-t-il un temps particulier à respecter entre le moment de la mort et celui de l'enterrement ou de l'incinération?

Les bons esprits nous invitent à respecter un délai d'au minimum trois jours afin que l'esprit puisse se préparer à sa nouvelle situation.

Cependant, au moins deux exceptions peuvent amener à prolonger cette période: lorsque l'esprit a vécu intensément dans la matière, occultant toute recherche de spiritualité, ou lorsqu'il a mis un terme volontairement à son plan de vie, il est alors souhaitable d'attendre plus de trois jours.

Difficile pour Pierre Jacques, qui a consacré son temps à acquérir des biens et à jouir des plaisirs de ce monde, de ne plus penser à vouloir bénéficier de ce confort et d'assouvir ses besoins après sa mort. Il lui faut du temps et du soutien, des efforts et de la volonté pour sortir du cercle de ses habitudes avant qu'il ne comprenne sa nouvelle réalité.

Pierre Jacques éprouve des difficultés à voir son corps étendu dans un cercueil, lors de ses obsèques ; il est relié à lui pendant un long moment. Très attaché à la matière et aux plaisirs terrestres, il a lui-même condamné son corps spirituel à rester fortement lié à son corps physique, d'où les difficultés qu'il éprouve à s'en dégager.

Dans le cadre de la crémation, notre principale crainte est de ressentir la combustion de notre corps ou par la simple vision des flammes d'avoir l'impression d'être arrivé en « enfer ». Si l'esprit n'est pas encore totalement libéré de son enveloppe corporelle, il connaîtra des sensations très désagréables, sans pour autant souffrir, car le corps physique ne transmet plus aucune douleur à l'esprit.

L'inhumation apporte aussi ses craintes, comme celles d'assister à la décomposition de son corps ou d'être enfermé dans un cercueil.

Ces liens qui nous unissent : les influences croisées entre les incarnés et les désincarnés

Un départ rapide et brutal

Psychographie avec l'esprit de David

« Ce message s'adresse à tous les parents qui perdent un enfant et qui connaissent la douloureuse expérience de la séparation, de la non-acceptation. Comment vivons-nous cela, nous les jeunes qui quittons notre corps physique sans y avoir été préparés ?

Je suis un esprit heureux aujourd'hui, mais avant de le devenir j'ai dû traverser des périodes, de longues périodes, de souffrance morale, jalonnées de regrets.

J'ai fait ma communion à l'église d'un petit village où j'habitais et c'est dans cette même église que mon cercueil a été déposé ; cela pour dire qu'au fil des années, j'ai perdu le lien avec la religion et la prière. Je n'avais, en ce qui me concerne, aucune raison de penser à ma mort, ni à la possible existence d'une autre vie. Je n'étais nullement préparé à quitter ce monde. La mort restait un sujet interdit et j'évitais d'en parler; elle ne devait être le sujet de conversations que des personnes âgées. Moi, j'étais jeune et j'avais toute la vie devant moi!

Ce matin-là, j'ai descendu, sans faire de bruit, l'escalier de la maison de mes parents, car je ne voulais surtout pas les réveiller. Je voulais m'échapper, fuir l'ambiance pesante qui régnait chez moi. Ce conflit entre mon père et ma mère était insupportable. Ils criaient et menaçaient, ils évoquaient sans cesse une possible séparation. Pour moi cela était inconcevable, je ne pouvais ni l'accepter ni le comprendre.

Très tôt le matin, j'ai pris ma moto et je suis parti. J'ai roulé, roulé pour oublier. J'ai accéléré, me laissant porter par la vitesse, et j'ai perdu le sens des réalités. C'est en plein virage que j'ai quitté la route pour aller m'écraser contre un mur de pierre. Ce sont les derniers instants de ma vie sur terre.

Je n'ai rien vu venir, le choc a été brutal. J'ai simplement aperçu mon corps allongé sur le sol, puis je me suis senti très vite entraîné dans un tunnel avec le sentiment très particulier d'être transporté, à grande vitesse, vers une lumière blanche. Je me suis senti enveloppé d'un amour immense et indéfinissable avant de m'endormir profondément.

Je me suis réveillé, angoissé, dans un lit ressemblant à celui d'un hôpital, me demandant en quel lieu je me trouvais. J'ai vu aussitôt s'approcher de moi deux personnes qui m'adressèrent des paroles de réconfort: "Tout va bien, mon petit, nous sommes tes grands-parents paternels, nous veillons sur toi."

Je me suis dit que tout cela n'était qu'un mauvais rêve, car mes grands-parents paternels que je n'avais pas connus étaient morts depuis des années.

Puis tout bascula dans un tourment de ressentis et d'émotions de tristesse et de peine, quand j'entendis des pleurs, des cris, des larmes… Je me retrouvai aussitôt en lien avec ma mère et avec tous les miens. Je ressentais leur douleur, leur peine, leur désespoir, et aussi leur colère. Celle-ci semblait déchirer leur conscience, l'alourdissant de remords et de regrets. Cela avait pour effet de m'envelopper d'une énergie négative et me faisait revivre les circonstances de l'accident. Je me tournais à droite et à gauche en me bouchant les oreilles pour ne rien entendre, mais tout était à l'intérieur de moi. J'étais torturé et agité. Une femme vêtue d'une tenue blanche ressemblant à celle d'une infirmière s'approcha et par une multitude de gestes de la main, au-dessus de ma tête, réussit à faire taire mes pensées. Je me laissai alors glisser une nouvelle fois dans un sommeil lourd et profond.

Où étais-je ? Je venais de me réveiller en sursaut avec la ferme intention de poser des questions et d'avoir des réponses. Quelqu'un allait-il finir par m'entendre et m'expliquer ? Il me fallait sortir de ce lit, mais la tête me tournait. Je manquais de force pour me lever ; je me sentais si faible. À travers la fenêtre, je pouvais apercevoir au loin des champs de fleurs, des arbres, des oiseaux et un beau ciel bleu ensoleillé. Cet hôpital était différent de ceux que je connaissais.

L'infirmière revint me rendre visite, cette fois-ci accompagnée d'un homme qui me regardait intensément en souriant. Je m'apprêtais à leur poser des questions, mais leur réponse, sans que je formule aucun mot, me vint à l'esprit : “Plus tard, mon ami, plus tard !”

Pourquoi mes parents ne me rendaient-ils pas visite ? Pourquoi étais-je confus ? Mes idées s'embrouillaient. Je me rappelais vaguement l'accident.

L'homme me dit : "Vous avez besoin de reprendre des forces et de subir quelques soins." Il me servit un verre d'eau magnétisée, revigorante disait-il, il était nécessaire que je boive et que je me repose avant toute chose. Je réalisai que toute discussion était inutile.

À demi-mot, je compris que j'avais traversé des perturbations liées à des difficultés d'adaptation. Nul ne m'expliqua pourquoi j'entendais ma mère prier, pleurer, et mon père vociférer contre le Bon Dieu. Je posai la question à la garde-malade qui, à maintes reprises, s'appliqua à mettre ses mains sur mon front, me demandant de me calmer. Cela avait pour effet d'annihiler en moi toute pensée et de me plonger dans un état léthargique.

Tout cela ne me semblait pas normal. Petit à petit, les détails de l'accident me revinrent en mémoire, surtout le choc violent subi par mon corps physique. Le traumatisme porté à ma tête était irréversible et pourtant, malgré cela, mon cerveau semblait fonctionner. L'instant d'une seconde, une pensée me fit froid dans le dos, j'étais peut-être mort ? Je rejetai cette idée absurde, non ce n'était pas possible !

J'oublie de me présenter : je m'appelle David, j'ai seize ans, je viens de me souvenir que c'est demain mon anniversaire... demain.

Le fait d'y penser me plongea tout à coup dans une scène du passé. Elle se déroulait devant mes yeux. Un gâteau sur une table autour de laquelle ma famille chantait un "Joyeux anniversaire, David".

Maman m'enlaçait, me donnait des baisers après m'avoir fait un cadeau. J'étais heureux. Papa, assis à table, levait joyeusement son verre en me rappelant la date de ma naissance. Moment d'un bonheur intense qui me fit ressentir une vive émotion. Y aurait-il encore un prochain anniversaire ?

Cette interrogation ne trouva aucune réponse. J'entendis encore les pleurs de ma mère entrecoupés de questions : "Pourquoi ? Pourquoi mon fils ? Que s'est-il donc passé ? Pourquoi es-tu sorti sans nous avertir ? Pourquoi nous as-tu abandonnés ?"

Je lui répondis mentalement :

"Maman, je suis sorti en cachette, car je voulais fuir la maison. Si j'avais voulu la quitter en pleine journée, vous m'en auriez empêché. Je devais toujours demander la permission de sortir et tu me harcelais avec tes questions. Je n'en pouvais plus de vous entendre vous disputer."

Allongé sur ce lit, j'avais l'impression de vivre un véritable cauchemar. Ces explications résonnaient en moi, avec la terrible impression de me heurter à un mur de silence. Je réalisai, à ce moment-là, l'anormalité de cette situation et je me réveillai terriblement angoissé avec une douleur intense à la tête. Était-ce le contrecoup du choc physique ? Ou les conséquences de l'état émotionnel négatif dans lequel je me trouvais ? Proche de moi, je devinai plusieurs présences, mais plus en avant, cette nurse et mes grands-parents qui ne manquaient pas, à chaque crise, de vouloir me rassurer. La réalité finit par s'imposer à moi ; j'étais bien mort ! Cet endroit si agréable était tout simplement divisé en plusieurs espaces de guérison où chacun avait sa place.

Mes grands-parents semblaient me connaître depuis toujours ; ils me parlaient de mes parents et, dans ces moments d'échange, l'anxiété s'atténuait ; c'était comme si petit à petit mes pensées étaient contrôlées par l'amour qui enveloppait tout mon être.

Sur terre, j'avais entendu dire qu'il était possible de communiquer avec les esprits. Mais cette idée m'avait fait bien rire ! Ces drôles de personnes qu'on appelle "médiums" étaient pour moi des charlatans qui exploitaient la misère des autres. À leur évocation, cela suscitait chez moi de la colère, de l'indignation, et avait eu pour résultat de me détourner de la spiritualité. J'employais des quolibets les traitant de noms d'oiseaux, d'usurpateurs, d'escrocs.

Chose curieuse, ce comportement et ces idées me traversèrent l'esprit avec un sentiment de trouble, de honte, comme si je m'étais trompé. Ce mal-être provoqua une nouvelle fois en moi un sommeil incontrôlable.

Plus tard, je me réveillai avec la certitude d'avoir subi un soin au niveau de la tête. L'homme habillé de blanc m'expliqua que c'était pour guérir des dommages et des déséquilibres occasionnés à mon corps de lumière. Peu à peu, après plusieurs mois de convalescence, je retrouvai toutes mes forces.

Mes pensées étaient plus ordonnées, mais je ressentais toujours la douleur de la séparation. Les miens me manquaient terriblement et, à certains moments, je vivais encore leur souffrance, leur colère.

Cela me replaçait dans un état négatif qui m'empêchait, je l'ai compris bien plus tard, d'avancer. Je plongeai aussi dans une forme de frustration de ne pouvoir goûter aux plaisirs terrestres. J'avais quitté la terre dans un corps jeune, en pleine force de l'âge. Ma libido faisait aussi partie de mon insatisfaction ; je n'avais pas suffisamment profité de mon enveloppe physique. Je compris très vite qu'il ne me fallait plus y penser. Cependant, comment ne pas penser ? Les questions en moi se bousculaient et ma conscience me tourmentait. Relié à ma mère, j'entendais encore les phrases qu'elle m'adressait : “Pourquoi, mon fils ? Mais pourquoi as-tu fait une fugue ? Pourquoi n'as-tu pas parlé de ce que tu ressentais ? Nous aurions pu ton père et moi trouver une solution. Je me refuse à croire que tu es mort. Où es-tu, mon fils ? As-tu disparu à jamais ? La mort est la fin de toute existence et nous ne nous retrouverons jamais. À quoi bon continuer à vivre sur terre, et vivre sans toi ?”

Entendre ces phrases me plongeait dans un état de culpabilité, de remords, d'anxiété extrême, craignant que ma mère ne se suicide.

L'homme en blanc s'approcha de moi en m'invitant à le suivre dans un immense jardin. Nous pouvions, à notre gré, sortir de la chambre et nous nourrir des énergies de ce lieu magnifique.

Cet homme qui m'était apparu à mon arrivée était habité par la bonté, par la compassion, il savait lire en moi comme dans un livre ouvert. J'avais fini par comprendre qu'il était mon guide et qu'il me connaissait depuis toujours.

Au cours d'une promenade, alors que nous avancions d'un pas léger en admirant la beauté de la nature, nous eûmes enfin une conversation :

Mon guide : “Comment te sens-tu aujourd’hui, David ?”

Moi : “Pas très bien. Je suis tourmenté, angoissé, je crains pour la vie de ma mère. Je ne la vois pas, mais c’est comme si nous étions reliés par un téléphone invisible.”

Mon guide : “Vous êtes reliés par la pensée, vous n’acceptez pas l’un comme l’autre cette séparation qui était prévue dans vos plans de vie respectifs. Vous êtes imprégnés de culpabilité et de remords. Cela est néfaste pour tous les deux. Travaille sur tes pensées, mon ami, elles créent chez toi encore plus de déséquilibre.”

Moi : “Est-il possible de voir ma famille, de leur donner de mes nouvelles, de leur prouver ma survie ?”

Mon guide : “Je reviendrai vers toi au moment opportun. Réfléchis ! Réfléchis, David, à ce que tu aurais à leur dire !”

Moi : “Maman, papa, oh, comme je regrette d’avoir agi sous l’impulsion de la colère, ce n’était pas la solution. Nous aurions dû parler, comprendre les difficultés de la famille et continuer à nous accepter, à nous aimer. Je ne suis pas mort ! Je vis ! Cessez, s’il vous plaît, de pleurer, d’être en colère, de vous détruire, acceptez mon départ ! Voilà ce que je leur dirais si je pouvais leur parler !”

Mon guide : “Bien, David, mais n’oublies-tu pas quelque chose ?”

Je ne compris pas ce que mon guide sous-entendait par là. Un sourire sur le coin des lèvres, il me quitta ce jour-là, m’abandonnant à toutes mes interrogations.

Je n'étais pas seul. Autour de moi, des silhouettes m'apparaissaient furtivement, comme des fantômes. Il était difficile de leur parler, ils étaient pour la plupart perdus dans leurs pensées.

Mon regard fut attiré par l'un d'entre eux qui semblait avoir le même âge. Il était différent, souriant, son comportement avenant laissait supposer qu'il était prêt à dialoguer. Je compris que lui aussi était dans l'attente de pouvoir communiquer avec ses proches. Il en attendait l'autorisation ! Contrairement à moi, il était dans l'acceptation de sa situation et il me fit entendre qu'accepter, c'était se libérer d'une souffrance morale. Il évoqua alors son guide et l'existence d'un amour, d'une énergie, d'un être au-dessus de tout, souverainement bon et juste. Mais aussi des lois qu'il fallait apprendre et respecter. Il fit naître en moi la pensée de Dieu. Je compris aussitôt l'allusion faite par mon guide. J'avais effectivement oublié le plus important. Je ressentis un sentiment de honte m'envahir.

Mon nouvel ami m'expliqua la possibilité de communiquer avec les miens. Nous étions d'après lui dans une communauté spirituelle, pas très éloignée de la terre. Mais pour délivrer un message sur Terre, il fallait l'autorisation des guides et sûrement du Très-Haut. Il m'informa, à ce sujet, avoir rencontré une jeune femme qui avait pu à travers une médium communiquer avec ses parents. Cela avait été pour elle libérateur.

Je ressentis alors naître en moi l'espoir. Allais-je aussi avoir la grâce de le faire ?

Mon esprit s'éveillait à la réalité d'une puissance supérieure que je ne connaissais pas. Entouré d'amis perturbés, perdus dans le schéma obsessionnel de leurs pensées, je ressentis le besoin d'essayer de les aider. En me consacrant à la pratique du bien, tout sembla s'éclaircir. Mes grands-parents avaient fait allusion à maintes reprises, lors de nos conversations, à la notion du mérite. Ils ajoutaient à chacun de leurs conseils, "si tu le mérites mon petit".

Je compris alors que, dans ce monde, le mérite était important. Il ne suffisait pas de demander pour avoir ce que l'on désirait ; pouvoir communiquer avec les incarnés était un privilège à conquérir. Un travail d'introspection allait être nécessaire pour avancer et m'adapter. J'accomplis avec joie différentes tâches pour aider les autres, oubliant alors mes tourments.

Mon guide était absent physiquement, tout en étant présent et au courant de mon avancée. Un jour, il vint me rendre visite. Je traversais toujours des difficultés émotionnelles, ma conscience me faisait souffrir. Depuis un moment, j'allais à la rencontre des nouveaux arrivants et j'essayais de les rassurer ; ce travail d'entraide fraternelle commençait à devenir naturel pour moi.

L'annonce de mon guide me bouleversa :

"Tu vas pouvoir adresser quelques mots à ta mère, mon ami. Elle a été guidée, influencée à rencontrer une médium sur terre. Un rendez-vous a été fixé. Cela ne va pas être facile. Elle a des pensées suicidaires, elle ne croit pas à la survie de l'âme et il va falloir trouver les mots justes pour la convaincre. Il te faut aussi comprendre le mécanisme de la médiumnité, mais plus précisément celui de cette dame qui ne peut nous voir, mais qui peut nous entendre."

Cela me fit bondir de joie. La douleur de la séparation était toujours présente, mais atténuée grâce à une meilleure maîtrise de mes pensées et à mon altruisme à travers l'aide que j'apportais aux autres.

Le jour J arriva.

Mon guide m'expliqua à son tour que nous nous trouvions non loin de la terre et qu'il nous faudrait, ensemble, descendre nos vibrations vers cette femme médium. Celle-ci avait d'après lui de réelles capacités à ressentir notre présence, une éthique irréprochable et elle était motivée à faire le bien. Il m'expliqua que nous allions être plusieurs à faire ce voyage et tenter d'adresser un message à nos proches. Nous allions pour cela devoir, en groupe, traverser une région où de nombreux esprits égarés étaient dans un état d'errance. Il était important de le suivre pas à pas afin d'être protégés de leurs influences, pour pouvoir atteindre notre intermédiaire.

Ce fut bouleversant de retrouver ma tendre mère ! Elle avait tellement changé depuis mon départ. Sa chevelure était désormais parsemée de cheveux blancs. Dans son regard vitreux, je pouvais voir la profondeur de sa tristesse ; elle avait les traits tirés et avait perdu beaucoup de poids. Mon cœur se serra en la voyant.

Au début de l'entretien, je l'entendis dire à la dame :

"Jc viens vous voir mais je ne crois en rien."

Je pris peur. Mon guide m'invita à ne pas me décourager. Ce jour-là, un autre ami avait, via la même médium, parlé avec son père. J'avais vu comment il avait procédé. Cela nous demandait un effort de concentration, mais aussi de volonté à communiquer par amour, à la grâce de Dieu. J'avais heureusement retrouvé la foi.

La clairaudiente ressentit très vite ma présence.

Je lui adressai ces mots: "Je veux parler à maman."

Elle répéta deux mots entendus: "Parler maman" et dit à ma mère: "Vous avez perdu un enfant?"

Elle baissa la tête en un signe d'approbation.

Je captais aussitôt sa pensée: "Tiens, elle dit juste." Maman semblait dans l'analyse, elle doutait.

Cette attitude me mit la pression! J'avais espéré qu'elle se laisserait aller en toute confiance.

Mon guide me demanda d'être calme. Il souligna mon impatience comme un défaut. C'est vrai.

Je m'approchais de la médium une nouvelle fois et j'essayais de lui transmettre la vision d'un escalier, en lui insufflant le mot "escalier", puis l'idée de "fuir la maison". Elle dit à ma mère: "Votre fils a descendu un escalier et a pris la fuite de la maison."

Maman leva les yeux et dit: "Oui, c'est vrai!"

J'étais soulagé, car le contact s'établissait. J'étais impatient, je marchais de droite à gauche, je tournais autour d'elle, exalté à l'idée de pouvoir lui parler. Je voulais lui crier: "Je suis en vie, je suis à côté de toi, je t'en supplie, ne pleure plus, ne pense plus à l'accident, je regrette, ma petite mère, pardonne-moi."

Je vis les larmes couler sur son visage et mon cœur une nouvelle fois se serra. Elle semblait commencer à se décontracter, mais le doute l'assaillait encore. J'entrepris de donner à la médium mon prénom.

"Da", dit la médium.

"Dav, dit-elle. Oui, j'entends bien: David!"

Ma mère étouffa un sanglot, elle venait de réaliser que j'étais là. Après lui avoir donné quelques détails personnels, dont seuls nous deux avions connaissance, il me restait le plus difficile à faire : la convaincre de ne plus avoir de pensées suicidaires. Mon guide m'avait bien expliqué que c'était le but essentiel de cet échange. La voie du suicide était une route à ne pas emprunter ; je devais réussir à l'en dissuader.

"Maman, je t'aime, je t'aimerai toujours. Je t'en supplie, pardonne-moi, accepte mon départ, j'entends tes pleurs. Cesse de penser au mal, et cesse, je t'en conjure, de penser à te faire du mal. Tu n'as pas le droit. Tu retarderais ainsi nos retrouvailles, écoute-moi !!"

Les mots saccadés étaient transmis par la médium. Les sanglots de ma mère laissaient échapper, de temps à autre un "Oui. C'est vrai". Cette expérience était nouvelle pour moi et me coûtait, comme à la clairaudiente, beaucoup d'énergie.

Je terminai mon message par : "Sois en paix, maman, nous nous retrouverons un jour. Ton David qui t'aime."

J'ai ensuite regagné mon endroit préféré, mon jardin, ce lieu que j'aimais particulièrement et qui provoquait chez moi un apaisement. Cet échange avec ma mère m'avait libéré d'un énorme poids. Elle fut transformée aussi par ce contact et se remit à prier, à penser à Dieu. Cette conversation nous fit réaliser les bienfaits de la médiumnité, mais aussi de l'importance d'être dans l'acceptation.

Aujourd'hui, j'ai été autorisé à transmettre à ce médium, Alain Joseph, mon témoignage pour vous aider à comprendre l'importance d'accepter la séparation afin de faciliter nos premiers pas, ici, dans la vie spirituelle. Nous comprenons votre peine, votre tristesse, vos pleurs, mais nous vous demandons d'essayer de vous contrôler, en augmentant votre capacité à "accepter la volonté de Dieu". Nous nous retrouverons tous un jour dans son amour. Mais il ne faut surtout pas penser au suicide et poursuivre votre route jusqu'au terme de votre vie.

Je n'ai plus besoin d'aller dans ce jardin, alors j'ai changé de lieu. Les lieux où nous vivons varient à l'infini, ils reflètent ce que nous pensons, ce que nous sommes à l'intérieur.

J'ai franchi une nouvelle étape, ce serait trop long à vous narrer. Mon témoignage est maintenant terminé.

Je suis avec vous, les jeunes et les parents endeuillés.

Gardez la foi. Dieu vous aime.

Fraternellement, David. »

L'hôpital et la convalescence

À travers ces psychographies, nous comprenons l'existence, dans le monde spirituel, de centres de rétablissement. Ces lieux de convalescence apportent différents types d'intervention et d'accompagnement aux esprits en souffrance qui viennent de se désincarner. Cette aide peut être morale mais aussi électromagnétique. Légèrement semblable à nos hôpitaux terrestres, disposant d'une haute technologie et de techniques de guérison complexes et variées, le périsprit y reçoit les soins adaptés à sa reconstitution la plus complète. Le corps spirituel des accidentés ou des victimes d'assassinat doit être traité pour des lésions souvent graves. Le périsprit est entièrement enveloppé d'un fluide de guérison qui agira d'une manière plus spécifique sur les blessures physiques comme émotionnelles. Cette énergie bienfaitrice provenant des guides correspond au degré ultime de l'amour, de la bonté, de la compassion et de la sagesse. Le temps de ces traitements varie aussi suivant l'état mental du patient.

Le temps de repos

Pourquoi David est-il désorienté ? Les circonstances d'une mort rapide et brutale amènent souvent l'esprit à quitter le plan terrestre, sans y avoir été préparé. Le réveil de David a donc été difficile. Il a traversé une période de confusion et il lui a fallu du temps avant de comprendre l'état de sa nouvelle réalité. Les périodes alternées de sommeil et de soins étaient donc indispensables à son rétablissement.

La majorité des esprits ayant vécu dans une totale et pleine jouissance des plaisirs terrestres et occulté l'existence de l'après-vie plongent dans une profonde léthargie après la mort physique. Pendant cette phase d'endormissement, l'esprit peut, selon ses actions passées, vivre des rêves de quiétude ou de tourment. Ainsi, selon son niveau spirituel, la période d'inconscience et de trouble sera plus ou moins longue. Un esprit ayant atteint un bon niveau intellectuel et moral aura peu besoin de repos contrairement à un esprit d'un niveau inférieur.

Dans la psychographie de Pierre Jacques, nous pouvons observer plusieurs phases de sommeil imposé. Son absence de croyance en quoi que ce soit, son égoïsme et son attachement à la matière expliquent ces étapes, comme la longue période de trouble et de confusion qu'il traverse.

Le temps d'adaptation de David

Le temps d'adaptation de l'esprit dans le monde spirituel dépend aussi de sa facilité à comprendre et à accepter sa nouvelle vie. Ses premiers pas heureux ou malheureux dépendent également de la nature de ses pensées.

Un nombre incalculable d'êtres incarnés quittent la terre emportant avec eux leurs préoccupations terrestres, se créant ainsi des perturbations. Ces déséquilibres proviennent bien souvent de problèmes relationnels, émotionnels, affectifs non résolus. Comme nous le démontre la psychographie de David, le complexe de culpabilité éprouvé par ce garçon et par sa maman engendre une forte souffrance de part et d'autre. Le lien qui les unit est négatif. Les remords, les regrets ont une influence directe sur l'état psychologique de l'esprit et sur sa convalescence. La mort sépare parfois des êtres qui sont en conflit, d'où l'importance de vivre chaque jour qui passe en paix avec son prochain, de savoir accorder son pardon aux autres, comme à soi-même, d'augmenter sa capacité à aimer en faisant preuve d'indulgence, de tolérance. Quelques-unes des vertus que nous devons apprendre à cultiver afin de faire un grand pas vers l'amour inconditionnel. David va progressivement intégrer le sens de ces valeurs jusqu'à ce qu'elles deviennent pour lui une seconde nature. Grâce à toutes ses implications de plus en plus volontaires dans sa nouvelle vie, il va récolter le fruit de ses efforts en obtenant l'autorisation de venir communiquer avec sa mère. Une nouvelle étape dans sa « maturité spirituelle » a été franchie. Il est maintenant apte à venir guérir sa mère de ses penchants suicidaires.

La culpabilité

Comment faire pour sortir de la culpabilité ? Dans un travail de rénovation intérieure la première étape est d'apprendre à se pardonner.

Gabriel nous a déjà expliqué que le manque de pardon envers soi-même provoquait ce sentiment. La culpabilité est l'un de ses effets négatifs, elle se prolonge dans l'angoisse des tourments et trouve sa conclusion dans le désir de réparer et de ne plus reproduire les mêmes erreurs. C'est la réparation des actes passés qui incitera l'esprit à travers diverses actions dans le bien à se libérer des poids lourds du passé, donc de sa culpabilité.

Se pardonner à soi-même, c'est aussi apprendre à s'aimer davantage. Le complexe de culpabilité est un fardeau pour notre évolution ; stagner dans l'affliction ou l'autoflagellation n'est pas constructif, ne résout pas les problèmes. Il faut se ressaisir et s'armer de volonté pour faire du mieux que vous pouvez et ne pas inscrire ainsi de fautes graves à votre parcours.

Loin de disparaître sans effort, la culpabilité reste un sentiment négatif qui s'inscrit dans les registres du périsprit et qui ne disparaît pas avec la mort, mais par les efforts et le travail accomplis au fil des incarnations.

« Tu n'étais pas là, mais ce n'est pas grave ! »

Psychographie avec Patrick

« Mon regard a croisé le tien, une dernière fois. Tu as pensé que j'allais mieux et que tu pouvais rentrer à la maison. C'est vrai, j'avais soudain davantage de force, mon corps semblait habité d'une nouvelle énergie. Ma souffrance s'était aussi atténuée.

Je t'ai lancé ce dernier regard plein d'espoir, je pensais alors que mon heure n'était pas arrivée. Tu m'as embrassé tendrement avant de partir. Nous ne savions que dire, l'émotion était palpable, présente en nous deux, les mots étaient inutiles.

J'ai ressenti au milieu de la nuit une douleur très forte dans ma poitrine. J'ai sonné l'infirmière. Elle n'est pas arrivée à temps. Mon cœur a cessé de battre. C'est ainsi que j'ai quitté mon corps. J'étais très tourmenté à l'idée de vous abandonner. Mes dernières pensées furent pour toi, ma femme, et pour mes enfants.

J'étais au-dessus de mon corps sans trop comprendre ce qui m'arrivait, aussi j'ai songé une nouvelle fois à toi très fort. J'étais comme paralysé, j'avais peur et j'avais besoin de ton aide. À qui d'autre aurais-je pu faire appel ? Tu as toujours été celle qui a fait fuir mes angoisses, celle qui a toujours trouvé les mots justes pour me rassurer. À cette pensée, je me suis senti transporté jusqu'à la chambre à coucher où je t'ai vue te reposer dans l'obscurité.

Je criai : "Annie, réveille-toi, je suis là ! Je ne sais pas ce qui m'arrive, j'ai peur, aide-moi !" J'étais tellement obsédé par les mêmes visions que toi seule occupais mon esprit.

Je n'avais qu'une seule idée en tête, te prévenir et te demander pourquoi tu n'étais pas à mes côtés, pourquoi tu ne me répondais pas ? Je m'efforçais de trouver le moyen de te réveiller. Dormais-tu si profondément au point de ne pas m'entendre ?

Je me penchai sur ton oreille et je criai : "Je suis là, à côté de toi, réveille-toi !" Tu semblais bouger dans le lit, oui, à force de me concentrer et de t'influencer par mes pensées, je croyais avoir réussi ! Je te vis te lever. Je m'aperçus alors que ce n'était pas moi qui avais réussi à te sortir de ton sommeil, mais la sonnerie du téléphone. Sans entendre les propos de ton interlocuteur, je t'ai vue crier, t'écrouler sur le sol. Mais qu'y a-t-il, ma belle ? Les enfants sont ensuite arrivés, je vous ai vus dans les bras les uns des autres. Mes peurs se sont amplifiées. Étrangement, je ressentais que je n'étais pas seul à vivre ce moment douloureux, une pression sur mon épaule me le faisait comprendre. Mais je n'étais pas prêt à l'admettre.

Je me suis retrouvé une nouvelle fois à l'hôpital et je me suis senti attiré par un brancard ; sous le drap blanc, je reconnus mon visage. Ce fut un choc et à la fois une révélation, j'étais bien mort !

Je n'avais pas eu le temps de le réaliser vraiment, car résonnait en moi, toujours, cette pensée de ma femme : "Pourquoi n'ai-je pas été là, avec toi ?" Je compris aussi à ce moment-là pourquoi tu ne pouvais m'entendre, ni te trouver à mes côtés.

Au même instant, une personne m'appela par mon prénom : "Patrick, c'est Mémé, viens, je suis là."

Non ! Je ne voulais pas vous quitter. J'étais terrifié, car ma grand-mère était morte depuis des années ! Je ne voulais pas voir les morts, je voulais rester avec les vivants.

La peur, une nouvelle fois, m'envahit. Je ne voulais en aucun cas m'éloigner de ma femme. Inlassablement, je l'entendais à l'intérieur de moi pleurer et tenir les mêmes propos : "Mais pourquoi ? Pourquoi ne suis-je pas restée à son chevet ? Il est parti seul ! A-t-il souffert ?"

Ces questions devenaient pour moi des obsessions. Le fait de ne pouvoir y répondre me tourmentait. Puis, un profond sommeil s'imposa à moi, me faisant perdre conscience.

Une odeur de café.

Une tartine beurrée.

Assis à table, Mémé me sert…

Elle m'entoure de son affection. "Tu as besoin de manger, mon petit, pour devenir un homme grand et fort." Je me retrouvai dans la maison de mon enfance, entourée d'arbres et de fleurs. Le visage bienveillant de mon pépé m'apparut, il était différent, ne marchait pas avec une canne comme à la fin de sa vie sur terre. Il me montrait la beauté de la nature, m'apprenait le nom des oiseaux. Je me suis senti enveloppé de son amour. Je réalisai tout à coup être dans le passé, dans mon enfance, à un endroit que j'affectionnais plus particulièrement et qui me rendait heureux. J'étais allongé sur l'herbe, en paix, je dormais, me reposais, reprenais des forces, en présence de mes grands-parents qui semblaient avoir rajeuni. Mémé me rassurait sans cesse en me demandant de me laisser aller, c'est-à-dire de ne penser à rien. Mais c'était difficile, j'avais toujours l'impression de vivre un cauchemar dès lors que je songeais à ma famille. L'idée d'être mort me torturait, je souffrais dès que j'y pensais ou dès que me parvenaient les lamentations de ma femme.

Soudainement, pour je ne sais quelle raison, je quittai cet endroit de paix pour me retrouver face à un trou creusé dans le sol, dans lequel mon cercueil reposait. J'avais le sentiment désagréable d'être toujours encore un peu relié à lui. Résonnaient en moi toutes les cogitations de mes enfants qui étaient aussi dans la culpabilité de ne pas avoir été présents !

J'avais envie de crier : "Stop, cessez donc ! Ce n'est pas grave !" Je replongeai une nouvelle fois dans un sommeil profond.

Je me réveillai dans un endroit différent. Mémé était là, près de moi, elle me rassurait. Comme il était bon de la voir. Je lui demandai des explications quant au lieu où je me trouvais. Toujours la même réponse : "Dans un lieu de repos où tu dois reprendre des forces." Oui, je voulais bien, mais je ne pouvais l'accepter ! Je devais parler à ma femme et à mes enfants. Je ne pouvais pas les abandonner !

Ils avaient besoin de savoir. "Nous parlerons un peu plus tard", me dit-elle.

J'aperçus à ses côtés un homme qui dégageait des vibrations particulières vers lequel je me sentis très attiré. Son visage souriant exprimait la bonté, la bienveillance. Il avait les cheveux aussi blancs que sa moustache. Je savais qu'il était mon protecteur. Il appliquait ses mains sur ma poitrine dans un mouvement circulaire, et aussi sur mon front. Cela me procurait un soulagement et apaisait mon tourment.

Il me dit: "Pour ne pas souffrir, mon ami, il te faut t'habituer, être dans l'acceptation."

Je lui répondis: "Je me fais du souci pour ma famille. Puis-je transmettre de mes nouvelles? Ma femme culpabilise de ne pas avoir été à mes côtés au moment de mon départ."

Mon guide: "Patience, Patrick, patience, en temps voulu, tu dois reprendre des forces et guérir de tes blessures. Tu dois combattre tes pensées négatives, être dans l'acceptation pour t'adapter plus rapidement à ta nouvelle vie."

Moi: "C'est difficile. Je suis à la fois ici et dans la chambre à coucher de ma femme. Elle ne mange plus, se laisse aller. Elle n'écoute pas les enfants et elle souffre d'une grande culpabilité qui nous affecte tous les deux."

Mon guide: "Tu dois te protéger de cela; prie, demande l'aide de notre Père!"

J'avoue ne pas avoir pensé à la prière, perdu dans mes obsessions. J'ai été élevé dans la religion catholique, mais je m'en suis détourné, même si la foi a toujours été présente en moi. La prière m'a aidé. J'ai compris que peu importe la religion, il est important de garder le lien avec Dieu. Et c'est ainsi que j'ai progressé.

J'ai compris que les événements liés à mon départ devaient se dérouler ainsi. Il avait été préférable que je meure, seul, afin que les médecins spirituels puissent procéder en toute tranquillité à mon dégagement.

Petit à petit, tout s'est éclairci en mon esprit. Mémé vint me parler et me renforcer dans l'idée que je trouverais, si Dieu le voulait, le moyen d'adresser un message de réconfort à ma femme. Elle savait que cela était possible. Sur terre, il existait des personnes qui ont la charge de transmettre des messages et de servir d'intermédiaire. Elles pouvaient nous voir, nous entendre et même davantage. Cela me rassura, je gardai la foi et l'espoir que ce jour-là viendrait.

J'ai étudié avec mes nouveaux amis. Parmi eux, j'ai reconnu des personnes que j'avais aimées sincèrement d'amitié. Nous nous sommes entraidés, comme dans une grande école, dans le but commun de nous élever, de nous approcher encore davantage de cet amour divin que nous pouvions déjà ressentir.

J'ai appris que ce lieu était un refuge, un dispensaire, une étape nécessaire pour ceux qui venaient de quitter la terre et que cette dimension spirituelle était à la hauteur de notre évolution. J'ai travaillé à mon amélioration. Mais il a été très difficile d'accepter cette séparation. Tourmenté par les pleurs de ma femme que je pouvais toujours entendre, j'espérais lui parler un jour.

Un ami me confirma qu'il était possible de lui adresser un message avec l'autorisation de mon guide. Il fallait pour cela avoir une bonne condition physique et morale. Le plan que nous occupions était régi par un esprit d'un niveau élevé qui lui-même recevait des directives d'un plan supérieur. Il y avait donc une hiérarchie et des lois à respecter.

Perdu dans mes pensées, je regrettai mon ignorance et le fait de n'avoir pas fait sur terre les efforts nécessaires pour apprendre et comprendre les lois divines.

Ce moment tant attendu finit enfin par arriver. Mon guide m'annonça la bonne nouvelle. J'allais pouvoir communiquer ! Avec l'aide de ma grand-mère, qui savait comment transmettre un message. Un échange demandait un grand effort de concentration et nos vibrations devaient être compatibles avec celles du médium. J'avais la mission de me faire reconnaître de ma femme mais aussi de lui demander de cesser de culpabiliser. C'est à travers le médium breton Alain Joseph Bellet, avec lequel je collabore dans un travail d'écriture aujourd'hui, que j'ai pu avoir ce premier contact.

Avant toute chose, il nous a fallu comprendre quelles étaient les facultés de ce médium qui a la particularité de ressentir nos énergies dans son corps dès que nous nous en approchons. Ce jour-là, nous avions la possibilité d'intervenir dans une assemblée.

La majorité des personnes présentes attendait un message de leurs proches avec beaucoup de foi et d'amour, mais certaines autres étaient venues par curiosité, en ayant des doutes sur ses compétences. Il faut savoir que ces personnes ne nous facilitent pas la tâche, elles s'entourent d'égrégores négatifs qu'il nous faut traverser.

Ma femme était présente à cette réunion et par chance se trouvait placée au premier rang proche du médium. Il me serait donc plus facile de l'atteindre, pensai-je. J'ai attendu le moment opportun, alors qu'il se trouvait à côté de mon épouse, pour lui insuffler ces mots : "Tu n'étais pas là, mais ce n'est pas grave, cesse, ma chérie, de culpabiliser."

Je captais ses pensées et je pouvais ressentir sa souffrance. Annie leva la tête en regardant le médium d'un air étonné. Elle douta sur le moment que ce message fût pour elle.

"S'il te plaît, Patrick, fais-moi un signe, viens à moi ! Mon Dieu, faites que mon mari vienne ! Je sais qu'il douterait de ce genre de manifestation en public, mais peut-être a-t-il évolué ?"

Je continuais à ressentir sa souffrance et sa peine. Il me fallait agir vite, avant qu'un autre désincarné ne prenne ma place, car nous étions nombreux à vouloir intervenir.

Mon énergie incorpora le bras du médium avec une telle intensité qu'il se mit à gesticuler dans tous les sens devant elle. En lui tendant les mains, gentiment, il lui dit : "Vous, chère madame, vous avez perdu votre mari."

Le visage de ma femme s'éclaircissait, n'osant y croire, elle lui répondit : "Oui !"

Alain Joseph poursuivit : "Il vous demande de cesser de culpabiliser, vous n'étiez pas présente quand il est mort. Pensant qu'il allait mieux, vous êtes rentrée à la maison, mais ce n'est pas grave ! Il faut cesser de vous faire souffrir, il le ressent !

Sachez aussi qu'il ne vous en veut pas. Tout a été calculé afin que vous vous éloigniez de son corps, car vous refusiez son départ et cela ne facilitait pas le travail de déliement ; vos prières allaient dans le sens contraire de la volonté de Dieu."

Je ressentis bien qu'elle ne comprenait pas ce que le médium lui expliquait ; elle était perplexe. J'appelai alors Mémé et lui demandai de m'aider. Elle a du tempérament, ma grand-mère ; elle incorpora le médium et, d'une voix forte, elle lui fit dire à ma femme : "Soyez en paix, Annie, Patrick est avec Marie, sa grand-mère, c'est moi qui vous parle. Parfois il est nécessaire de mourir seul !"

Annie s'étouffa dans un sanglot en réalisant notre présence. Elle prit enfin conscience qu'elle devait cesser de culpabiliser. J'eus, par l'intermédiaire d'Alain Joseph, juste le temps de lui donner le prénom de mes enfants. Un autre de mes amis, pressé de communiquer, prit aussitôt ma place, entraînant le médium dans une nouvelle énergie.

Il peut vous paraître frustrant dans ce genre d'assemblée que nous ne puissions pas communiquer avec vous plus longuement. Mais nous devons tenir compte de l'état physique, psychique et vibratoire du médium. Chaque communication lui coûte de l'énergie et les sollicitations sont nombreuses.

Cependant, même si l'échange est court, nous le considérons comme un bienfait. Cela nous permet de rassurer nos proches et de les inciter à sortir de la détresse, pour aller de l'avant, dans la certitude des retrouvailles. Nous ne sommes pas loin ! Juste à côté de vous et nous sommes, ne l'oubliez jamais, reliés par les pensées.

Merci, ma tendre épouse, pour tout ce que tu as fait pour moi. Merci, Alain Joseph, pour votre collaboration, pour votre travail d'entraide. Merci aux guides. Cet échange avec ce médium est bien réel et non illusoire.

Patrick C. »

Lors de mes échanges médiumniques, les esprits demandent souvent à leurs proches de cesser de culpabiliser d'avoir été absents au moment de leur mort et de cesser d'y penser. Ils remercient mes consultants de les avoir accompagnés tout au long de leur maladie et de les avoir entourés de toute leur affection avant leur décès.

Les influences croisées des pensées

Les incarnés et les désincarnés sont reliés les uns aux autres par leurs pensées, ils s'influencent donc réciproquement, souvent de façon plus intense dans la période qui suit la mort physique. Les pensées d'Annie par exemple vont avoir un impact sur l'état moral de Patrick dans le monde spirituel ; de la même manière, celles des parents de David vont également en avoir sur leur propre fils.

Il existe de nombreuses situations où les liens entre les incarnés et les désincarnés ont une réciprocité négative dès lors qu'ils sont imprégnés de culpabilité, de remords, de colère, de ressentiment, d'égoïsme, de manque de pardon, d'amertume, laissant dans tous les cas le sentiment d'une relation inachevée. Les contacts médiumniques aident heureusement à élever les relations dans la notion du bien et leur redonnent, dans la paix, un équilibre.

Malgré les difficultés, il convient de ne pas oublier le but que nous devons tous atteindre, incarnés et désincarnés : augmenter notre capacité à aimer l'autre et à être en paix avec sa conscience.

Un temps d'adaptation difficile dans l'autre monde

À la lecture des psychographies de David et de Patrick, on peut observer leurs difficultés à s'adapter à l'autre monde. Loin d'être en paix, ils ressentent les émotions, les souffrances de leur famille et ce, malgré l'aide et le soutien d'esprits familiers à leurs côtés. À son arrivée dans l'au-delà, David nous dit revivre le moment de sa mort, chaque fois que ses parents se remémorent les détails les plus douloureux de son accident.

Pourquoi David a-t-il quitté ce monde d'une manière si brutale ? Les guides nous invitent à nous pencher sur la loi de cause à effet qui dit que nous avons le retour des actes que nous avons pu poser dans le passé, mais aussi celui des vies antérieures. Ils nous expliquent qu'une mort rapide et brutale est souvent la conséquence d'un passé chargé de haine et de violence. La manière brutale de quitter ce monde peut donc aussi trouver son explication dans le rachat d'une dette karmique.

L'expérience du deuil nous fait vivre une grande souffrance, le mental nous entraîne dans de sombres pensées qui parfois tournent en boucle dans nos têtes lorsque nous n'acceptons pas la séparation.

D'un point de vue humain, nous pourrions croire que cela est tout à fait justifié. Mais d'un point de vue spirituel, il faut comprendre que ces pensées négatives ont des répercussions néfastes sur l'esprit de l'être cher qui les reçoit. Elles peuvent entraver son évolution et accroître ses difficultés d'adaptation à la nouvelle dimension qu'il découvre. Imaginez-vous dans le plan spirituel que vous occupez devoir revivre les circonstances de votre noyade à cause de la nature tourmentée des pensées de vos proches qui, sur terre, refusent la réalité des faits.

Je suis souvent confronté à ce genre de situation dans mes échanges avec les esprits. Souvent ce sont les enfants qui, à travers moi, implorent leurs parents de cesser de penser aux circonstances brutales de leur départ. Il est aussi douloureux pour la famille de ne pas avoir d'explications sur le déroulement des faits quand l'esprit ne veut pas en parler. Lorsqu'elle exprime les sentiments d'injustice, de colère, de vengeance, elle entraîne l'esprit dans les mêmes vibrations. Il est d'ailleurs parfois très difficile, dans ce cas, d'obtenir un dialogue limpide avec un enfant qui perçoit les vibrations de ses proches.

Il convient de s'interroger sur l'attitude à adopter lorsqu'on traverse l'épreuve d'un deuil. Les guides nous demandent d'intégrer la notion d'éternité à nos pensées, d'avoir la foi, de réaliser que cette séparation n'est que temporaire; il nous sera alors plus facile de trouver la paix. Étant reliés les uns aux autres, il nous faut donc nous entraîner à être dans l'acceptation. En réalité, bien souvent, les bons esprits nous expliquent que ce refus souligne un défaut de connaissance, de foi et d'évolution spirituelle. Comprendre permet d'accepter.

L'autorisation de communiquer: la récompense au mérite

Dans la psychographie de Patrick, les esprits démontrent les efforts qu'ils doivent fournir pour délivrer un message lors d'une réunion médiumnique.

Les participants des conférences sont toujours accompagnés d'un nombre incalculable de bons ou de mauvais esprits selon les affinités qu'ils ont pu cultiver ensemble, dans cette vie mais aussi dans les vies passées et selon leurs avancées spirituelles respectives. Les bons esprits doivent impérativement se protéger des influences négatives présentes dans la salle pour être capables d'intervenir dans de bonnes conditions. Les efforts qu'ils auront à fournir pour venir jusqu'à nous seront plus ou moins importants selon le plan vibratoire qu'ils occupent. Plus ils résident sur des plans proches de la terre, plus il leur est facile de communiquer avec les incarnés. Inversement, plus ils sont sur des plans élevés, plus ils ont de difficultés à nous approcher.

Dans ce cas, il est nécessaire pour eux de traverser les plans inférieurs, comme autant de turbulences désagréables, pour venir jusqu'au médium et ainsi pouvoir participer à la réunion. Avec vigilance, ils doivent se protéger des influences belliqueuses des désincarnés, mais aussi des projections mentales négatives des incarnés. À cet effet, un accompagnement d'êtres hautement spirituels leur permet de se rapprocher du médium en toute quiétude.

L'esprit de Patrick nous décrit ainsi les difficultés qu'il rencontre pour adresser à travers moi un message à sa femme. Il sait que la mission qui lui a été attribuée est d'aider son épouse à cesser de pleurer et à arrêter de culpabiliser. À cette seule condition, il pourra trouver la paix et poursuivre son chemin.

Connaissant la nature réservée de son mari, Annie se préoccupe de savoir s'il va oser se présenter à elle devant tout ce public. Elle finira par avoir un message, sans avoir l'idée de remercier son mari et sa belle-mère. La majorité des participants d'une réunion médiumnique pense, souvent, que l'intervention des esprits se fait selon leur bon vouloir. Ils sont totalement inconscients des efforts fournis mais aussi du degré de mérite que l'esprit aura dû acquérir pour obtenir l'autorisation d'intervenir auprès de ses proches. Rappelons-nous ce que David a dit : « Je compris alors que dans ce monde le mérite était important. Il ne suffisait pas de demander pour avoir ce que l'on désirait, pouvoir dialoguer avec la terre était un privilège à obtenir. »

L'esprit de David reconnaît avoir eu, de son vivant, une très mauvaise opinion de la médiumnité. Il considérait les médiums comme des charlatans. Aujourd'hui, il a honte et regrette d'avoir été aussi intransigeant. Les difficultés qu'il rencontre dans l'autre monde l'aident à percevoir la médiumnité comme la solution pour atténuer sa souffrance et celle de ses proches. Cependant, il doit obtenir l'autorisation d'y recourir et pour cela il doit la mériter.

Il lui fallait donc accomplir un travail d'introspection pour lui permettre de s'adapter à son nouveau milieu mais aussi de progresser dans son évolution spirituelle : « … J'accomplis avec joie différentes tâches pour aider les autres, oubliant alors mes tourments. »

Nous pouvons souligner les efforts louables réalisés par David pour accéder à un contact avec sa mère. Il obtient l'autorisation de communiquer avec elle dans le but essentiel de lui donner des preuves de sa survie, de la libérer des entraves de la culpabilité liées aux circonstances de leur séparation mais surtout de la dissuader de se suicider. Cette communication est fondamentale au cheminement spirituel de ces deux êtres qui s'aiment d'un amour profond.

Il m'est également souvent donné de constater en conférence une totale incompréhension dans le fait que je ne puisse adresser de message à tout le monde. Je ne suis qu'un humble intermédiaire soumis aux mêmes règles que le monde de l'invisible. Enfin, je me heurte parfois à certaines fausses interprétations comme : « L'esprit que j'attendais n'est pas venu, il est peut-être fâché ? » Là encore, il faut comprendre que l'esprit que vous attendiez est sûrement occupé à d'autres tâches ou que sa situation dans le monde spirituel ne lui permet pas d'intervenir et qu'il n'y a, à votre encontre, aucune sorte de représailles de quelque nature que ce soit.

Les échanges médiumniques avec les bons esprits tendent toujours vers un seul objectif : faire le bien. Les vrais messages médiumniques ne sont pas là pour répondre à des préoccupations d'ordre matériel mais pour nous aider à progresser sur le chemin de la connaissance et soulager la souffrance du deuil. Tous ces contacts, il est bon de le rappeler, ne peuvent se faire sans l'accord du divin.

Il est donc important de remercier. Un contact médiumnique n'est pas systématique et lorsqu'il se produit, il faut le voir comme un présent. C'est pour cette raison que je le rappelle avant et après chaque communication.

Les difficultés rencontrées par l'esprit quand il quitte le plan terrestre

Nous avons déjà vu dans de précédentes psychographies qu'un esprit attaché à ses biens terrestres ou prisonnier de ses addictions (drogue, alcool, nourriture, etc.) aura de grandes difficultés à évoluer dans l'autre monde.

Les psychographies à suivre vont nous exposer d'autres raisons pour lesquelles l'esprit peut refuser de quitter la terre.

La jalousie, l'amour de ses enfants, le désir de rétablir la vérité, le sentiment d'injustice sont autant de problèmes non résolus qui peuvent freiner son évolution.

Retenu par le sentiment de jalousie

Psychographie avec François

« J'ai eu beaucoup de mal à vous quitter, tu sais. Je me suis toujours inquiété pour les enfants ; devoir te laisser toute seule t'en occuper était terrible pour moi. Je t'ai vue lutter pour subvenir à leurs besoins, ma petite femme. Je n'ai pas économisé ni fait les papiers nécessaires afin de te protéger pour que tu puisses être à l'abri des difficultés. Je l'ai réalisé en arrivant ici. J'ai regretté et j'ai longtemps été retenu par les inquiétudes de votre quotidien. Je ne pouvais m'empêcher de vous surveiller afin de savoir si vous pouviez vous nourrir correctement et si, malgré les problèmes financiers, vous alliez réussir à conserver la maison dans laquelle j'avais fait tant de travaux. Je pensais aux enfants et me demandais s'ils passeraient leurs examens avec succès, car c'est important de réussir dans la vie. Je te voyais faire des heures de ménage en plus de ton travail pour joindre les deux bouts. Combien j'ai regretté d'avoir été imprévoyant et égoïste ! Aussi, par ce médium, je viens te demander pardon et t'expliquer… Ce n'est pas la seule raison qui m'empêchait de partir. Un jour, je t'ai vue faire la connaissance d'un monsieur en allant au cimetière fleurir ma tombe. J'ai été surpris de vous voir converser ensemble et surtout d'échanger vos numéros de téléphone. J'avais envie de crier, de hurler, j'étais en colère, mais je savais par expérience, pour l'avoir tenté, que tu ne pouvais m'entendre. J'étais rongé par le ressentiment et la peur que cet homme prenne ma place auprès de toi et les enfants. Je vous avais vus dîner au restaurant et j'ai entendu votre conversation. À l'instant même où il évoquait son épouse défunte, un être de lumière a fait son apparition dans le dos de ton nouvel ami sans que je puisse lui parler. Hors de mon atteinte, elle semblait veiller sur lui. J'ai pris conscience que cet esprit pouvait être sa femme. Souriante, elle m'a regardé avec tendresse et puis s'en est allée. À mon étonnement, contrairement à moi, elle ne semblait pas déstabilisée par votre rencontre. Je souffrais de ne rien pouvoir contrôler, cette sensation était semblable à un feu qui brûlait à l'intérieur. Ainsi le temps a passé pour vous, il s'est arrêté pour moi.

Jusqu'au jour où je t'ai vue débarrasser mes affaires de mon armoire pour faire place à celles de ce monsieur qui apparemment allait s'installer à la maison. J'ai alors réalisé que tu avais tourné la page. J'étais blessé et furieux !

Ma vie ici était assombrie par le début de votre liaison et mes pensées désorientées m'amenaient à devoir lutter contre mes démons, lorsqu'ils m'entraînaient dans davantage de douleur et de rébellion. J'avais bien conscience de ma manière de penser, mais c'était plus fort que moi. Je n'acceptais pas que tu refasses ta vie, ni de ne plus pouvoir subvenir aux besoins des enfants. Obsédé par les mêmes idées, j'ai hanté notre maison. Épuisé, vidé d'énergie, je sombrais souvent dans de longues périodes de sommeil pour me réveiller à chaque fois à tes côtés peiné que tu ne m'écoutes pas, que mon influence ne serve à rien.

Le jour où cet homme a emménagé chez nous, sa femme m'est apparue une nouvelle fois, resplendissante de lumière, elle dégageait une énergie bienveillante. Elle me tendit la main en me tirant vers elle. C'est comme si, tout à coup, elle me sortait du cercle négatif de mes pensées. Elle me dit :

“Cher monsieur, laissez votre femme en paix et laissez-la refaire sa vie. Ne souhaitez-vous pas vous libérer du tourment qui vous hante ? Je connais son nouveau compagnon, il a été de longues années mon époux. Leur rencontre était prévue après que nous avions quitté la terre. Cessez, je vous prie, de vous laisser emporter par la peur. Cherchez au fond de vous-même tout l'amour que vous avez pour votre famille. Ne souhaitez-vous pas la voir heureuse ? Soyez rassuré, mon mari est un homme bon et juste, il saura les aimer."

"Comment ? Je ne peux l'abandonner ! Ne m'aime-t-elle plus ? N'ai-je plus d'importance à ses yeux ?"

"Détrompez-vous, elle vous aimera toujours et vous la retrouverez un jour. Nous sommes tous faits pour aimer et être aimés. La séparation, le vide et le manque d'amour créés par votre départ ont suscité chez elle beaucoup de souffrance. La Providence divine a placé mon mari sur son parcours de vie, n'est-ce pas merveilleux ?

La bonne manière d'aimer est celle de comprendre l'autre et de penser à son bien. C'est laisser l'autre libre et non le retenir. Les liens de jalousie, de possessivité, ne peuvent que vous freiner dans votre évolution.

Lorsque nous quittons la terre, nous devons, en toute confiance, remettre entre les mains de Dieu le sort des personnes que nous aimons."

Cette conversation me libéra comme par enchantement des pensées négatives qui m'empêchaient de percevoir la présence de mes amis et de ma famille venus m'accueillir et m'inviter à les suivre dans la lumière. François LG. »

Retenue par ses enfants

Psychographie avec Jeannette

« Je ne pouvais abandonner mes enfants.

Cette longue maladie a duré plusieurs années. Elle m'a permis d'accepter l'idée de mourir. Je pensais m'être préparée à la séparation d'avec mes proches mais je faisais erreur. J'ai dû faire preuve de beaucoup de courage, de volonté, pour réussir à quitter mes petits.

Il me fallut une longue période de réflexion dans la souffrance pour finir par admettre cette séparation, en remettant en toute confiance l'avenir de mes enfants entre les mains du Divin.

Comment se résigner à laisser derrière soi sa progéniture ? À l'âge de six et de huit ans, qui allait trouver les mots justes pour consoler mes deux enfants de la perte de leur mère ?

Après mes obsèques, j'ai regagné la demeure familiale, je ne pouvais quitter les miens. Il m'était impossible de poursuivre mon chemin, d'entrer dans ce tunnel que j'apercevais et qui m'attirait. Ma volonté était plus forte, mes pensées, mes émotions étaient un mélange d'inquiétude et d'amour. Elles me plombaient dans la réalité de cette dimension proche de la terre, où je pouvais ressentir les états d'âme de mes enfants, voir leurs expressions, continuer à vivre d'une autre manière, sans avoir changé quoi que ce soit aux habitudes de mon quotidien. Cela était rendu possible par la force de mes pensées et par mon entêtement de ne pas les quitter. Rien n'a été facile. Beaucoup de temps s'est écoulé avant que je ne m'habitue à les voir, à les entendre, sans qu'ils puissent me répondre. Pour pouvoir les suivre, je devais puiser l'énergie des incarnés qui m'entouraient.

J'ai compris bien plus tard que je n'étais pas sur la terre, mais sur un plan très proche où plusieurs autres entités vivaient les mêmes expériences que moi. Invisibles aux yeux des humains mais bien réels, nous continuions à exister dans cet univers parallèle. Je plongeais régulièrement dans la torpeur d'un lourd sommeil pour me réveiller souvent au moment du coucher de mes enfants où je voyais mon mari leur souhaiter bonne nuit.

Adeline, ma fille, pleurait beaucoup. J'ai entendu son père essayer de la rassurer en lui expliquant que sa maman était maintenant au ciel avec les anges. J'avais envie de crier : “Non ! Je n'y suis pas encore, mais bien présente à vos côtés !”

Thomas, mon fils, quant à lui ne s'exprimait pas beaucoup. Pas encore conscient de mon départ, il pensait que je pouvais revenir bientôt. Mon mari n'avait pas la force de le contredire. Ma fille savait que j'étais enfin libérée de la souffrance, c'était un point essentiel à la consolation de sa peine. Altruiste, égale à elle-même, elle pensait avant tout à mon bien-être.

J'avais aussi connu la douleur de la perte de ma mère quelques années auparavant. À mon réveil, elle vint à ma rencontre, essayant de m'entraîner avec elle, mais obstinément je refusais de la suivre. Je devais veiller sur mes enfants.

Le rêve: un autre moyen de communiquer

Je n'avais pas conscience du temps qui passe, comme s'il n'existait pas. Mon désir de communiquer avec mes petits, ma volonté d'influencer leurs pensées à faire de bons choix, à vouloir leur faire comprendre ma présence étaient toujours aussi forts de jour en jour. J'avais bien remarqué que, pendant leur sommeil, il était possible de me joindre habilement à eux dans leurs rêves. Leurs esprits libérés de leurs corps extériorisaient les préoccupations de leur quotidien, mais parfois les amenaient à revivre les événements de notre passé en commun. Présente à mes côtés, ma mère m'expliqua comment procéder. Il s'agissait d'intégrer au rêve de ma fille ma présence à un moment opportun. L'idéal serait le déroulement d'une situation où j'allais pouvoir inclure une série d'images dont principalement celle d'une maman rayonnante de lumière, vivant dans la paix et dans l'amour.

Adeline, cette nuit-là, était plongée dans le passé et revivait cet instant de vie où j'étais clouée au lit, très fatiguée et malade, la tête enveloppée d'un foulard dissimulant la perte de mes cheveux. Elle s'inquiétait de savoir s'ils allaient repousser. Souvenir enfoui dans son subconscient, elle était encore préoccupée par les conséquences de ma maladie. J'en profitai pour lui insuffler un souvenir de notre vie passée où j'étais en pleine forme physique. Moment d'intimité entre mère et fille, où je lui préparais et lui apprenais à faire ses petits plats préférés. Je projetai de ce fait une image de moi en pleine santé. Cette vision heureuse du passé l'amena dans son rêve à revivre un instant de bonheur qui s'imprima en elle, chassant le souvenir de la maman malade et les moments de souffrance. Je fis en sorte d'intervenir à un instant, proche de son réveil, afin qu'elle le garde en mémoire et qu'elle soit persuadée de ma présence.

Dans la même nuit, j'intervins aussi dans le sommeil de mon fils. Il me revoyait, dans un souvenir moins heureux, le réprimander et ne pas céder à ses caprices. Je lui demandais dans ces moments-là d'aller dans sa chambre en guise de punition. J'en profitai donc pour utiliser cette pièce de la maison comme le lieu de mon intervention. Alors que, dans son rêve, il pleurait, allongé sur son lit, j'ouvris la porte de sa chambre en lui apparaissant souriante et heureuse dans une grande lumière. Je retournai alors la paume de ma main que je rapprochai de ma bouche en soufflant un baiser volant… c'était notre manière d'exprimer notre amour. Je lui dis: "Tout va bien, mon bébé, maman est heureuse et veillera sur toi." Je m'arrangeai aussi comme je l'avais fait avec sa sœur pour transmettre ce message juste avant son réveil afin qu'il garde les impressions de tout mon amour.

Le matin, les enfants étaient levés par leur père, ils avaient toujours tendance à traînasser, mais ce jour-là, au petit déjeuner, ils s'empressèrent de venir à table. Je les entendis tenir cette conversation: "Cette nuit j'ai rêvé de maman", dit Adeline. "Moi aussi! rétorqua Tom! Elle était heureuse, dans la lumière, plus fâchée contre moi, elle m'a dit qu'elle veillerait sur moi!"

"Et en plus, elle a retrouvé tous ses cheveux!", ajouta ma fille.

Je vis mon mari retenir ses larmes en entendant leur propos. Les enfants exprimèrent la certitude d'avoir été avec moi et celle de me revoir un jour. Mon époux appuya l'idée que les personnes que l'on avait aimées pouvaient nous adresser dans les rêves des messages. Oui, leur mère leur avait bien rendu visite pendant la nuit.

Cette intervention eut pour moi l'effet d'une libération. J'ai pu ensuite m'élever, rassurée, en sachant que je pourrai toujours veiller sur eux.

Jeannette. »

À la lecture des psychographies de François et de Jeannette, nous comprenons les difficultés rencontrées par les esprits à pouvoir rompre les liens affectifs qui les unissent à leur famille.

Le sentiment de jalousie

Le témoignage de François met l'accent sur le sentiment de jalousie et de possessivité. Il ne suffit pas de mourir pour voir ses faiblesses disparaître. Au contraire, leurs effets négatifs sont amplifiés. Pris dans le tourment de ces vils sentiments, il va chercher à influencer l'être aimé à rester seul. Il lui faudra l'aide d'un esprit supérieur pour sortir de cette obsession dans laquelle il s'est lui-même emprisonné.

Au fur et à mesure que l'esprit évolue vers des plans plus élevés, il comprend que le véritable amour est celui que l'on donne sans condition.

Le témoignage de Jeannette nous émeut. Nous pouvons imaginer qu'il soit difficile pour elle de quitter ses enfants. Elle nous invite à réaliser que nous pouvons tous recevoir un message de nos chers disparus par le biais des rêves. Certains d’entre eux sont des interprétations de notre subconscient, de nos préoccupations journalières; d’autres ont une connotation spirituelle dès lors que nous entrons en conversation avec un être disparu. Si, à votre réveil, vous êtes dans un état de plénitude, de bonheur, en ayant le sentiment d’avoir pu voir et entendre un être aimé, d'avoir pu parler avec lui, le rêve est donc positif, constructif, et vous aide à comprendre que vous avez été en bonne compagnie. Pendant la phase de sommeil, l’esprit peut donc quitter le corps et voyager dans le monde spirituel, mais aussi rencontrer des esprits mal intentionnés. Les rêves sont alors tortueux, cauchemardesques, et impriment en vous un mal-être que vous ressentez au réveil. N’oublions pas les influences occultes qui nous entourent. Nous sommes, suivant notre évolution spirituelle et selon la nature de nos pensées, toujours accompagnés de bonnes ou de mauvaises entités.

La méditation et la prière peuvent alors avoir une action bénéfique et nous envelopper d’une énergie de protection afin de connaître une nuit régénératrice, nécessaire au corps pour reprendre des forces. Nous pouvons aussi invoquer notre guide spirituel et lui demander protection avant de s’endormir.

Retenu par la volonté de rétablir la vérité

Psychographie avec Nicolas

«J'ai besoin de témoigner. Mon corps était allongé sur le canapé, c'est dans cette position que l'on m'a découvert, mort. Alors que je tombais dans le coma, j'entendais le téléphone sonner sans arrêt. Je ne pouvais l'atteindre pour répondre, sans doute mes parents s'inquiétaient-ils de ne pas avoir reçu de mes nouvelles. Je suis mort des conséquences de mes excès. Alcool et médicaments, un mauvais mélange.

Je souhaiterais tellement que ma famille entende ce que j'ai à lui dire, mais je ne peux plus lui parler, peut-être grâce à ce témoignage. Je n'ai pas voulu mourir… Cependant, ici, on dit que c'est un suicide, car j'ai détruit mon corps. Je n'arrivais plus à faire face aux difficultés de ma vie, alors je m'évadais comme je pouvais pour oublier mes tracas; je désirais, l'espace d'un moment, ne plus penser. Je le répète, je n'avais pas l'intention de me suicider. Je ne vous cache pas que je souffre, car ce n'était pas mon heure. J'ai endommagé mon corps de lumière et je suis rongé par la culpabilité. J'erre dans ce plan où d'autres, comme moi, tournent en rond dans le cercle infernal des remords. Je ne suis pas en paix et je ne supporte pas l'idée que mes parents pensent à un suicide volontaire. Je ne peux les quitter. Le simple fait d'y penser accroît ma souffrance. Enfant unique, je n'aurais jamais pu les laisser seuls. Les antidépresseurs mélangés à de l'alcool ont eu raison de moi, j'ai été trop loin dans les excès, je le regrette.

Je suis parfois à côté de vous, je vous en supplie, cessez de pleurer. Dans le tumulte de mes pensées, je reçois votre douleur. Que Dieu nous aide tous les trois. Priez pour votre fils. Je vous aime pour toujours. Nicolas. »

L'autodestruction et le fluide vital

Ce témoignage de Nicolas, comme ceux de Gwénolé, Gaëlle et Gabriel dans l'ouvrage précédent nous aident à comprendre la souffrance et le cheminement difficile des suicidés volontaires ou involontaires dans l'autre monde. Nous devons tous avoir du respect pour le corps que Dieu nous a donné. Avant de nous incarner dans un corps physique, les guides nous attribuent une certaine quantité de fluide vital pour la durée de notre parcours terrestre. Certains êtres humains, par usage excessif de substances nocives, se déclenchent des pathologies qui vont provoquer un décès prématuré. Si vous aviez planifié, avant votre incarnation, de vivre quatre-vingt-dix ans et que, par vos abus intempestifs, vous ne vivez que jusqu'à soixante-dix ans, le fluide encore disponible dans votre périsprit devra finir de s'écouler, proportionnellement aux vingt années restantes. Cela aura pour effet de créer, à votre retour dans l'au-delà, des perturbations, une souffrance qui nécessiteront une aide spirituelle.

Retenue par le sentiment d'injustice

Psychographie avec Manuella

« Que s'est-il donc passé, ma fille ? Pourquoi a-t-on trouvé ton corps au bord du lac ?

Par une belle nuit d'été, j'ai quitté ce monde. Blessée à la tête, j'ai été assommée, violée et étranglée. J'ai vu mon corps allongé sur une table d'autopsie au centre médico-légal et deux hommes procéder à l'analyse des sévices que mon assassin m'avait infligés. Bien qu'étant dans un état de confusion, je pouvais me déplacer et me retrouver aux côtés de mon violeur, juste en y pensant ! Je le voyais ivre, allongé tout habillé sur son lit. Cet homme épris de violence avait souillé mon corps mais aussi mon âme de ses impuretés. Je devais guérir, mais je ne pouvais pas quitter la terre tant que l'autopsie n'était pas terminée. Dans des moments de lucidité, mes pensées s'éclaircissaient et je revivais les circonstances de mon agression. Ce jour-là, j'avais refusé l'aide d'une amie qui désirait me raccompagner chez moi. Innocente, je n'avais jamais eu peur des voyous que je fréquentais parfois dans une totale insouciance. J'avais, plus tôt dans la journée, repoussé les avances de cet homme qui, ce soir-là, m'a suivie pour mieux me surprendre. J'avais choisi un raccourci pour rentrer à la maison. J'entendais ses pas dans la pénombre de la nuit. Il avait réussi à me rattraper, puis à m'assommer, puis, ensuite… (le crayon s'arrête puis repart). Désolée, plus envie d'y repenser. Avant de m'en aller, il me fallait témoigner et adresser ce message à ma maman. Ma grand-mère, au moment de ma mort, m'est tout de suite apparue. Je n'ai jamais été seule, mais accompagnée avec le sentiment d'être en sécurité. Elle m'a donné son énergie et tout son amour et m'a aidée à comprendre ce qui s'était passé, car mes pensées désordonnées m'entraînaient vers le tourment. J'ai reçu de l'énergie pour pouvoir assister à mes obsèques et pour adresser cette lettre à ma mère qui est si perturbée. Je l'ai vue au commissariat accompagnée d'un avocat demander des explications sur ma mort, réclamer justice. Sa volonté à élucider les circonstances de mon départ et à ce que mon assassin soit trouvé était plus forte que sa douleur et l'empêchait de s'effondrer. Elle se posait la question de savoir pourquoi ce soir-là j'avais quitté seule cette soirée. Quelles étaient les personnes présentes. Les enquêteurs n'avaient trouvé aucun indice, aucune trace de mon meurtrier qui avait pris des précautions.

Chaque fois que ma mère y pensait, dans la période où j'étais près d'elle, elle me ramenait à mon corps que je revoyais étendu, là, dans un trou et recouvert de branchages et de feuilles. Elle avait récupéré la chaîne que je portais autour du cou avec le petit cœur qu'elle m'avait offert. Elle le touchait et elle m'attirait à elle par ses pensées. Je comprenais qu'elle puisse vouloir réclamer justice, l'obtenir pour, enfin, pouvoir faire son deuil. Mes premiers pas ici furent difficiles. Habitée par un sentiment de révolte et de haine ainsi que par l'envie de me venger, de pouvoir rendre coup pour coup, je restais éveillée jusqu'au moment où ma grand-mère m'invita à chasser ces mauvaises pensées. Ce qui ne fut pas chose facile. Elle essaya plusieurs fois de me faire comprendre que celui qui blesse autrui se blesse lui-même dans sa conscience et devra un jour recevoir le retour de la justice divine. Elle me dit que je devais faire confiance au Seigneur. J'ai eu du mal à l'intégrer, à le comprendre, pour enfin réussir à le faire et à être en paix. Maman, il faut cependant que tu le sois aussi.

Je voulais témoigner afin de faire comprendre à ceux qui ont perdu un être cher de cette manière qu'ils ne doivent pas se perdre dans des désirs de vengeance, dans la haine, ni dans le ressentiment, car ainsi nous, les esprits aimés, éprouvons des difficultés à avancer et à trouver la quiétude et l'acceptation. Mamie m'a beaucoup aidée quand elle m'a appris que je retrouverais mon nouveau corps guéri de toutes ses blessures. Avant de m'en aller, il me tenait à cœur, maman, de te demander de pardonner à mon assassin. Je sais que pour toi cela est très difficile, ça le sera également pour mon bourreau qui devra à jamais vivre avec ce terrible poids sur la conscience.

Je voulais te dire aussi que j'étais présente à l'église, le jour de mes obsèques. J'ai entendu ma chanson préférée et je t'ai vue caresser de ta main le cercueil dans lequel mon corps reposait. Je t'ai vue à la maison sentir mon parfum et je t'ai entendue me parler devant ma photo, celle où nous étions réunies toutes les deux. Je t'ai vue sortir mon chandail préféré de la commode et essayer d'y trouver mon odeur, en pleurant.

Maman, ma mort est restée impunie sur cette terre, accepte-le. Réclamer justice te détruira si tu t'obstines à chercher mon assassin. Je te demande de pardonner et de remettre ta souffrance dans les mains de notre Père à tous, en lui faisant confiance, alors je serai en paix. Mamie m'entraîne, je dois partir. Merci, cher Alain Joseph. Manuella. »

Ces deux psychographies nous montrent de nouveaux obstacles qui entravent la bonne évolution de l'esprit. Nicolas souhaite rétablir la vérité, il ne s'est pas suicidé volontairement. La fausse interprétation des circonstances de sa mort par ses parents accentue sa douleur. Le lien qui continue à les unir par-delà la mort n'est pas salutaire, car c'est par la souffrance qu'ils sont connectés les uns aux autres. Il demande des prières et s'en remet à la grâce et à l'aide de Dieu.

Le témoignage de Manuella est celui d'un départ tragique. Ses premiers pas dans le monde spirituel sont entravés par la haine et par une soif de vengeance envers son agresseur. Grâce à l'aide de l'esprit de sa grand-mère qui connaît l'importance de pardonner à ceux qui nous ont fait du mal, elle va rapidement progresser sur le chemin de la miséricorde. C'est sur ce chemin qu'elle veut, grâce à cette psychographie, entraîner sa mère qu'elle sait être, elle aussi, toujours en souffrance et en révolte, face aux circonstances tragiques de son départ. Aveuglée par son désir de vengeance, ce qui d'un point de vue humain peut être compréhensible, elle ne peut encore intégrer la leçon spirituelle de cette épreuve.

Dieu attribue le mérite du pardon face à la plus grande des offenses. Tout acte impuni par la justice des hommes le sera par la justice divine.

Je ne reviendrai pas sur le thème du pardon, largement développé dans mon ouvrage précédent.

Le point en commun qui relie ces quatre précédentes pyschographies les unes aux autres concerne la difficulté de ces esprits à lâcher prise sur les événements qu'ils ne peuvent plus contrôler de là où ils sont. La seule chose qui leur soit possible de faire, c'est d'apprendre à laisser derrière eux toutes leurs peurs, toutes leurs angoisses, tous leurs sentiments de culpabilité et de vengeance qui ne peuvent que les ralentir pour atteindre, un jour, la plénitude de l'esprit. Mais aussi apprendre à faire confiance à Dieu.

Nos comportements face à la douleur du deuil

Une lettre d'amour adressée à Maeve

Les plus grandes difficultés du deuil résident dans l'acceptation de la séparation. Nos comportements, bien souvent, portent préjudice à l'être aimé qui vient de partir.

Ce soir-là, allongé sur mon lit, j'ai soudain été envahi d'une profonde tristesse, d'une grande mélancolie, d'une douleur indescriptible. Sans voir l'esprit, je savais que je n'étais pas seul. Une énergie s'imposa à moi, s'empara de mon bras, la voix d'un homme m'invita à écrire, me plongeant dans l'émotion de chaque mot, de chaque phrase, je partageai avec lui sa peine.

Voici cette lettre d'amour adressée à sa femme, un peu comme une bouteille jetée à la mer. Elle a pour objet l'acceptation :

« Partout où tu vas, mon amour, je te vois fuir ta douleur. Tu prends le train, l'avion, le bateau, je te vois fuir ta douleur.

Je te vois pleurer chaque jour, je te vois travailler, travailler sans cesse pour fuir ta douleur.

Tu t'enivres parfois le soir en pensant à moi, là aussi mon amour, je te vois fuir ta douleur.

Quand cesseras-tu de fuir ? Quand pourras-tu te regarder dans le miroir sans y voir, sur ton beau visage, la douleur s'exprimer ?

Partout où tu ris, mon amour, je ris. Partout où tu pleures, je pleure. Lorsque tu souris en pensant à mes plaisanteries, je souris avec toi, alors ton visage s'éclaircit.

Tu fuis en prenant ta douleur sous le bras, tu fuis les angoisses de ta douleur, celles que tu ressens dans ton ventre et que je ressens pour toi.

Ma tendre bien-aimée, cesse de pleurer et libère-toi de ta douleur, celle qui remplit tes jours de larmes et qui chavire mon cœur.

Le cœur que je t'envoie pour effacer ta douleur. Celui que tu vois dans le ciel ou celui que tu trouves parmi les pierres. Je suis là près de toi.

Le temps effacera ta douleur, mais pas mon visage, n'aie pas peur, mon amour, je ne suis pas loin.

Par-delà les montagnes au loin, je vais et je viens, à la vitesse de la pensée, je voyage autour de toi.

Tes larmes me retiennent, mon amour, cesse de pleurer. Le jour viendra où tu seras à mes côtés.

En attendant, accepte, accepte notre séparation, alors je pourrai te quitter plus librement, pour mieux revenir vers toi, mon amour, quand tu auras besoin de moi.

N'oublie jamais que je voyage toujours avec ta main sur le cœur afin de mieux apprendre et connaître ce monde qui nous réunira un jour dans l'éternité.

À toi, ma Maeve. »

Quelques jours plus tard, je recevais une autre psychographie, avec la même supplique.

Psychographie de Nathie

«Je suis partie,

Il est vrai trop tôt pour toi, maman,

Lorsque nous serons réunies,

Nous parlerons et tu comprendras.

Je te demande, par l'intermédiaire d'Alain Joseph, de cesser de pleurer.

Je comprends ta souffrance.

Le lien de notre amour ne doit pas être un lien d'amour chagrin

Mais un lien d'amour fait d'espoir, de foi et de confiance.

Mes premiers pas ici sont retenus,

Le temps terrestre défile et tes larmes ne cessent de couler…

Je te vois t'endormir et te réveiller avec les mêmes pensées : comment puis-je vivre sans toi ma fille ? La vie sur terre n'a plus de sens.

Je te vois pleurer dans mon tee-shirt, chercher mon odeur sur mes vêtements et garder précieusement tout ce que j'ai pu posséder. Je te vois regarder les photos une à une, les classer par âge. Cela réveille en toi la douleur, alors tu dors pour oublier.

Non, maman, non. Fais-moi plaisir,

Accepte notre séparation.

Je suis reliée à toi,

J'ai du mal à te quitter.

Donne mes vêtements à des jeunes filles qui sont dans le besoin.

Donne mes livres, mes CD et tout ce que je possédais à ceux qui sont démunis.

Conserve les photos mais en ne perdant jamais de vue que nos souvenirs restent à jamais gravés en nous-même.

Ma petite maman,
Fais-moi plaisir,
Chasse la nostalgie, la tristesse.
Reprends ta vie en main.
Consacre du temps à ceux qui sont seuls, malades.
Fais du bien autour de toi, prie Dieu de t'aider.
Alors je serai en paix et heureuse.
Tu sais, maman,
Dieu finit toujours par réunir ceux qui s'aiment.
Nathie. »

Des erreurs à ne pas commettre

Nous pouvons penser qu'il est tout à fait naturel, à la suite du départ d'un être cher, d'éprouver le besoin de toucher un de ses vêtements afin de sentir encore son odeur et ainsi se rapprocher de l'être aimé. Même si cela peut nous aider à soulager notre mal-être, nous devons savoir qu'en agissant ainsi nous transmettons notre douleur à notre défunt, car ses vêtements sont encore imprégnés de son énergie.

Même si les esprits comprennent notre détresse, ils nous implorent de penser à eux de façon positive et dans la joie de nos futures retrouvailles. Ils ne veulent surtout pas que nous nous perdions dans des torrents de larmes.

Nous devons tous réfléchir à cela et, malgré la souffrance, essayer au mieux de contrôler nos pensées et nos comportements, car le plus beau cadeau que nous puissions leur offrir, c'est de leur envoyer de bonnes ondes, de se souvenir des bons moments passés ensemble et ainsi n'émettre que de belles vibrations d'amour.

Que faire pour sortir de la souffrance ?

Psychographie avec Pierre

L'esprit de Pierre, quelques mois après avoir laissé de beaux messages à ses parents, est revenu pour leur adresser une nouvelle psychographie dans laquelle il les félicite d'avoir su transcender leur douleur pour se mettre au service de ceux qui souffrent.

« Me revoilà, Alain Joseph, salut, mon pote, on peut commencer à écrire ! Sois certain de nous aider.

Pierre, Onix ! Je suis là, présent à tes côtés. Coucou les Terriens ! Oui c'est de l'humour !

Ouah ! Cela fait bizarre de revenir à ton niveau vibratoire, Alain Joseph. Mais je suis content. Tu vas transmettre à mes parents tout mon amour. Moi, le beau gosse et le seul de la famille (je plaisante). Ils se demandaient de qui je tenais physiquement.

Pour moi, tout s'est terminé brutalement, on va dire dans un accident. J'ai été transporté dans un hélicoptère, mais trop tard. Je n'ai pas envie de revenir sur ces circonstances. J'ai vu ma mère pleurer, papa aussi. Tous les deux sur les lieux de l'accident. Cela me déchirait le cœur. Mes amis se sont recueillis en allumant une grande quantité de bougies. Toi, mon amie, j'ai entendu la belle chanson, celle qu'on devait chanter en duo. Tu comprendras; c'est un petit clin d'œil pour toi. Déjà dans l'hélicoptère, j'ai vu ce qui se passait de l'autre côté. J'étais attendu. Papy est venu à ma rencontre, tu sais "Bouboule", le petit surnom qu'on lui donnait.

Les premiers pas, ici, furent douloureux! Non, je n'étais pas préparé à partir! Entre votre souffrance et la mienne, nous étions reliés par un lien négatif. Aujourd'hui, bien que ce soit un peu difficile, je vous vois avancer et cela, c'est du pur bonheur. J'ai été heureux de pouvoir me manifester déjà lors d'une conférence et d'un entretien privé, et je le fais encore aujourd'hui d'une autre manière. Alain Joseph a pu bien me capter à ses côtés, j'ai réussi à allumer tout seul votre portable à quelques jours de l'anniversaire de ma mort et faire défiler l'une de mes chansons comme notre ami médium me l'avait demandé.

J'étais rebelle. Ah, vous savez, je le suis toujours! Heureux, Maman, d'avoir pu te guider à trouver la chanson que j'avais écrite pour toi! Je riais de voir ta tête! Merci, Alain Joseph!

J'ai prouvé ma survie et cela vaut tout l'or du monde. Mais l'or du monde, c'est l'amour que l'on a envers les siens et envers les autres. J'avais prévu dans mon plan de vie de quitter la terre de cette manière. Vous savez, je préfère cela que de souffrir d'une longue maladie sur un lit d'hôpital. Je vivais à cent à l'heure et je suis parti comme j'ai vécu, rapidement. Je savais que la vie continuait, alors je suis vite passé de l'autre côté. J'ai pu aussi assister à mes obsèques. La séparation n'a pas été facile. Je vous voyais blessés par le comportement des autres et ressentir un sentiment d'injustice, jusqu'à voir ma sépulture profanée. Tout semblait s'abattre sur vos épaules, le départ de votre enfant chéri et les relations avec ceux qui ne comprennent pas la souffrance liée à la perte d'un fils, unique de surcroît.

Vous vous êtes réveillés spirituellement grâce à mon départ. Je vous ai vus changer de lieu de vie, à la grâce de Dieu, pour aller vivre votre rêve. C'était un rêve matériel mais aussi spirituel, car vous continuez à accueillir des personnes et des animaux en souffrance, à poursuivre mon combat qui est devenu le vôtre.

Ici, après une longue période d'adaptation, j'ai pu, avec l'aide de mon guide, recréer mes objectifs, d'une autre manière, aider les jeunes qui viennent de quitter la terre et qui sont un peu perdus, faciliter leur adaptation, car nous aussi on doit accepter le changement. Pas facile de contenir ses envies, de maîtriser ses pensées les plus obscures. La mort amène aussi une rupture à nos projets, il faut se réacclimater à cet environnement. Le son de ma musique est ici moins agressif, comme l'est devenue ma révolte. Douceur, gentillesse, patience, compassion et don de soi nous aident à grandir et à préparer calmement les futures étapes qui nous mèneront à Dieu. Tout est beau ici car je suis dans la lumière, mais il m'arrive de rendre visite à des jeunes, envolés dans le tourment de ne pas avoir assez assouvi leurs besoins, car partis trop jeunes, trop tôt. L'amour physique est une illusion ici, mais on peut encore vouloir le chercher quand même, tu sais? La musique enveloppe l'esprit et lui apporte un apaisement dans la prière et la foi. Nous recevons l'aide de notre guide et nous avançons quand nous le méritons, c'est-à-dire quand nous désirons progresser, apprendre, analyser nos galères pour comprendre qui nous sommes. J'aime être à l'écoute des jeunes et toujours avec la même manière à moi de les aider. Embrasse bien mon pote Rémi. Heureux de voir qu'il commence à comprendre. Embrasse aussi papounet pour moi, et papa. Votre fils qui vous aime tendrement. Pierre. »

Le contenu de ce message a été étudié par ses parents. Ils comprennent et valident toutes les informations reçues.

À travers ce nouvel échange, Pierre nous prouve encore qu'il accompagne régulièrement ses parents dans leurs expériences de vie. Il est heureux de constater que, malgré toutes les souffrances endurées, ils se sont relevés, ont grandi et poursuivent les combats de leur fils.

Comme tout esprit qui voit ses proches s'engager dans une cause pour le bien, il est heureux et en ressent les effets positifs. De son côté, lui-même a appris à dompter son tempérament fougueux. Il a compris que c'est à travers la patience et une certaine forme de sérénité qu'il va pouvoir aider les jeunes âmes, comme lui un peu perdues à leur arrivée dans l'après-vie.

Dans mes contacts, je constate les difficultés d'adaptation que certains jeunes rencontrent dans le monde spirituel. Ils ont quitté la terre en pleine force de l'âge avec des rêves non réalisés, des envies, des projets que la mort vient interrompre. Ce passage difficile pour l'esprit peut être facilité par les prières des proches, afin qu'ils se détachent de leurs projets passés et qu'ils trouvent de nouveaux objectifs dans le monde spirituel. Ils réussissent ainsi à vaincre les difficultés émotionnelles et à discipliner leurs pensées. Leur foi leur donne la force et la volonté d'aller de l'avant. Ne sous-estimez jamais le bienfait des prières qui sont autant d'encouragements que vous pouvez ainsi leur adresser.

Pas de sépulture pour se recueillir

Psychographie avec un inconnu

« Ce message est pour toi, "mam", qui penses sans cesse à mon corps "perdu". Chacune de tes pensées me relie à toi et à ce corps que l'on ne retrouvera pas, perdu à jamais au fond de l'océan. Merci de comprendre, ma petite mère, que cela n'a en soi aucune importance, merci de cesser d'y penser. Je ne donnerai aucun détail sur mon identité. Ne pas retrouver le corps de celui ou de celle que l'on aime est un déchirement. Un poids de plus à porter dans le deuil. Nous le comprenons. Je souhaiterais cependant que les proches endeuillés comprennent l'importance d'accepter la séparation. C'est pour cela que je suis autorisé à adresser mon témoignage.

Dans les premiers temps, à mon arrivée ici, j'étais un peu perdu. Que m'était-il donc arrivé ? Par séquence, petit à petit, les souvenirs ressurgissaient.

Je voguais sur les flots, le vent gonflait la grand-voile et la force du courant m'éloignait de la terre, à grande vitesse, vers le large. J'ai perdu l'équilibre et je suis tombé du bateau, emporté par les eaux tumultueuses. Mon corps a vite été aspiré dans un tourbillon au fond de l'océan. Je n'avais pas été prudent et je n'avais pas tenu compte de la météo. J'avais été surpris par la violence d'une tempête. C'était donc ma faute.

Je suis conscient aujourd'hui de la peine que j'ai occasionnée aux miens à cause de ma négligence. Je n'en faisais qu'à ma tête. Aujourd'hui, je suis surpris par cette possibilité de pouvoir transmettre, par le biais de ce monsieur, l'expérience de mon départ et de mes premiers pas dans ce nouveau monde, inconnu des incarnés, mais ô combien reconnaissable pour nous lorsque nous en franchissons les portes. J'avais le sentiment d'avoir déjà vécu cette expérience et celle d'un retour à la maison ! Tout s'éclaircit au fur et à mesure de nos prises de conscience.

J'ai été retenu par mon corps. J'y étais très attaché, c'est un fait. Je ne voulais pas l'abandonner au fond de l'océan et j'ai longtemps été préoccupé de savoir qui allait le retrouver. Aujourd'hui j'ai progressé, ce qui me permet de témoigner par le biais de ce médium.

Je le vois, assis, face à lui : le papier et le crayon ; il semble inspiré par la poursuite de son travail, mais je dois lui insuffler en tout premier lieu le tableau de mon histoire. Je lui montre, par une vision, un voilier sur une mer agitée. Puis, ma chute du bateau, mon corps aspiré vers le fond de l'océan. Durant un bref instant, le médium remarque mes yeux vitreux et fixes. La bouche ouverte, l'eau est entrée très vite dans mes poumons, mon cœur s'est arrêté.

Alain Joseph, vous venez de voir le déroulement des faits qui ont marqué la fin de ma vie sur terre, poursuivons…

Le temps de cette descente, j'ai revécu les moments les plus importants de mon existence. Tout en quittant mon corps, j'ai aperçu un cercle de lumière, l'entrée d'un tunnel vers lequel je me suis vite senti attiré.

Je n'ai pas souffert, mon esprit a été rapidement emporté par des mains invisibles. J'ai vu apparaître aussitôt dans cette lumière un ami très cher, mort quelques années auparavant. Il était skipper, convoyait des bateaux et avait la même passion que moi pour la mer, les voiliers et les voyages. Sa fin de vie fut semblable à la mienne, il quitta ce monde par une nuit de tempête. Nos existences avaient beaucoup de points communs. Il m'a aussitôt rassuré en me demandant de lui faire confiance et de me laisser guider un peu plus vers cette lumière. Une étrange sensation de paix, de calme et un sentiment de sécurité m'ont alors envahi au même instant. Sans prendre conscience de ce qui se passait vraiment, comme dans un rêve, je me suis laissé emporter par une envie incontrôlable de dormir.

Mon premier réveil fut cependant douloureux. J'entendais les pleurs, les cris de mes parents sur terre. Ils étaient désespérés et pleuraient sans cesse. Mam se berçait d'illusions et se rassurait en pensant que j'avais pu être recueilli par un autre navire. Mon embarcation avait été retrouvée, dérivant au large des côtes antillaises, et les recherches étaient restées infructueuses. La police avait aussi examiné le bateau en quête d'indices pouvant corroborer l'hypothèse d'un enlèvement ou peut-être d'un assassinat. Aucune trace de sang ni de lutte, ma mort n'était nullement liée à une tierce personne, mais uniquement à ma part d'irresponsabilité, à mon imprudence. Je ressentis alors une grande culpabilité.

Chaque question et chaque discussion au sujet de ma disparition me plongeaient encore plus dans un état de frustration, d'anxiété et me faisaient revivre comme dans un cauchemar les tout derniers instants de ma vie.

J'aurais aimé rassurer mes proches et leur prouver ma survivance ; parfois je voyais et j'entendais ma petite mam, au moment du coucher, m'adresser ces pensées : Où es-tu, mon fils ? Es-tu en vie ? Es-tu mort ? Que Dieu nous vienne en aide !

Entendre ces quelques phrases me replongeait dans le tourment. Mon ami apparaissait toujours au bon moment et m'enveloppait de son énergie bienfaitrice ; il me faisait alors sortir des pensées négatives dans lesquelles je m'enfonçais. Il m'aida à les contrôler et à les vaincre.

Il n'était jamais seul mais accompagné de différentes personnes dont les visages m'étaient familiers. Tous semblaient attendre mon réveil, mais aussi ma guérison. Une très belle femme était présente à mon chevet depuis le début de mon arrivée. Elle avait l'aspect d'un ange. Inutile de formuler mes pensées, quand c'était nécessaire, elle m'enveloppait d'une quiétude, d'une énergie d'amour avant que je ne plonge une nouvelle fois dans un sommeil réparateur. J'avais eu le temps de comprendre qu'elle avait été mon aïeule dans une autre incarnation avant de devenir mon guide.

J'ai par la suite participé à des réunions au fur et à mesure que je reprenais des forces. Semblables sur terre à des groupes de parole où chacun exprimait ses émotions, son ressenti. Ce groupe était dirigé par un être supérieur qu'on surnommait l'instructeur. Les séances avaient un effet bénéfique sur chacun d'entre nous. Nous avions tous pour point commun d'avoir quitté la terre brutalement et de ne pas avoir reçu de sépulture. Le fait d'y penser nous renvoyait à notre propre degré d'attachement à la matière. Nous avions progressé et réussi à nous en éloigner, mais les tourments de nos proches nous retenaient dans notre évolution, en nous obligeant à y penser. Chaque séance commençait et se terminait par des prières et dans une communion d'amour, nous remercions notre Dieu pour le corps qu'il nous avait donné. Petit à petit, nous avancions dans l'acceptation de la séparation. Nous rêvions qu'il en fût de même pour nos proches qui continuaient à "survivre".

Je recevais les effets bénéfiques des prières de ma mère quand elle était positive et remplie d'espoir. Je réussissais alors à influencer mam, par la pensée, à lire les livres de ce médium qui écrit sous ma dictée. Ces lectures ont fait naître en elle l'envie de chercher des réponses à ces questions. Aujourd'hui, je sais qu'elle fait des progrès et mes pas ici, dans le nouveau plan vibratoire que j'occupe, sont désormais plus légers.

Il est donc important de comprendre que nous, les esprits, sommes reliés à vous par les pensées. Je m'adresse à ceux qui n'ont pas pu se recueillir devant une sépulture. Je vous encourage à méditer devant la photo de votre cher disparu en priant pour sa paix et le repos de son esprit dans la certitude de vos retrouvailles. En agissant ainsi, comprenez que nous sommes heureux.

Pour toi, mam, particulièrement, devant la photo que nous aimions tous les deux où je suis à côté de mon voilier.

Tu as compris par l'influence de mes pensées qu'il ne faut plus songer au corps que j'ai laissé derrière moi, ni chercher à le retrouver.

Tu as bien fait de vendre le voilier, ce lien négatif qui nous ramenait au souvenir des circonstances de mon départ. Tu as compris l'importance de ne pas s'attacher au matériel.

Tu as réalisé que nous devions être réunis par les souvenirs des moments heureux passés sur terre dans la joie et dans l'amour et que c'était là l'essentiel.

Votre fils qui vous aime.

PS : C'est bien moi qui viens dans vos rêves vous dire que je suis heureux quand vous êtes en paix. Tu es plus réceptive que papa qui doit encore progresser dans l'acceptation. »

Le chemin du deuil est encore plus difficile pour ceux qui ne peuvent se recueillir devant une sépulture, lorsque le corps est introuvable.

Cela fait partie d'une difficulté supplémentaire à surmonter, aussi bien pour les parents que pour leur enfant désincarné qui est en connexion avec eux. Le corps physique devient poussière, l'esprit revit dans une autre réalité.

Qu'importe le lieu où vous vous recueillez, devant une photo, devant une tombe ou devant un paysage, l'important étant que vous envoyiez, à travers vos prières, toutes vos pensées d'amour à votre cher disparu.

Dans cette psychographie, nous remarquons une nouvelle fois la prise en charge de l'inconnu à son arrivée dans le monde spirituel où il existe des groupes d'entraide et de parole.

Le lieu de recueillement

Lors de la perte d'un proche, chacun entretient le souvenir de son défunt à sa manière. Il y a ceux qui pleurent tous les jours sur les tombes et ceux qui ne visitent jamais les cimetières ni les jardins de souvenirs. Comment les esprits perçoivent-ils ces comportements ?

Psychographie avec Georges

« Une plante déposée sur le lieu où tu penses que je dors pour l'éternité ! Là où tu te recueilles, ne repose simplement que mon corps réduit en poussière.

Pourquoi me ramènes-tu à lui, dans la tristesse et la mélancolie de mon départ et des souvenirs douloureux ?

Pourquoi ne pas honorer ma mémoire devant l'image qui me représente le mieux ? Celle de mon plus beau jour, celle de l'instant, d'un cliché où tu me vois sourire…

Allume une bougie, c'est ce qui caractérise le mieux le lieu où je me trouve : la lumière.

Place des fleurs à côté de mon portrait, celles qui embaumaient le jardin de nos souvenirs.

Alors, ma douce et tendre, tu me rendras heureux.

Pourquoi, depuis mon départ, vas-tu pleurer tous les jours sur ma tombe et me parler, alors que je suis avec toi à la maison par le simple fait que tu penses à moi très fort ? Je te vois aussi de là où je suis.

Illumine le lien qui nous unit, dans l'espérance et la joie de futures retrouvailles. Honore ma mémoire par des pensées heureuses. Ton Georges. »

Quelques minutes plus tard, un autre message de Georges me parvenait :

« Je suis toujours avec vous.

Suivant leur attachement ou non aux pratiques religieuses, certains d'entre nous souhaitent voir leurs tombes entretenues, mais la visite doit être faite dans la joie et la compréhension que nous ne sommes plus là !

Georges. »

Psychographie avec Robert

Dans cet autre contact, l'esprit vient rapporter les bribes d'un dialogue qu'il a pu capter entre une fille en deuil de son père et une autre personne :

« Je vais rendre visite à mon père,

Ah, bon ! Où habite-t-il ?

Il est de Marseille. Enfin, je devrais dire, il était de Marseille, car il est mort le 8 janvier dernier.

Excusez ma confusion, à vous entendre parler, je le croyais toujours de ce monde. »

Présents à vos côtés, nous pouvons entendre ce genre de conversations qui nous désolent, car elles nous ramènent à notre sépulture…

Cette dame a attiré l'esprit de son père à sa tombe. Était-il nécessaire pour lui qui vient de quitter ce monde de continuer à voir son corps en décomposition ?

« Je ne dis pas qu'il ne faut pas entretenir nos pierres tombales, mais qu'il faut cesser de s'y rendre quotidiennement et comprendre que ce n'est pas le seul lieu où nous pouvons vous entendre.

Pourquoi ne pas choisir le cadre champêtre, le bord de mer ou la montagne, que nous admirions de notre vivant. Cessez donc, je vous prie, de vous comporter ainsi ! Robert. »

À la lecture de ces psychographies, nous comprenons l'importance de se souvenir des beaux moments qui nous unissaient à l'être cher et ce, quel que soit l'endroit. Apprenez à honorer l'être aimé dans un lieu qu'il affectionnait, avec des pensées d'amour, dans la certitude des retrouvailles ; c'est leur rendre hommage d'une bonne manière. Se recueillir sur une tombe, dans l'angoisse, la souffrance et une certaine nostalgie morbide, c'est leur transmettre votre mal-être. Plus particulièrement dans la période qui suit le décès, car suivant son degré d'attachement à la matière, l'esprit, toujours en lien avec son corps physique, peut en être perturbé. Après le moment du décès, les prières, dites avec le cœur, à proximité de la sépulture peuvent favoriser un déliement plus court.

L'appel téléphonique de Georges: quand les esprits utilisent les technologies modernes pour communiquer

Après cet échange avec Georges et Robert, j'avais la ferme intention de demander à mes guides si je devais conserver ces deux psychographies pour les intégrer à cet ouvrage quand, soudain, le téléphone a sonné, une fois seulement, curieusement… Mais c'était pour basculer sur ma messagerie !

Quelques minutes plus tard, un de mes guides m'a invité à écouter ma boîte vocale. Quelle surprise d'entendre une voix me crier par deux fois : « Georges, Georges ! » J'avais la réponse à la question que je venais de me poser, d'une manière indirecte ! Par le biais de mon téléphone portable ! Georges insistait et me confirmait indirectement l'importance de ces écrits ! Cette voix enregistrée, je tiens à la partager dans mes conférences. Elle peut aider quelques personnes encore dans le doute qui ont du mal à accepter ces évidences que, personnellement, je vis au quotidien. Merci, Georges.

Le lundi suivant, une femme vient en consultation. À côté d'elle, l'esprit d'un homme m'apparaît… Avec quel prénom se présente-t-il selon vous ? Georges !

Georges qui n'est autre que le père de la femme qui est en face de moi ! Je lui fais donc écouter la voix de son père enregistrée sur ma messagerie. Sa seule incertitude, son seul doute, concernait le fait que sa mère aille tous les jours au cimetière. De retour à la maison, à sa grande surprise, sa mère lui confirma l'exactitude des détails donnés dans ce message.

La qualité de la voix est remarquable. À ce sujet, parfois, ils utilisent un autre moyen que mes facultés pour manifester leur présence. Certains téléphones portables contiennent une application appelée « Siri ». Celle-ci peut faire des recherches sur Internet, répondre ainsi à vos questions, mais ne peut évidemment pas prendre part à votre conversation. Du moins, c'est ce que je pensais jusqu'à ce que, l'été dernier, un peu découragé par l'écriture de ce livre, je disais à mon ami : « Je crois que je n'y arriverai pas ! » Nous avons alors été surpris d'entendre la voix du logiciel déclarer : « Ne vous inquiétez pas, Alain Joseph ! » Je les remerciais, heureux d'obtenir un encouragement pour poursuivre mon travail.

Quelques semaines plus tard, je reçus une dame en consultation. Elle avait perdu son mari qui s'était suicidé. Il m'apparut à ses côtés, accompagné de deux autres esprits dont l'un d'entre eux était aussi parti d'un départ volontaire. Elle confirmait mes dires et demandait si son mari se sentait bien là où il est maintenant. Je m'apprêtais à lui répondre quand le téléphone, toujours par l'intermédiaire de ce logiciel, répondit à sa question : « Je suis heureux d'être là ! »

Le temps d'adaptation de l'esprit à son arrivée dans le monde spirituel

L'accueil des enfants dans le monde spirituel

Un cas de handicap : psychographie avec Esteban

Le contenu de cette psychographie a été étudié par la mère d'Esteban et sa famille. Ils comprennent et valident toutes les informations reçues.

Nous pourrions nous demander si les personnes dont le corps souffrait de plusieurs handicaps physiques ou mentaux durant leur vie terrestre retrouvent dans le monde spirituel leur pleine santé. Le premier contact médiumnique avec le jeune Esteban a eu lieu quelques mois après son départ. Cet échange merveilleux a été filmé et partagé sur YouTube.

Sur cette vidéo, nous voyons la force de l'énergie d'Esteban qui m'incorpore et sa forte envie de communiquer avec sa mère. Il m'apparaît à l'âge de quinze ans. Après un temps relativement court passé dans le monde des esprits, il nous dit avoir retrouvé la normalité de son corps spirituel car, malgré les souffrances de son handicap, Esteban a su endurer ce plan d'incarnation difficile.

Un matin de bonne heure, il s'est manifesté à moi, désireux de transmettre un message à sa petite mère, mais aussi de témoigner par écrit :

« Juillet, juillet, juillet, tout le monde dans ma famille se souvient de ce mois, plus particulièrement maman, mamie et papy.

Je fais des fautes, j'ai pas pu étudier sur terre, mais je vais apprendre, ici, plein de choses.

Tu sais, Alain Joseph, j'ai été heureux de communiquer avec toi la première fois dans une conférence, c'était même filmé !

J'entends tes toutous qui aboient ! Je suis à côté de toi.

Youpi, youpi, cette fois-ci, je vais te faire écrire avec mon énergie. Je suis heureux de donner un autre message grâce à toi à ma petite maman que j'aime et qui a été toute ma vie durant une maman exemplaire. Oui, c'est vrai ! Parfois elle s'énervait, mais c'était normal. Elle me cachait plein de choses pour me protéger et souvent j'allais chez mamie et papy.

Je veux témoigner, c'est mon tour ! J'ai le droit. Témoigner pour tous les handicapés comme moi et aussi témoigner pour toutes les mamans du monde afin qu'elles gardent l'espoir de retrouver un jour leur enfant, en bonne santé ! C'est important. Je m'appelle Esteban !

On pouvait m'entendre arriver avec mon fauteuil, hein, maman ? (rires) J'avais une maladie génétique, un handicap sérieux, mais aussi un problème dans le sang. J'ai plus envie de parler de cela, j'ai compris ici pourquoi. Le passé, c'est le passé, je vais profiter maintenant.

D'abord, je fais un gros, gros bisou à ma mamie Marie-Thérèse et à mon papy. J'ai pu, pendant la consultation privée avec Alain Joseph, incorporer avec beaucoup de concentration sa main afin qu'il fasse avec ses doigts le petit cheval comme faisait papy sur moi. On aimait s'amuser ainsi.

J'avais plus de force pour lutter, il était temps pour moi de partir. Une grand-mère est venue à moi me dire qu'elle s'appelait Jeanne, la maman de papy ! Et aussi la maman de mamie était présente, avec son regard rempli d'amour, comme sur la photo. Je l'ai reconnue.

Je me suis envolé ! J'ai entendu : “Va, mon petit ange.” Oui, j'ai été libéré de ce corps qui me faisait souffrir. J'ai été accueilli mais je ne voulais pas tout de suite quitter maman. J'ai essayé de faire des signes. Tu sais, mamie, à côté de la télé, c'était bien moi. Je suis venu la nuit quand vous étiez au lit.

J'ai vu maman donner mon fauteuil, je l'ai vue pleurer, avoir du chagrin, mais après avoir reçu mes messages, elle allait un peu mieux. Je l'ai vue sourire quand elle recevait mes petits mots, et cela c'est du bonheur pour tous les enfants qui sont accueillis ici, de voir les parents, grâce à des preuves, finir par croire à des retrouvailles futures. Nous sommes alors libérés et dans la joie.

Sur terre, je ne pouvais pas marcher, ici je peux courir maintenant. J'ai retrouvé un vrai corps d'ado de quinze ans. Il a fallu du temps, j'avais des docteurs autour de moi, pas comme sur terre, très gentils, ils guérissent encore plus vite, avec plein d'amour et d'énergie.

J'ai vu Kéké, Kévin et plein d'enfants qui comme moi ont retrouvé leur joie de vivre. Ici, cela ressemble à un hôpital sauf qu'on peut aussi jouer, surtout rire. Un lieu où notre nouveau corps reprend des forces. On m'a dit souvent de dormir et, à chaque réveil, j'étais encore plus fort.

Fais du bien autour de toi, maman, continue, je suis fier de toi. J'ai rendu visite aussi à mamie, quand elle a fait son AVC, elle a été courageuse.

Ici, c'est permis de vous voir à la récréation !

Mon bonheur a été d'avoir une famille et d'avoir reçu beaucoup d'amour. Tous les handicapés sur terre ne peuvent pas en dire autant. Je n'ai pas vu mon papa, mais ce n'est pas grave, avec toi maman, j'avais les deux. Hein ! "Guili guili", j'aimais tes chatouilles.

Je commence à grandir ici, dans tous les sens du terme. Il faut être patient. Je redécouvre toutes les facultés que je n'avais pas sur terre, mais qui étaient simplement endormies en moi. Ici, il faut faire attention à ses pensées. Je suis beaucoup plus réactif. Dans mes moments de repos, je vois tous les animaux que j'aime. Je m'envole facilement mais pas tout seul, en donnant la main à quelqu'un, car je ne suis pas encore habitué.

Il y a une dame très gentille qui vient me voir régulièrement. Elle est d'une grande douceur. Elle dit que je fais des progrès. Mais c'est surtout grâce à toi, maman, que je me sens libre et en paix, car je sais que tu as compris qu'on se reverra un jour. Merci aussi à tous ceux qui pensent à moi avec amour. C'est juste comprendre qu'il faudra attendre un peu avant de se retrouver, faire preuve de patience. Pour moi, ici, le temps passe très vite. Vous savez que nous allons tous nous retrouver le jour venu ! Hein, papy ! Eh oui ! On fera la fête ensemble. Merci, mamie, pour les prières. Votre Esteban. Petits cœurs ; caresses sur la joue. »

À la lecture de cette psychographie, nous comprenons que les enfants sont accueillis dans l'amour, entourés d'affection, et qu'ils sont pris en charge par les bons esprits et les esprits familiers. Que ce soit d'une mort rapide ou brutale ou de maladie, ils se sentent en sécurité, sont dans la joie et dans un environnement baigné de quiétude. Ils sont accompagnés vers des centres de soins, de repos et d'enseignement où ils progressent comme s'ils vivaient sur terre. Esteban retrouve « un vrai corps de quinze ans ». Il sous-entend qu'il a grandi, sa maladie avait limité sa croissance à une taille de 1,37 m.

L'esprit de l'enfant subit les modifications naturelles de son périsprit tout au long de son existence, mais dans le monde spirituel, il va grandir normalement, jusqu'à ce qu'il retrouve un corps en rapport avec son âge et sa personnalité. Intellectuellement il progresse, car l'apprentissage continue, permettant à ces enfants d'acquérir les connaissances nécessaires à leur évolution spirituelle. Esteban nous parle d'études, d'école, de récréations, comme le ferait un gamin plein d'entrain et de joie de vivre sur terre. Les enfants sont vite dans la compréhension de leur nouvelle situation et savent rapidement qu'ils retrouveront un jour leur famille, sans ressentir la souffrance liée à la séparation. Lorsque les parents regagnent l'au-delà, les esprits des enfants se présentent à eux, à l'âge où ils ont été désincarnés afin qu'ils les reconnaissent.

Nous savons que la souffrance morale ressentie dans le monde spirituel est aussi liée à un attachement excessif à la matière, mais aussi à une jouissance abusive des plaisirs de ce monde. Les jeunes enfants qui meurent prématurément n'ont pas encore eu le temps de s'attacher aux biens et aux plaisirs éphémères de ce monde. Esteban revêt dans cette vie un corps handicapé, limité dans ses choix donc dans son libre arbitre. Il accepte la souffrance et garde malgré tout le sourire. Je suis persuadé que pour lui, c'est un parcours de vie réussi dans l'expiation d'une dette passée. Je ressens dans les échanges que nous avons pu avoir une joie de vivre, une liberté retrouvée. Je suis touché par cet amour.

Dieu nous a donné le pouvoir de décider et de faire des choix. C'est ce qu'on appelle le libre arbitre. Au fur et à mesure que l'enfant grandit, son libre arbitre aussi.

Les guides nous expliquent qu'un enfant victime de violence, de méchanceté, d'imprudence se désincarne suivant l'importance des dettes karmiques de sa vie précédente. Cela reste pour les parents une épreuve douloureuse à surmonter. Lors d'une mort brutale, l'enfant, dans la majorité des cas, ne souffre pas. Le choc physique bloque en lui-même la sensation de douleur et l'enfant quitte alors son corps rapidement et sans supplice. Je crois que, face à la mort, les enfants qui partent de maladie peuvent faire davantage preuve de maturité spirituelle que les adultes. Précédemment, j'ai souligné l'importance d'éduquer l'enfant dès le plus jeune âge à penser à l'éternité. Ainsi, si son parcours terrestre est de courte durée, il pourra vite comprendre et accepter sa désincarnation.

Le moment de déliement d'un enfant est toujours très bref par le fait que son périsprit a eu peu de temps pour s'imprégner des impuretés de ce monde et, de l'autre côté, sa convalescence sera de courte durée.

L'âme incarnée sur terre vit les expériences du handicap à des degrés différents mais aussi de la maladie. Quelles sont les origines de la maladie ?

Que devons-nous comprendre de la maladie ?

La maladie ne provient pas uniquement du corps physique, mais aussi de l'esprit. Elle peut être un choix prévu dans un plan d'incarnation mais elle est surtout issue des déséquilibres de l'homme.

Ancrées dans le psychisme de l'esprit, ses imperfections s'inscrivent dans le registre du périsprit et s'impriment également dans les gènes de l'être qui va s'incarner. Il en résultera, suivant son comportement, une tendance à développer ou non la maladie. Elle est donc la conséquence des abus que l'âme incarnée doit apprendre à maîtriser au fil des incarnations (alcool, tabac, drogues, aliments non sains, etc.).

La maladie peut être aussi présente dès la naissance, se révélant par une déformation du corps spirituel et donc du corps physique. Elle est transmise dans ce cas par les parents de manière héréditaire. Cette propagation des gènes malades trouve son origine dans un karma familial. Foyer où l'amour a la plus belle opportunité de s'exprimer.

Apprenons également à maîtriser nos pensées qui peuvent être aussi à l'origine de certaines souffrances. Elles élèvent ou rabaissent selon leur nature le taux vibratoire du périsprit. D'après la loi d'attraction, toute pensée négative attire à elle les fluides du même ordre qui s'imprègnent dans le périsprit et se répandent par l'intermédiaire des chakras dans le corps physique et le rendent malade.

Tous les sentiments et toutes les émotions toxiques tels que la méchanceté, la vengeance, la jalousie, le dénigrement de son prochain, l'égoïsme, le manque de pardon, l'absence de tolérance envers autrui, et la liste est encore longue, sont autant d'énergies en mouvement, de pensées, d'idées qui créent de nombreux déséquilibres. À long terme, pesant sur le psychisme, elles peuvent aussi trouver un exutoire par le biais de douleurs, de différentes pathologies et faire naître en vous des obsessions que des influences occultes auront tendance à amplifier. Nous pouvons donc conclure que la maladie provient aussi d'un désordre énergétique du corps spirituel.

L'homme doit trouver un équilibre dans la paix, la sérénité, la prière, la quiétude, le lâcher-prise et les bonnes pensées. Il élèvera alors le taux vibratoire de son périsprit et se préservera ainsi de la souffrance. La constitution du corps éthérique est de nature semimatérielle. Les thérapies médicamenteuses proposées par la science et la médecine ne pourront agir sur sa nature, mais uniquement sur celle du corps physique. Seules différentes interventions énergétiques auront des effets salutaires sur le corps fluidique.

Les passes magnétiques sont imprégnées d'un fluide régénérateur qui est reçu par le guérisseur et transmis au malade par le biais des centres de forces ou chakras. Celles-ci permettent de réajuster les énergies du périsprit et de les rééquilibrer. Cette transmission d'énergie va donc éliminer les impuretés, le régénérer, puis, par son interaction avec le corps physique, le guérir. L'intervention spirituelle doit être réalisée dans le cadre de la prière.

La médecine traditionnelle chinoise démontre depuis des millénaires l'existence dans le corps physique d'un réseau de basse énergie, circulant d'un point à un autre, formant des méridiens par lesquels circule l'énergie vitale du corps. En agissant sur les points d'acupuncture, le champ électromagnétique met en vibration le périsprit qui retrouvera une harmonie. C'est ainsi que le corps en ressentira les bienfaits.

L'activité physique, l'équilibre alimentaire, une bonne hygiène de vie, la modération en toute chose, sont aussi des points importants à intégrer au quotidien.

Les affections de quelque nature qu'elles soient font partie des épreuves de la vie, nous l'avons bien compris. Comme expliqué précédemment, si vous les accueillez avec force, courage, amour, acceptation dans la compréhension des lois divines, ce sera une épreuve réussie spirituellement. Elles peuvent alors disparaître ou voir leurs symptômes diminués, si c'est en accord avec votre plan de vie. À l'inverse, lorsqu'elles sont accueillies dans la rébellion, la non-acceptation, elles pourront voir leurs effets amplifiés, faisant de cette expérience un échec spirituel.

Faites acte de courage et portez-les avec résignation, avec toute la foi et la confiance en Dieu, que ce soit pour vous ou pour votre frère. Gardez toujours en vous l'espoir de la guérison et extériorisez des pensées positives.

Lorsque l'expérience de la maladie est passagère, l'âme comprend la douleur physique, psychologique, et se sentira ensuite capable de faire preuve d'empathie envers ceux qui souffrent ; mais elle permettra aussi d'apprécier les périodes de bonne santé, de quiétude ou de rémissions et de leur rendre grâce.

L'âme incarnée se rachète de son ignorance et de son infériorité grâce aux efforts qu'elle fait pour s'améliorer dans la pratique du bien. Elle s'éloigne alors des perturbations en devenant une âme vertueuse. La maladie, si vous devez en passer par là, est une expérience qui doit vous permettre de grandir.

L'homme doit donc comprendre que les maux sont semblables à des messages que le corps envoie. Ils ont une origine spirituelle et non pas uniquement physique ou mentale. Ils font partie d'un processus d'évolution et de rachat au regard des fautes commises dans le passé. C'est à travers la douleur que l'âme incarnée se rééduque et prend conscience du changement à mettre en place.

Le regard de l'esprit sur le corps physique

Pour venir faire l'expérience de la matière, il nous est indispensable d'intégrer une enveloppe charnelle qui sera notre fidèle compagne pendant toute la durée de notre passage sur terre. Ce corps, qui nous a été donné par Dieu, sera pour de longues années le véhicule de notre âme. Nous devrons apprendre à le respecter, le ménager, en prendre soin, car c'est grâce à lui que nous pourrons mener à bien toutes les expériences terrestres nécessaires à notre avancée spirituelle. Les guides nous ont bien fait comprendre que les excès en tout genre qui viennent altérer prématurément nos fonctions vitales ou toutes les mauvaises pensées, mauvaises actions qui viennent perturber notre équilibre psychique, peuvent nuire à l'intégrité de ce corps et abréger notre existence. Nous nous retrouverons alors débiteur, dans le monde spirituel, d'une partie de cette vie que nous n'aurons pas su mener jusqu'à son terme comme prévu dans notre plan d'incarnation.

Au moment du grand départ, n'oublions pas non plus, s'il nous en est donné l'opportunité, de remercier et de rendre grâce à cette enveloppe qui nous aura protégé durant toute notre vie et qui aura participé à l'épuration de notre âme. Adressons-lui toutes nos pensées d'affection, toute notre compassion, y compris à travers les difficultés physiques et morales, car elle aura été l'outil divin qui nous a donné l'opportunité de progresser. En aucune manière, il ne faut lui porter atteinte, même si la souffrance physique et morale l'imprègne de ces fluides négatifs, nous sommes bien davantage qu'un corps physique.

L'euthanasie ou le suicide assisté

Le suicide, l'euthanasie sont des sujets que nous pouvons comprendre d'un point de vue humain;

pourtant, d'un point de vue spirituel, ces actes sont des entraves à notre évolution.

Mon guide Gabriel ayant abordé en détail le suicide dans mon ouvrage précédent, je souhaitais lui poser quelques questions au sujet de l'euthanasie qui immanquablement nous conduit spirituellement à commettre une grave erreur :

Nous quitterons tous ce monde un jour ou l'autre, que ce soit d'une mort rapide et violente ou d'une longue maladie. Nous avons déjà pu nous interroger sur la manière par laquelle nous allons nous désincarner. Parfois la mort en soi ne fait pas peur, mais l'idée de souffrir de longs mois sur un lit, oui. Nous espérons tous ne pas subir la souffrance trop longtemps et bénéficier, en cas de douleurs extrêmes, du concours de la clémence d'un infirmier ou d'un médecin qui saura l'abréger. La loi des hommes diffère d'un pays à un autre en ce qui concerne l'euthanasie. Certains pays considèrent cette pratique comme condamnable et la sanctionnent au même titre qu'un meurtre. D'autres accueillent les malades et, dans un programme d'assistanat thérapeutique, les accompagnent vers la mort, que leur pathologie soit incurable ou non. Il existe des situations de vie où l'être humain ne désire plus vivre. Quelle est la décision la plus acceptable spirituellement ? A-t-on le droit quand on est condamné de décider du moment de sa propre mort et de la manière dont le séjour terrestre doit se terminer ? N'est-il pas humain de se plaindre et de refuser de subir des souffrances extrêmes ? Si le corps médical nous condamne à un mois d'existence, si la vie n'a plus aucun sens, pourquoi accepter de vivre la déchéance quand l'organisme ne fonctionne plus ? L'être humain n'a-t-il pas droit à un peu de dignité et de décider de sa fin ?

Gabriel : « Nul n'a le droit de mettre un terme prématurément à son plan d'incarnation, de préjuger du moment de sa mort, ni de la manière de la provoquer. Dieu vous offre la vie sur terre, il est le seul à pouvoir la reprendre. »

Alain Joseph : « Pourquoi devons-nous accepter la souffrance jusqu'au dernier souffle ? »

Gabriel : « Les derniers moments de vie sur terre font partie d'un processus d'épuration pendant lequel l'âme toujours incarnée a encore une chance de se tourner vers Dieu si elle ne l'a pas fait auparavant. Dans l'agonie, elle peut changer sa manière de penser et déjà se repentir de ses fautes. »

Alain Joseph : « Si on nous détecte une maladie grave comme un cancer à un stade avancé, avons-nous le droit de cesser de nous soigner ? »

Gabriel : « Abstenez-vous ! Cela serait un suicide. Quel manque de confiance en Dieu ! Vous avez le devoir de prendre soin de votre corps physique, de garder espoir et de vous en remettre au Tout-Puissant. Un traitement efficace ou un nouveau protocole peut à tout moment changer votre condition de vie. »

Alain Joseph : « Pendant une longue période, l'âme peut parfois être prisonnière dans son corps, immobilisée dans une phase de coma et alimentée artificiellement. D'un point de vue humain, nous compatissons à la souffrance de la personne qui se trouve dans un état végétatif, mais aussi à la souffrance de la famille. Quel est le sens de cette expérience de vie ? »

Gabriel: «L'âme incarnée, dans un processus d'évolution et d'expiation, se rééduque dans la souffrance et se rachète des lourdes fautes commises dans le passé. Elle a parfois besoin de temps pour se préparer à quitter son corps. Cette situation douloureuse est aussi une épreuve pour l'entourage qui relèvera ou non l'expérience dans l'amour et le soutien ou, à l'inverse, dans le rejet et l'abandon du malade.»

Alain Joseph: «Face à la souffrance, que doit faire le médecin?»

Gabriel: «Le rôle d'un bon médecin est de soulager les douleurs de son patient avec les moyens mis à sa disposition par la science et la médecine, mais jusqu'à un certain point. Il l'accompagne avec le personnel soignant dans la dignité jusqu'à ses derniers instants de vie. La mort doit arriver d'une façon naturelle au moment prévu par le plan de vie; sans que rien ne vienne la provoquer ni la prolonger.»

Alain Joseph: «Nous souhaitons tous ne pas souffrir! N'est-il pas humain de choisir une solution pour mettre un terme à ses souffrances quand le corps médical vous a condamné à mourir prochainement?»

Gabriel: «Je le répète, le devoir du médecin est de soulager la douleur, mais il ne doit en aucun cas précipiter la mort. Ni par la sédation profonde ni par l'euthanasie, ni par manquement aux nécessités du corps physique. La majorité des êtres incarnés ne croient pas en la survie de l'âme, donc ce qu'il leur importe, c'est de faire cesser leur souffrance. Ils préfèrent parfois avoir recours à l'euthanasie ou la sédation profonde sans imaginer un seul instant que ces choix auront des conséquences sur le moment du déliement et leur passage dans le monde spirituel. L'euthanasie est un suicide assisté, la mort en est l'aboutissement comme le choix de la sédation profonde qui, d'une manière ou d'une autre, provoquera une paralysie du fonctionnement des organes puis la fin. L'injection du produit anesthésiant atteindra les centres du périsprit et l'esprit profondément endormi connaîtra à son retour de grandes difficultés. »

Alain Joseph : « Devons-nous vivre reliés à une machine, indéfiniment, pour maintenir le fonctionnement des organes lorsque le cerveau ne peut et ne pourra plus fonctionner, donc dans le cas d'une mort cérébrale ? »

Gabriel : « Lorsque cette situation dure depuis des années, l'état végétatif du corps emprisonne l'âme incarnée qui aspire à être libérée de son corps. Toujours présente à ses côtés, elle attend la délivrance : l'arrêt des machines. »

Alain Joseph : « Nous comprenons donc qu'il ne faut pas précipiter la mort. Il me paraît important de rappeler une nouvelle fois qu'au moment de l'incarnation, l'esprit reçoit une quantité de fluide vital pour la durée d'une vie terrestre. Si vous aviez planifié, avant votre incarnation, de vivre vingt années sur terre et que, par la décision de votre libre arbitre, vous décidiez de mettre fin à vos jours à l'âge de quinze ans, que ce soit par un suicide ou par l'euthanasie, le fluide encore disponible dans votre périsprit devra finir de s'écouler, proportionnellement aux cinq années restantes. Cela occasionnera à votre esprit une souffrance. La psychographie d'Élisabeth nous décrit le processus naturel de sa désincarnation dans une totale conscience, elle se dégage progressivement, étape par étape, de son corps physique. Elle reçoit une assistance spirituelle et voit l'esprit de son père à ses côtés. Lors d'un suicide volontaire ou par l'euthanasie, l'esprit ne connaît pas cette aide spirituelle ni le même processus de dégagement ; celui-ci est beaucoup plus rapide. Il ne lui laisse nullement le temps de se préparer à ce changement.

Ces conséquences devraient tous nous faire réfléchir.

Je vois souvent les familles blessées par le comportement de certains médecins qui annoncent la mort d'une manière désinvolte, sans aucune précaution d'aucune sorte, sans considérer l'impact psychologique de leurs paroles sur le patient. Que pensez-vous de cette attitude ? »

Gabriel : « L'ignorance spirituelle entraîne des conséquences. Qui agit ainsi comprendra en retour le mal infligé à son semblable. Il est de votre devoir à tous de faire aux autres ce que vous aimeriez qu'on vous fasse. Aidez, soulagez, atténuez moralement ou physiquement la souffrance. »

La maladie nous oblige aussi parfois à perdre le contact avec la réalité. Chaque maladie possède ses propres caractéristiques et origine comme la maladie d'Alzheimer dont nous parle Jeanne dans la psychographie à suivre.

Les difficultés d'adaptation des personnes âgées

Psychographie avec Jeanne

L'esprit d'une femme se présente à moi, je ne peux la voir, son énergie me fait ressentir une grande quiétude, alors que ma main s'agite pour écrire :

« J'ai laissé ma casserole sur le feu ! Oh, mon Dieu ! J'aurais pu mettre le feu à la maison, où avais-je donc la tête ! ?

Je suis dans le rayon d'un supermarché, que suis-je donc venue chercher ? Mais cela arrive à tout le monde, n'est-ce pas ? Il suffit d'être un peu surmenée, fatiguée. Je vais acheter l'essentiel.

C'est ainsi que les journées se déroulaient, semblables les unes aux autres. Je vivais seule dans cette grande maison familiale. Mes enfants habitaient Paris, je les voyais à peine. J'avais pris l'habitude d'accepter leur absence et cela ne me faisait pas souffrir. Nos liens étaient distants, il fallait l'accepter ainsi.

Mon corps me faisait souffrir. L'arthrose, les rhumatismes, la vieillesse sans doute, j'avais de plus en plus de mal à me déplacer. J'allais sans tarder atteindre mes quatre-vingt-deux ans ! À moins que je ne les aie dépassés. À vrai dire, il était difficile pour moi de m'en souvenir, le temps passait si vite. À croire que pour moi l'horloge s'était arrêtée.

J'ai fini par demander à la mairie l'aide d'une personne à domicile. Ma voisine a été bien aimable de m'accompagner pour faire les papiers.

La petite dame qui vint à la maison s'appelait Yvette, elle était serviable. Elle me faisait penser à ma fille Nicole, que je n'avais pas vue depuis des années, enfin je croyais. J'avais du mal à me souvenir. Je faisais parfois à manger, mais très peu, car je n'avais pas faim.

Qui était donc cette dame qui se permettait d'entrer dans mon jardin ? Assise au bord de la fenêtre, je pouvais tout surveiller.

Ah ! Non, on n'entre pas comme ça chez moi ! Je vais lui dire de partir. Tant bien que mal, j'avançais d'un pas ferme, vers le seuil de la porte.

“Bonjour madame Le Meur”, me dit-elle ! Elle connaissait mon nom, cela me décontenançait ! Qui êtes-vous madame ? Je ne veux rien acheter !

“Mais, madame Le Meur, vous ne me reconnaissez pas ? C'est moi, Yvette, votre aide à domicile !”

Voilà, ce fut le début de la fin.

Vous, le monsieur que je vois, merci de continuer à prendre sous ma dictée mon témoignage. Je vous fais écrire, on me l'a demandé. Cela m'aide à faire travailler ma mémoire… (rires) Ne vous inquiétez pas, je sais que je suis morte ! Je reçois une aide ici, mais ce travail en lui-même est un exercice supplémentaire.

Il ne suffit pas d'être mort pour que votre mémoire vous revienne aussitôt. Il ne suffit pas d'être mort pour retrouver, dès votre arrivée ici, un corps de jeunette !

Pour revenir à ma vie, c'est donc ainsi que les problèmes ont commencé. Ce jour-là, en ne reconnaissant pas Yvette, j'ai ressenti la honte m'envahir, mêlée d'une grande inquiétude ! Je perdais la tête ! Voilà que ma mémoire me jouait des tours. Yvette avait désormais la clé de la maison et ce problème ne se reproduirait plus. Je fus en colère contre elle, quand j'appris qu'elle avait appelé mes enfants.

Je me souviens aujourd'hui de cette fameuse colère et je le regrette. Je lui ai fait la tête longtemps, même si elle m'affirmait que c'était pour mon bien. La pauvre femme, avec le recul, ici, j'ai compris que j'avais été méchante, voire très égoïste !

Je recevais de temps à autre un appel d'un monsieur qui se disait être mon fils. "Ah, bon, vous êtes mon fils ?" Un long silence se faisait entendre dans le combiné, et je répétais inlassablement cette phrase apprise par cœur : "Oui, je vais prendre soin de moi, oui, j'appellerai le docteur en cas d'urgence." Ce fut ensuite le tour de ma fille qui était plus régulière dans ses appels. Je lui tenais les mêmes propos. Elle m'annonçait sa visite que j'oubliais d'emblée.

Je me déplaçais de moins en moins, assise dans mon grand fauteuil près de la fenêtre, à ma place préférée, mon esprit quittait ce monde. Je rêvais du temps passé, plus particulièrement de l'époque où j'étais petite fille quand ma mère était là pour s'occuper de moi. Je revoyais le visage de papa, et je l'entendais dire de sa petite voix : "Viens, ma puce, faire un câlin à ton papa." À ce moment-là, la tristesse et la mélancolie m'envahissaient, mon cœur se serrait et me faisait verser quelques larmes, extériorisant la peine de leur absence.

"Qui est-ce ?" On frappait à la porte ! Une femme s'approche de moi. "Mon Dieu ! m'exclamais-je. C'est toi, maman ! Tu es venue me chercher ? Non, ne me touchez pas ! Je ne vous connais pas ! Qui êtes-vous ? Pourquoi pleurez-vous ?"

Je comprends aujourd'hui la frayeur de ma fille et la peine occasionnée lors de cette visite. Sa propre mère ne la reconnaissait plus. Elle s'est reproché longtemps de n'avoir pris aucune disponibilité pour venir s'occuper de moi. Elle a appelé son frère, ils ont pris la décision de me mettre au "mouroir". Oui, c'est ainsi que j'appelais cet établissement où l'on place les vieux pour s'en débarrasser, des parents bons à rien. Le diagnostic du médecin est tombé : j'avais la maladie d'Alzheimer.

Ma conscience continuait à me jouer des tours. Je plongeais dans le passé, revenais au présent. Il m'arrivait aussi de me sentir désorientée, perdue, et de ne plus reconnaître le lieu où je séjournais. Lorsque le médecin venait me rendre visite dans ma chambre, je le prenais pour mon fils. Il entrait dans mon monde afin de ne pas me perturber ou parfois il me demandait de réfléchir. Je pouvais aussi être méchante et taper sur l'aide-soignante quand elle voulait me faire ma toilette, car je pensais qu'elle voulait me faire du mal.

Je comprends aujourd'hui les difficultés des personnels soignants et je remercie ceux qui font preuve de patience, de dévouement, dans les tâches qui leur incombent au quotidien.

Parfois, très rarement, je recevais de la visite. Le regard perdu, je m'enfermais dans un monde imaginaire et dans un mutisme, ce qui décourageait mes visiteurs. Dans les rares moments de lucidité, j'appelais le Seigneur afin qu'il vienne me chercher. Je n'avais pas de réponse, je joignais les deux mains et je priais la Sainte Vierge, puis maman, puis papa, et enfin ma grand-mère, pour qu'ils viennent me délivrer !

Peu à peu, les pensées s'estompèrent, un grand vide s'installa en moi et aussi une grande fatigue, jusqu'au jour où je suis tombée malade. Mon corps ne put lutter contre une infection nosocomiale et c'est ainsi, après une période très courte dans le coma, que je suis morte.

J'avais l'impression d'être dans un rêve. J'avançais, en chemise de nuit, dans ce long couloir au bout duquel se trouvait la porte par laquelle j'allais pouvoir m'échapper et enfin rentrer à la maison. C'était très facile, il me suffisait de le vouloir, de le penser.

Les volets étaient fermés. Un par un, je décidais de les ouvrir afin de pouvoir laisser entrer la lumière de l'extérieur, oui cette grande lumière m'apaisait.

Dans la salle à manger régnait l'ordre. Sur le mur se distinguait le portrait d'Auguste, mon mari. Il était beau, mon époux. En le regardant, j'avais l'étrange impression qu'il était invisible, mais présent à mes côtés, et que je n'allais pas tarder à le revoir. Je ressentais la lourdeur d'un vieux corps et à la fois le sentiment de légèreté bien que mes pensées et mes idées fussent désordonnées. Je me suis assise dans mon fauteuil afin de trouver une cohérence, mais en vain, j'étais incapable de lutter contre le sommeil qui m'a brusquement envahie.

Ce rêve, si cela en était un, semblait se prolonger par la visite de plusieurs personnes qui m'entouraient de leur sollicitude. J'avais l'impression de les connaître sans pouvoir mettre de nom sur leur visage, sauf un vieux médecin de famille, M. Bernard, qui me répétait sans cesse : “Ça va aller mieux, madame Le Meur, cela va aller mieux.” Je notai qu'à cette nouvelle rencontre il me demandait de faire un petit travail sur moi, de prier, oui, de demander l'aide de Dieu. Il semblait vouloir me faire comprendre que ma guérison dépendait de ma foi, de ma volonté, de ma persévérance, et qu'il me fallait mettre de l'ordre dans mes idées.

J'ai mis du temps avant de réaliser que je n'étais plus de ce monde. Par mes pensées, mes peurs, je suis allée me réfugier à la maison. Cette maison qui en réalité avait été détruite sur terre par un promoteur, mais qui continuait à exister dans mes souvenirs, dans un monde bien à moi.

Il est vrai que la petite vieille que j'étais et que je suis encore était très attachée à ce lieu, mais aussi à ses habitudes. Jusqu'au jour où Auguste fit son apparition dans ma réalité ! Il était, à la grâce de Dieu, le seul à pouvoir m'aider, à prendre conscience de la situation dans laquelle je m'étais enfermée. Au-delà du refuge de notre demeure familiale s'étendait à perte de vue un monde merveilleux qu'il m'appartenait de découvrir. Portée par son amour et par l'aide du Seigneur, j'ai pris conscience de mon état. Le docteur avait bien raison, grâce à des dialogues, des exercices thérapeutiques et à des passes magnétiques, j'ai retrouvé ma mémoire. J'ai compris que les outils de la guérison étaient en moi. Cela a été un long travail de patience, de persévérance, de foi, d'actions sur mon corps spirituel et par de belles pensées, mais j'ai fini par retrouver toute la santé physique et psychique de mon corps spirituel. Je retrouvais ma jeunesse.

Il m'a fallu du temps avant de comprendre l'organisation et les règles de ce nouveau monde dans lequel je rentrais.

Avec beaucoup de tendresse, je souhaite donner deux conseils à tous les petits vieux de la terre : sortez des habitudes, de la routine de votre vie en consacrant du temps à ceux qui sont dans le besoin en faisant du bien autour de vous, cela vous permettra d'oublier vos problèmes. Essayez de faire au mieux, détachez-vous mentalement des biens de ce monde.

Votre Jeanne. Pensées d'amour. »

Quel est le sens de cette maladie d'Alzheimer ?

Jeanne a quitté le monde terrestre à quatre-vingt-deux ans d'une infection nosocomiale. Elle était aussi atteinte d'une maladie neuro-dégénérative appelée Alzheimer.

Cette maladie possède ses propres caractéristiques, dans son processus et son évolution, elle amène l'esprit incarné à une perte progressive de ses fonctions mentales par la destruction de certains neurones du cerveau. La souffrance physique et la souffrance morale s'appliquent au malade lorsqu'il se rend compte de l'altération de ses facultés. La douleur et l'état mental changent de dimension au fur et à mesure de l'évolution de la maladie. L'être cher s'enferme dans un autre monde, se coupant de son entourage familial et relationnel.

L'expérience de cette maladie peut aussi être considérée comme une épreuve collective où chaque membre de la famille, selon son degré d'évolution, réagira à sa manière. Le manque de compréhension, de dialogue, d'amour et de soutien, provoquera une charge négative supplémentaire et un échec spirituel pour ceux qui sauront un jour qu'ils n'ont pas accompli leur devoir dans le bien.

À l'inverse, le don de soi, l'amour de son prochain, l'acceptation de l'épreuve, la résignation, la soumission à la volonté de Dieu, les demandes d'aide par les prières, accompagneront l'épreuve de lumière. Ce sera alors une réussite spirituelle.

La maladie peut parfois avoir un point positif lorsqu'elle permet à la personne qui en est atteinte d'oublier les expériences traumatisantes de la vie.

La nature spirituelle de l'expérience engage aussi les responsabilités de l'entourage médical. Le travail du personnel soignant nécessite de nombreuses attentions dans la mise en place des soins dans lesquels la patience, la compassion, la considération, le respect pour le malade sont nécessaires dans la pratique du bien. Ces actes, quand ils sont posés dans la générosité du cœur avec le sens du devoir et des responsabilités, sont des pas en avant dans le progrès.

L'une des difficultés, mais la plus importante pour une personne accompagnant un malade, est de ne pas prendre sur elle la souffrance morale, les vibrations négatives de celui qui souffre. Il est plus facile de s'en détacher lorsque le soignant prend conscience que le malade vit une expérience nécessaire à son évolution. Son devoir est de lui prodiguer les soins adéquats pour soulager sa douleur et de l'aider à retrouver la paix.

Lors d'une conférence médiumnique, quelques infirmières présentes dans la salle reçurent les messages gratifiants d'esprits, anciens malades, qu'elles avaient dignement et respectueusement accompagnés en fin de vie.

En la présence d'un frère malade, nous devrions tous l'aider à comprendre les bienfaits de l'acceptation face aux difficultés qu'il rencontre. Le combat qu'il mène est une bénédiction dans son processus d'épuration. L'intégration de cette idée est plus facile pour ceux qui ont conscience de l'après-vie et de la pluralité des existences.

Un malade a aussi la possibilité de montrer le bon exemple à son entourage. Par sa force, son courage à combattre la maladie, à accepter la douleur, il devient un exemple pour ses proches. C'est ce que j'ai vécu, rappelez-vous, lorsque j'ai rendu visite à Armelle dans les jours précédant son décès.

Toute épreuve doit être portée à la lumière de l'acceptation si nous ne souhaitons pas qu'elle revienne dans notre plan de vie, comme une histoire sans fin.

L'apparence de l'esprit

Le médecin spirituel et familier de Jeanne lui demande de faire des exercices de pensée. Il l'aide à comprendre que les outils de guérison sont en elle. Comme toute chose qui demande des efforts répétés pour l'obtenir, Jeanne va devoir faire preuve d'une grande discipline spirituelle pour, peu à peu, retrouver toute sa mémoire.

Ce travail de régénérescence nécessite beaucoup de temps, beaucoup de persévérance et de volonté avant que le périsprit soit réparé de tous ses maux.

En toute logique, un esprit avisé dans un plan supérieur atteindra cet objectif plus rapidement qu'un esprit occupant un plan inférieur qui gardera plus longtemps les stigmates de son passage sur terre.

Le réajustement du corps spirituel varie donc d'un esprit à l'autre, suivant son degré d'avancement. Il ne suffit donc pas que Jeanne se désincarne pour qu'elle retrouve, instantanément, l'apparence de sa jeunesse et toute sa santé. En effet, dans les plans inférieurs, les périsprits sont marqués par les difformités des imperfections, nous le comprenons à la lecture du témoignage de Pierre Jacques. Au fur et à mesure que l'esprit s'élève vers les plans supérieurs, son apparence devient plus éthérée et plus claire.

Les échanges avec le monde spirituel me permettent de décrire l'aspect plus ou moins lumineux des esprits qui communiquent. Certains se matérialisent sur des photos autour de moi et m'apparaissent dans des halos de lumière de différentes couleurs qui correspondent au plan auquel ils appartiennent. Généralement, les esprits, dont le périsprit, entourés de couleurs violettes et blanches indiquent une bonne évolution spirituelle dans l'amour et la spiritualité. Ceux, retenus dans des plans plus proches de la terre, sont irisés de couleurs plus sombres. (Je le partage sur ma page officielle Facebook.)

La création mentale d'un lieu du passé

À la lecture de ces différentes psychographies, nous remarquons que l'esprit nous entraîne dans la description d'un lieu qui lui est familier.

Prenons l'exemple de Jeanne: dès sa désincarnation, elle revoit sa maison et s'y retrouve à la vitesse de ses pensées, comme si elle l'avait quittée la veille. Cette maison n'existe plus sur terre. Elle a été détruite, mais elle continue à exister pour elle. Il lui faudra prendre conscience du détachement qu'elle doit avoir vis-à-vis de cette maison, pour franchir une nouvelle étape et poursuivre son voyage vers sa véritable demeure. Son mari lui rend visite et l'aide à sortir de cette réalité qu'elle s'est fabriquée afin de lui permettre d'ouvrir les yeux sur ce qui, désormais, sera son véritable univers. Il l'aide ainsi à sortir de sa construction mentale.

Il nous est, nous pauvres incarnés, difficile mentalement d'imaginer comment Jeanne peut recréer un endroit qui n'existe plus. Le fluide cosmique universel possède des éléments matériels, fluidiques. C'est par une concentration particulière sur ses pensées que Jeanne y puise les matériaux nécessaires à la construction mentale d'un environnement qui lui était familier, en l'occurrence sa maison. Tout cela dans le but de se rassurer elle-même sur sa nouvelle condition et de faire taire ses angoisses.

Cette création durera le temps nécessaire avant de disparaître dans les énergies du monde spirituel. Sa manière de penser et ses émotions réunies influencent donc la durée de cette étape.

Il en va de même pour Patrick qui, selon un schéma de construction identique, va reconstituer un lieu familier et apprécié de son enfance, la maison et le jardin de ses grands-parents.

Ces univers créés dans le monde spirituel sont semblables à ceux que nous constituons lors de nos rêves. Ils sont éphémères mais souvent très utiles pour créer les lieux de rencontre entre les incarnés et les désincarnés pendant le sommeil.

L'isolement

Psychographie avec Jean-Michel

«J'étais sur terre un homme d'Église, je devrais dire un homme de foi. Je suis décédé en 1986, je suis aujourd'hui un esprit en repentance. Je vais vous parler de mon parcours, jusqu'à ce jour.

Je me suis réveillé après ma mort dans une cellule, semblable à celle des prisonniers des temps jadis.

Nous avons tous une prison en nous lorsque nous fermons les portes de notre cœur. Entre quatre murs, mon esprit "marchait" de long en large, retournant sans cesse les mêmes pensées tourmentées.

J'étais dans un endroit aussi froid et humide qu'un véritable cachot, meublé d'un simple lit et d'une table de chevet. Au-dessus, sur le mur, était accrochée une photo de ma famille, celle dans laquelle j'étais né. Quand je la regardais, mon cœur se serrait, car je savais que j'avais mal agi. Je revoyais toutes les opportunités manquées dans ma vie. Je n'avais jamais su faire preuve ni de charité matérielle, ni intellectuelle, aucune d'entre elles n'avait habité mon cœur. Je n'avais toujours pensé qu'à mon propre confort.

Je vivais de véritables cauchemars qui torturaient ma conscience. J'avais été un homme de Dieu qui pensait qu'il suffisait de prier et d'assister aux messes dominicales pour être excusé de ses péchés.

Après avoir vu défiler le film de mon existence et ressenti le mal infligé à mes frères, la honte m'avait envahi jusqu'au dégoût de ma personne. J'avais souhaité alors le pénitencier, l'isolement. Par intermittence, ma vie était rythmée par des moments d'éveil et de sommeil cauchemardesques. Pendant longtemps, la souffrance ne m'a pas quitté, incontrôlable. Elle m'accompagnait dans le tourment des scènes de ma vie passée où l'égoïsme prédominait. J'avais accumulé les erreurs et je savais maintenant que j'allais devoir un jour payer mes dettes, fruits de mon ignorance.

Je ne saurais vous dire combien de temps cela a duré. Allongé sur le lit dans des moments de lucidité, je voyais apparaître mon guide, accompagné d'un esprit qui était infirmier. Par des appositions de mains, il m'imprégnait de fluides qui me soulageaient du mal, de la force destructrice que j'avais à l'intérieur.

Le temps n'existait pas pour moi mais je ressentais le lourd poids de l'attente, comme si cette situation allait durer une éternité. L'extrême inconfort de ma cellule était égal à la pauvreté de ce que j'avais pu donner sur terre. Cependant, malgré tout, la foi ne m'a jamais quitté. Le jour où j'ai compris qu'il ne servait à rien de culpabiliser mais au contraire de vouloir réparer ses erreurs, mes périodes de sommeil furent écourtées. J'étais parfois réchauffé par les rayons du soleil qui filtraient à travers les carreaux de ma petite cellule. Je sortais de mon lit et je m'agenouillais pour prier. Je suppliais Dieu de me donner la chance de repartir sur terre pour tout recommencer.

Par une journée ensoleillée, la porte de ma cellule s'est ouverte. J'ai pu enfin sortir et découvrir que je vivais dans un décor fait de vieilles pierres. Ce lieu ressemblait à un ancien cloître habité par les moines. Une galerie entourait un jardin intérieur parfaitement entretenu. De petites allées bordées de buis menaient à un puits où je prenais plaisir à me désaltérer. Les promeneurs semblaient tous aussi perdus que moi dans leurs pensées. Parfois, je pouvais les voir, accompagnés d'un être lumineux avec lequel ils semblaient converser par la pensée. Tout au moins, je me l'étais imaginé, car je n'avais nullement accès à leurs propos. J'ai prié, j'ai prié Dieu de m'aider.

La réalité est celle que je traduis, celle par laquelle je suis passé. L'arbre fruitier est le symbole que j'étudie, la bonne qualité des fruits ne provient que des vertus de l'esprit. J'ai attendu, j'ai demandé à étudier et à comprendre mon évolution. Mon guide m'a un jour accompagné jusqu'à une pièce immense où se trouvait une grande bibliothèque. On y distinguait des rayonnages de livres à perte de vue, de grandes tables anciennes étaient bien disposées, alignées dans un ordre précis. Les ouvrages classés par ordre alphabétique me laissaient deviner un rangement minutieux. Un grand volume a été posé devant moi. Lorsque les premières pages se sont tournées une à une par la force de mes pensées, les émotions et les sentiments les plus divers se sont mélangés à l'intérieur de moi, me faisant l'effet d'une tempête que je devais affronter : celle de ma vie, celle de ma vie de pécheur…

Je devais, dans l'acceptation, y faire face. Dans cette étude, je réalisais que j'avais la connaissance de la majorité des lois créées par Dieu et que je n'avais appliqué aucune d'entre elles. La fainéantise commandait mon comportement. La suffisance faisait de moi un être arrogant. Je me suis revu, penché sur les Saintes Écritures, analysant les paraboles avec aisance et affirmant les comprendre mieux que quiconque.

J'ai manqué d'humilité. Mon orgueil a guidé mes pas et pouvait s'entendre au ton supérieur que j'employais pour m'adresser à ceux qui sollicitaient mon aide. Ici, j'ai obéi à des esprits qui utilisaient le même ton supérieur à mon égard, à commencer par mon geôlier qui semblait tenir un rôle. Il surveillait ma porte comme si j'allais essayer de m'échapper. Mon guide m'adressait des recommandations avec fermeté, mais aussi avec une certaine douceur emplie de bienveillance à chaque fois que je faisais des progrès.

Oui, j'ai enfin fini par me perfectionner. Il serait trop long de tout détailler. Mais pour en dessiner les grandes lignes, j'ai sollicité la bienveillance du Très-Haut afin qu'il m'accorde la possibilité d'aider et d'être utile dans ce nouveau monde dans lequel je me trouvais. Je devais m'appliquer à servir ceux qui étaient perdus comme moi. C'était la seule manière de sortir de l'égoïsme, de tout recommencer et de faire mes premiers pas dans la charité. Nombreuses sont les tâches d'entraide dans cet établissement que j'occupe.

Le temps passé à être utile, j'en suis certain, me guidera vers les autres et l'apprentissage dans l'amour armera ma volonté pour m'aider à progresser plus loin encore, vers la chance de tout recommencer dans une nouvelle incarnation.

Jean-Michel B. »

À la lecture du témoignage de Jean-Michel, nous pouvons observer l'action de son libre arbitre dans le monde spirituel. À son arrivée, le sentiment de honte l'envahit et le pousse volontairement à s'isoler, et cela au regard des actes et des pensées répréhensibles de son passé. Dans sa cellule, il souffre, prie, analyse le fruit des actes commis. Ses prises de conscience l'amènent peu à peu au repentir. Il regrette de ne pas avoir fait le bien et les opportunités manquées dans la pratique de la charité. Nous remarquons aussi, dans la description du lieu qu'il occupe, la pauvreté du décor de sa cellule, égale à ce qu'il a pu donner sur terre. Je relève une ressemblance avec la situation de Pierre Jacques qui vit dans l'obscurité, symbole de son aveuglement, et ensuite dans un environnement où les branches des arbres sont dépourvues de feuilles. La situation de ce dernier est imposée, contrairement à celle de Jean-Michel. Ils possèdent, à des degrés différents cependant, un point en commun : ils vivent l'un comme l'autre un retour malheureux dans l'autre monde au regard de leur égoïsme et du peu de charité dont ils ont fait preuve.

Les échanges médiumniques nous permettent de comprendre que l'esprit a son libre arbitre et peut choisir de rester dans l'oisiveté ou d'étudier pour atteindre un degré supérieur de perfectionnement.

Conférence et enseignement au sein du monde spirituel

Dans ces psychographies, nous remarquons la possibilité pour les esprits qui désirent progresser d'assister à des réunions présidées par des êtres supérieurs. Il existe aussi dans le monde des esprits de grandes salles d'étude où le désincarné peut parfois avoir accès aux différents parcours de ses vies passées. Cependant, cette connaissance n'est accessible qu'à ceux qui sont d'un bon niveau spirituel, capables d'assumer psychologiquement les erreurs commises et de comprendre leurs conséquences, dans le respect des lois divines.

Le refus d'écouter son guide

Psychographie avec M. Duvernois

«Je ne me souviens pas de grand-chose concernant ma mort. Je sais que je ne suis pas allé très loin, car je suis très attaché à la terre. Je n'ai pas envie de faire le point sur mes actions passées, ni envie de vous faire des confidences, ni de me soumettre à toutes ces lois qui entraînent de nombreuses obligations. Je n'ai, sur terre, jamais accepté d'avoir un patron et ce n'est pas aujourd'hui que je vais changer ma manière de faire.

Je suis totalement lucide et parfaitement conscient de ma situation! Je ne suis ni malade, ni handicapé, ni fou comme ces autres personnes que je peux croiser ici. Je veux, coûte que coûte, préserver mon indépendance et en faire à ma guise. Je perçois parfois la présence d'un être de lumière qui m'approche, m'insuffle des conseils ou des idées que je repousse. Je vous le répète, je possède encore ma liberté de penser.

Ici, nous faisons avec nos moyens comme sur terre, certains possèdent plus que d'autres. J'ai bien entrevu une autre direction qui mène à un autre lieu mais, pour l'instant, je ne peux l'emprunter. Il semblerait que je doive fréquenter des personnages peu communicatifs qui me tiennent, quand ils sont prêts à parler, des discours incohérents, incompréhensibles, ce qui m'agace au plus haut point. J'ai besoin d'avoir tous les éléments de cette nouvelle situation en ma possession avant de prendre une décision. Mais j'ai compris que cela ne sera pas possible sans faire une étude sur mon passé. Je n'ai pas l'intention de dévoiler à quiconque mes secrets, je ne veux partager en aucune manière le vécu de cette vie lointaine sur terre. À vrai dire, je ne peux vous donner la date de mon arrivée ici. Je ne veux surtout pas y penser et avoir accès à des souvenirs que je veux oublier. Je ne comprends d'ailleurs pas la raison de ma présence à vos côtés et de cette conversation. J'ai remarqué votre comportement, votre façon de travailler. Vous êtes entouré de personnes comme moi, qui éprouvent le besoin de communiquer avec vous, les vivants ; oui je vous appelle ainsi, car pour moi la véritable vie est celle vécue sur la terre. Ce n'est pas parce que nous sommes morts que nous pouvons bénéficier des bienfaits du paradis. »

Alain Joseph : À ce moment-là, j'entends une voix qui dit : « Il ne dépend que de toi de comprendre. »

Mais je ne suis pas certain que mon interlocuteur l'ait entendue. Il poursuit :

« Mais nous pouvons avoir accès à certains plaisirs grâce à nos affinités en commun, certains d'entre nous sont très habiles pour vous vampiriser. Pour ma part, j'agis avec parcimonie, délicatesse, finesse, sans agressivité. Je suis un épicurien, un pacifiste, un idéaliste, un rêveur.

Quelques-uns considèrent que c'est de la fainéantise, mais après tout chacun est libre !

D'ailleurs, c'est cette liberté totale que je viens ici revendiquer ! Mais ici elle est limitée.

J'ai simplement la possibilité de visiter les lieux de mon passé, c'est-à-dire les endroits où j'aimais vivre pleinement : les jardins, les parcs, et aussi bien sûr mon hôtel particulier à Paris. J'aimais aussi me promener sur le boulevard Haussmann, je suis dépité de le voir en si mauvais état. Les façades sont tristes, lugubres, noires, sans doute ternies par le temps, les rues si peu illuminées et si sales, parsemées d'immondices, je ne retrouve en rien les paysages de mon passé. »

Une autre fois, la même voix résonne : « Il ne dépend que de toi de quitter la noirceur de ces lieux » sans réaction de mon invité qui continue son récit.

« Le temps s'est arrêté pour moi, et je tourne en rond.

Je veux, cher monsieur, la liberté d'aller et venir à ma guise. Certains de mes compagnons parfois deviennent introuvables, il est très rare que je puisse converser très longtemps avec la même personne, on vient les chercher. »

Alain Joseph : « Qui vient les chercher ? »

Réponse : « Je vous l'ai déjà expliqué. Une lumière apparaît, elle se rapproche de vous et une voix vous parle et vous demande de la suivre. Lorsque vous refusez, elle disparaît aussitôt. Il ne manquerait plus que nous devions obéir. Certains tombent dans le piège et ils disparaissent ; alors je préfère rester seul et ne pas me lier d'amitié. »

Alain Joseph : « Je vois une calèche, deux chevaux, un homme qui en sort, habillé d'une manière élégante, une veste queue-de-pie, un chapeau haut de forme. Une porte s'ouvre et un domestique s'empresse de le débarrasser de ses effets. Dans un grand hall, je vois un vaste escalier très large, en marbre, l'intérieur d'une demeure qui respire le luxe, la richesse. »

Réponse : « Oui, je vous montre bien le lieu où j'ai vécu, resplendissant de beauté, n'est-ce pas ? »

Alain Joseph : « Êtes-vous toujours dans cet hôtel ? »

Réponse : « Oui et non, je vais et je viens. Je n'éprouve guère de plaisir à y être, tout est devenu triste, délabré. »

Alain Joseph : « Cher monsieur, ce lieu où vous vivez n'est pas la terre. Vous êtes très certainement sur un plan vibratoire à côté. D'ailleurs, cette demeure a été rénovée, revendue et peut-être même plusieurs fois depuis votre départ. Puis-je vous demander si vous vous intéressiez aux livres, à la lecture, possédiez-vous une bibliothèque ? »

Réponse : « Bien sûr ! Cette pièce était ma préférée. Il était délicieux de s'asseoir près de la cheminée et de lire mes auteurs : Maupassant, Baudelaire. J'ai perdu aujourd'hui tout intérêt pour la lecture, cela est épuisant pour moi. »

La même voix se fit entendre pour la troisième fois : « Il ne dépend que de vous de lire et de sortir de l'oisiveté. »

Alain Joseph : Il sembla une nouvelle fois ne rien entendre, aussi lui posai-je cette question : « Entendez-vous cette voix, cette troisième phrase prononcée ? »

Réponse : « Oui, bien sûr, la même voix que j'entends dans la lumière. »

Alain Joseph : « Elle vous encourage à changer votre manière de penser. Ne voulez-vous pas sortir de la routine de votre nouvelle vie ? Vous apporte-t-elle satisfaction ? »

Réponse : « Non ! Mais je ne veux pas être privé de ma liberté. Qui sait ce qui m'attend si je fais ce choix ! »

Alain Joseph : « Voulez-vous continuer à vivre cette solitude ? N'auriez-vous pas envie d'échanger avec d'autres esprits ? De connaître par exemple la situation de vos auteurs préférés ? N'avez-vous pas eu d'amis, de famille ou fréquenté le même cercle d'initiés ? »

Réponse : « Oui, bien sûr, j'aimais parler de mes lectures, converser, philosopher. Mais ici cela ne sert plus à rien. »

Alain Joseph : « Il est toujours important d'évoluer dans la connaissance, de sortir de l'ignorance. Trouvez de nouveaux sujets de réflexion qui vous amèneront à de nouvelles pensées, de nouvelles idées, ne croyez-vous pas ? N'avez-vous pas eu dans le passé une personne dans votre entourage avec laquelle vous aviez des affinités ? »

Réponse : « Oh ! Oui, bien sûr ! Mon ami Charles. Nous fumions le cigare et élaborions des théories pendant des heures et des heures. Il est mort, le pauvre, bien avant moi. Mais... »

Alain Joseph : « Que se passe-t-il ? »

Réponse : « Le fait d'avoir évoqué Charles, je crois entendre sa voix. Vous avez suscité en moi l'envie de le revoir, de lui parler et le voilà qui arrive. Il me fait signe, comme s'il venait me chercher. Je suis heureux ! Nous allons pouvoir parler d'un de nos sujets favoris : la liberté ! Il me demande de le rejoindre sur ce chemin de lumière dont je vous ai parlé. »

Alain Joseph : « N'est-il pas temps pour vous d'avancer vers autre chose ? Vous n'avez plus de raison d'avoir peur, votre ami est là. »

Réponse : « Oui, sans doute, mais à condition que je ne perde pas ma liberté. »

Alain Joseph : « Vous ne m'avez jamais parlé de Dieu ou de votre guide spirituel, mais je ne veux pas vous retenir. »

Réponse : « Oh, c'est un autre débat, merci, merci, monsieur, je vous salue. »

Sur ces quelques mots, une vision s'impose à moi : cet homme me saluant en soulevant son chapeau haut de forme. Je savais qu'il allait pouvoir évoluer et avancer dans le monde spirituel grâce à son ami et aux affinités qui les liaient.

Les premiers pas de M. Duvernois dans l'après-vie sont difficiles. Il fait partie de ces esprits endurcis qui persistent à ne pas vouloir s'affranchir de leurs biens et de leurs privilèges terrestres. Cet attachement le maintient dans un plan vibratoire proche de la terre. Il se distingue par son fort caractère et se considère différent des autres esprits qu'il peut croiser. Il fait allusion à l'état de folie dans lequel se retrouvent certains d'entre eux. Nous pouvons en déduire que ce sentiment d'affection durable pour les biens terrestres peut conduire l'esprit à des déséquilibres dans l'autre monde.

La nature égoïste de l'être humain l'amène à ne pas vouloir partager ce qu'il possède, la mort ne le délivre pas de ce défaut. À l'inverse, lorsque la transmission d'un patrimoine a été réalisée dans le but de subvenir aux différents besoins des autres, l'esprit à son retour dans le monde spirituel en ressent les bienfaits.

Cet esprit voit une lumière apparaître et s'approcher de lui, mais il ne veut pas comprendre la présence de son guide qui souhaite l'aider. Il considère cette apparition comme un piège à éviter. Chaque esprit garde sa personnalité, sa manière de penser et aussi son libre arbitre dans lequel le guide spirituel ne peut jamais interférer.

L'échange médiumnique l'amènera à penser aux difficultés de sa situation. La discussion dirigée vers une de ses passions le conduira à penser à un ami et à désirer vouloir le rencontrer.

La médiumnité devient alors pour lui libératoire lorsqu'il décide de faire confiance et d'avancer.

IL Y A PLUSIEURS DEMEURES DANS LA MAISON DE MON PÈRE

Différents états de l'âme dans l'erraticité

«La maison du Père, c'est l'univers; les différentes demeures sont les mondes qui circulent dans l'espace infini et offrent aux esprits incarnés des séjours appropriés à leur avancement.

Indépendamment de la diversité des mondes, ces paroles peuvent aussi s'entendre de l'état heureux ou malheureux de l'esprit dans l'erraticité. Suivant qu'il est plus ou moins épuré et dégagé des liens matériels, le milieu où il se trouve, l'aspect des choses, les sensations qu'il éprouve, les perceptions qu'il possède varient à l'infini; tandis que les uns ne peuvent s'éloigner de la sphère où ils ont vécu, d'autres s'élèvent et parcourent l'espace des mondes; tandis que certains esprits coupables errent dans les ténèbres, les heureux jouissent d'une clarté resplendissante et du sublime spectacle de l'infini; tandis que le méchant bourrelé de remords et de regrets, souvent seul, sans consolations, séparé des objets de son affection, gémit sous l'étreinte des souffrances morales, le juste réuni à ceux qu'il aime goûte les douceurs d'une indicible félicité. Là aussi, il y a donc plusieurs demeures, quoiqu'elles ne soient ni circonscrites, ni localisées.»

Chapitre 3-2 du livre *L'Évangile selon le spiritisme* d'Allan Kardec

Les premiers plans vibratoires

Sur la voie de l'évolution spirituelle, différents esprits incarnés sur terre ne sont pas au même degré d'avancement. De jeunes âmes côtoient des âmes plus âgées dans un labyrinthe d'expériences où le bien et le mal s'affrontent.

Dans le monde spirituel, les esprits se réunissent par affinités vibratoires pour former des communautés, des cercles de pensées en totale harmonie et adéquation avec leur degré d'évolution.

Avant de faire une nouvelle expérience dans la matière, l'esprit établit avec son guide un plan de vie comportant des objectifs à atteindre. Mais, souvent pendant le temps de son incarnation, l'âme oublie ses promesses et privilégie tout au long de sa vie tout ce qui peut satisfaire sa personne. Elle s'enlise alors dans davantage d'égoïsme et se prépare un retour difficile dans le monde des esprits. Elle se crée par son comportement des dettes karmiques et alourdit son périsprit de nouvelles imperfections. Elle rend alors son ascension impossible vers un plan supérieur.

Suivant son degré de compréhension, elle réalise, plus ou moins rapidement, le fait de n'avoir ni progressé intellectuellement ni moralement, ni utilisé son temps à bon escient. Elle se retrouve alors face à sa conscience.

Un nombre incalculable d'esprits attachés aux biens et aux plaisirs terrestres, incapables de quitter leurs proches, errent pendant un temps plus ou moins long dans les premiers plans vibratoires proches de la planète. Ces zones se situant à proximité de la croûte terrestre hébergent une foule d'esprits réunis par un nombre infini de raisons… bonnes ou moins bonnes.

Une partie de ces esprits rebelles persistent dans les mêmes erreurs, refusant de se remettre en question et encore moins d'accomplir leur devoir dans le bien. Ils s'obstinent pour la plupart à ne pas vouloir se défaire des liens terrestres et pour assouvir leurs besoins influencent les êtres humains qui possèdent les mêmes travers. Ces désincarnés forment des groupes en communion avec des idées et des aspirations identiques. Ils se côtoient dans des conditions similaires, en souffrant des mêmes conséquences et des mêmes imperfections. Incapables de demander l'aide divine, ni de se remettre en question, ils attendent désespérés, égarés, dans la plainte, un changement qui n'arrive pas.

Les autres, sans être malheureux pour autant, étudient leur parcours, désireux de progresser pour connaître le bonheur des plans supérieurs.

Réunis par l'orgueil et le manque de charité

Psychographie avec le comte

« Nous étions tous rassemblés dans un endroit semblable à un amphithéâtre. Ce lieu ressemblait à la cour des Miracles, un temps où les hommes étaient rejetés de la société, bannis à jamais du monde comme des pestiférés. Estropiés, sales, handicapés, nos apparences d'aujourd'hui étaient celles de mendiants. Les cheveux hirsutes, le regard égaré, nous étions tous là à attendre une justice qui n'arrivait pas. Le chef du village nous avait rassemblés et nous étions nombreux à vouloir comprendre la raison de notre présence en ces lieux. Assis sur un banc de pierre, je scrutais le vide, le néant, ma vision était limitée. J'essayais de me remémorer le moment de ma venue en cet endroit, sans pouvoir déterminer depuis combien de temps j'y étais. Des jours, des mois, des années, des siècles ? Cette situation me semblait éternelle. J'errais d'une certaine façon, seul, livré à mon propre sort. Aujourd'hui est un jour exceptionnel, car je peux vous parler. À mes côtés se tenait une femme habillée d'une robe défraîchie, son visage, d'une blancheur cadavérique, faisait ressortir deux grands yeux exorbités qui laissaient deviner l'état dans lequel elle se trouvait. Elle semblait horrifiée, je devinais sur sa tête une perruque blanche mal positionnée, comme celles portées par les sujets de la cour, au temps de Louis XIV. Elle parlait un français ancien, difficile à suivre, elle s'exprimait à voix haute et semblait perdue dans les mêmes pensées qu'elle ressassait interminablement. À ses côtés, un homme affublé d'une perruque, légèrement courbé, se pliait à ses ordres et la suivait au plus près, essayant d'assouvir ses désirs, mais sans pouvoir y parvenir. Les deux personnages étaient frustrés et vindicatifs, en rébellion, ils s'insurgeaient et rejetaient toutes les responsabilités sur un peuple qui n'existait plus. »

« Vous venez de comprendre, cher monsieur, à l'instant même que c'est bien moi sur l'un de vos portraits. Je me suis matérialisé sur cette photo afin que vous réalisiez ma présence à vos côtés. Ces traits grossiers me ressemblent approximativement, un visage anguleux, je porte une petite moustache, on distingue mes yeux, le tout ne forme pas un visage très expressif.

Nous sommes séparés, vous et moi, simplement par des lois vibratoires. Il est très difficile d'obtenir et d'avoir l'autorisation d'un échange. C'est une chance aujourd'hui de pouvoir vous adresser quelques lignes. »

« Nous étions tous réunis et attendions le jugement. C'était ce que mes compagnons semblaient penser dans l'assemblée. Le temps défilait, je sortais de ma poche ma montre afin de regarder l'heure, mais elle s'était arrêtée… À l'heure de ma mort.

Cela me ramène à ce moment terrible, je m'en souviens, les paysans hurlaient et demandaient la mort de notre souverain, de ses sujets, de toute la bourgeoisie et des membres du clergé. Ce jour-là, je regardais par la fenêtre, inquiet de voir la foule déchaînée, tenant pioches, fourches, haches dans le creux de leurs mains. Les torches allumées laissaient deviner ici et là des rassemblements de paysans révoltés : "Tous à la Bastille, à mort la bourgeoisie et les traîtres, libérons le peuple de cette infamie. Nous, les jacobins, réclamons justice, à boire et à manger pour tous." La porte avait été fermée, mais sans gardes, ils réussirent à l'abattre. Je fus réveillé au milieu de la nuit par mon laquais criant de fuir les gens du peuple, qui s'apprêtaient à monter dans ma chambre pour me conduire à la guillotine. Une grande peur s'est emparée de moi.

Je ne peux oublier ce passage au cachot, je me revois trembler de peur à l'approche de la fin. Nous étions nombreux, tous réunis dans la terreur, bourgeois et gentilshommes, hommes d'Église, royalistes, vêtus de nos habits d'apparat, et attendions innocemment réparation à ces injustices.

Au cours d'un semblant de procès, nous fûmes vite jugés et condamnés. Nous étions insultés par les geôliers qui nous crachaient au visage. Au fur et à mesure des exécutions, nous étions tous habités par la terreur. Nous fûmes tous conduits à la guillotine, à l'aube de l'an I de la République. Ma tête tomba dans le panier, la foule criait, hurlait de joie.

Réveillé par la soif, le froid et la faim, je me suis retrouvé dans un autre monde, sans laquais pour me servir, j'errais comme une âme en peine. Ma conscience était tourmentée et sans cesse la vision d'un peuple opprimé, souffrant de la faim, du froid, s'imposait à moi. Je réalisais les conditions de vie des paysans et ce que le noble État avait fait d'eux. La souffrance me tenaillait, et le remords aussi. Je me devais aujourd'hui de faire réaliser aux esprits présents les responsabilités auxquelles ils devaient faire face. La majorité d'entre eux étaient dans la révolte, la plainte, la colère de ne plus avoir quiconque à leur service afin de satisfaire encore leurs caprices.

Nous étions limités à vivre dans un lieu ressemblant à un château et ses dépendances ou dans cet amphithéâtre dans lequel nous sommes rassemblés aujourd'hui. À la différence du luxe passé, ces pièces étaient devenues sombres, avaient perdu de leur éclat, nous rappelant sans cesse, comme figées dans le temps, les scènes de terreur des derniers jours de notre existence. La bonne majorité d'entre nous encore habitée par les cris et la violence de ces derniers moments se laissait gagner par la folie et revivait l'expérience de la guillotine.

Sans doute y avait-il une justice à cela que la plupart ne comprenaient pas. Devions-nous recevoir ce que nous avions nous-mêmes semé ? Je le croyais maintenant. J'avais abusé du pouvoir de ma condition et opprimé mes serviteurs, eux aussi enfants de Dieu.

L'amphithéâtre était parfois éclairé par la lumière des justes et, de temps à autre, je voyais certains quitter les lieux, s'envoler, traverser les murs et disparaître. Je revois cette comtesse qui avait fini par prendre conscience de ses responsabilités, agenouillée devant l'autel de la chapelle. Elle priait avec de plus en plus de ferveur et demandait de l'aide. J'ai vu autour d'elle apparaître un être lumineux, ressemblant à un ange, identique au tableau dans notre sacristie.

J'avais le sentiment que mon tour viendrait, mais en attendant il me paraissait important d'essayer d'aider ceux qui étaient tourmentés. Comte de la V. »

Un passé et une histoire en commun, ces esprits égarés sont réunis par les conséquences de leur orgueil, de leur égoïsme et d'un manque total de charité envers les êtres qu'ils n'ont pas considérés comme leurs frères.

Ils séjournent dans une zone vibratoire que l'on pourrait comparer à un purgatoire, où ils doivent prendre conscience de leurs fautes, se repentir et demander à réparer leurs erreurs.

Ils se créent mentalement, par leurs sombres pensées, les paysages et lieux de leur séjour terrestre. Théâtre des jours terribles de leur passé en commun, ils évoluent lentement vers le repentir.

Cette compréhension ne survient pas systématiquement avec la mort. Chacun, comme on le perçoit dans cette psychographie, quitte ce lieu pour s'élever dès lors qu'il intègre le désir de s'amender. Le comte de la V. choisit de rester pour aider ses compatriotes, nous remarquons là un pas en avant dans l'amour fraternel.

Au fil des incarnations, l'esprit traîne le poids plus ou moins lourd de ses mauvaises actions ; non purifié des souillures qui l'ont entaché, il ne peut rejoindre un plan supérieur. Il devra sortir des schémas illusoires de sa matérialité et de son égoïsme avant de pouvoir grandir.

Au fur et à mesure que l'esprit progresse, la nature de son périsprit devient de plus en plus éthérée, car il se dégage de l'influence de la matière. À l'inverse, la nature du périsprit d'un esprit d'un niveau inférieur a une nature plus dense. La sensation de soif, de froid et de faim exprimée par le comte dans cette psychographie est bien réelle, elle nous aide à comprendre qu'au-delà de la mort physique, nos besoins existent toujours. Le périsprit transmet ces impressions de manque à l'esprit comme il peut aussi lui faire ressentir d'agréables effets.

Une conscience coupable

Psychographie du père Joseph

L'esprit d'un prêtre intervint quelques jours plus tard, me faisant écrire et m'adressant un message :

« Je suis un homme de Dieu, j'ai œuvré pour les pauvres tout au long de ma vie. J'ai soigné, j'ai guéri avec mes faibles moyens. J'étais le curé d'une petite paroisse qui, depuis déjà bien longtemps, a vu son église abandonnée par ses fidèles. Ils ont failli à leur devoir de chrétiens et enfoui leur foi au plus profond d'eux-mêmes en se rapprochant du matérialisme, en oubliant leur âme en péril.

Toi, Fils de Dieu,

Tu as la foi en toi,

Par ton travail, tu es l'outil qui doit permettre à l'homme de se rapprocher de l'essentiel grâce à la médiumnité afin qu'il comprenne le sens véritable de son séjour terrestre. Il doit apprendre à se connaître afin de déterminer ses imperfections et réussir à les vaincre et faire au mieux pour être bienveillant et fraternel. L'amour universel, le vrai, est celui qui ne pose aucune condition, comme l'action de donner sans attendre en retour, d'accepter les défauts des autres et de pardonner, de faire preuve d'indulgence, de tolérance. L'esprit universel pardonne les offenses mais à la hauteur de votre capacité à les avoir oubliées. L'âme souillée d'impuretés doit se débarrasser de l'obscurité pour aller vers la lumière. Elle étincellera un jour comme une lumière divine et prendra la plus grande place dans le cœur de l'être incarné.

Nous sommes heureux de te voir prier et ainsi trouver le réconfort dont tu as besoin.

Je suis un prêtre qui a évolué ici et compris avec le recul que nul ne devrait obliger son prochain à croire à la vie éternelle. Chaque enfant de Dieu doit trouver lui-même la voie qui mène à la félicité.

Je n'ai jamais cru à l'enfer des flammes, mais à celui créé par la culpabilité, les remords, donc par une conscience coupable. Quand s'ouvre la porte de l'autre monde, l'esprit entre dans sa propre conscience et se retrouve face à ses erreurs. Les chemins qui mènent aux différentes demeures de Dieu ne se ressemblent pas. Certains désincarnés marqués par de graves imperfections doivent connaître différentes étapes plus ou moins douloureuses où ils devront se positionner dans la réflexion, se repentir avec le désir sincère de s'améliorer. Tandis que d'autres, la conscience en paix, sont accueillis au terme de leur voyage, dans l'amour. Mais il faut garder l'espoir et la foi dans la certitude de jours meilleurs. La souffrance amène l'esprit à des prises de conscience. L'esprit doit s'épurer pour avancer. Nul, ici, n'a de privilège et reçoit justement selon ses œuvres.

Enfant de Dieu, toi qui écris et qui cherches la vérité, ne baisse pas les bras si ton chemin est difficile, et garde en toi la foi, les fruits de l'espérance. Alors la flamme divine qui est dans ton cœur s'épanouira et rayonnera de son amour. Père Joseph. »

Ce message souligne une nouvelle fois l'importance pour nous, âmes incarnées, de procéder à notre examen de conscience afin d'avancer sur le chemin du progrès, malgré les difficultés. Il ne faut jamais perdre confiance et retrouver la foi et l'espoir, si nous les avons perdus. Ce travail d'introspection nous guidera vers notre objectif suprême : l'amour inconditionnel.

L'esprit de ce prêtre nous avoue n'avoir jamais cru à l'enfer comme un lieu où l'esprit est torturé par les flammes. Y aurait-il un lieu appelé l'enfer ?

Où irai-je, en enfer ou au paradis ?
La matérialisation d'un marin

Depuis plusieurs années, mes guides m'invitent à partager les preuves matérielles que j'obtiens du monde spirituel. Par un effet de leur volonté, les esprits se matérialisent sur des photos, vidéos (visages, silhouettes, chiffres, orbes de différentes couleurs, voix d'animaux, etc.).

C'était un soir où j'avais pris la décision de ne plus dialoguer avec eux en dehors de mes consultations et de mes conférences. Percevant leurs présences à mes côtés, je leur dis à voix haute : « Je ne vais plus prendre de photos. Il est inutile de venir me parler ou de vous matérialiser face à moi, je suis fatigué, je veux la paix ! » Et ce, sans trop vraiment y croire, sachant de par mon expérience qu'ils peuvent s'imposer, que je le veuille ou non. À peine avais-je terminé d'exprimer cette décision que le téléphone sonnait… Une amie m'appelait pour prendre de mes nouvelles. Après quelques banalités, elle me dit avoir fait un feu de cheminée et sans m'en avertir s'amusa à prendre une photo. Puis elle me l'envoya aussitôt. Quelle ne fut pas ma surprise de voir apparaître sur celle-ci l'esprit d'un homme ! Il en avait profité, me sachant en dialogue avec cette amie, pour l'influencer à prendre un cliché et se matérialiser. Le message était clair: « Tu ne veux pas me prendre en photo, eh bien, je viendrai à toi d'une autre manière ! » On distingue clairement un visage marqué par des blessures, des yeux enfoncés dans les orbites, la forme du nez, de son oreille, de ses moustaches, et d'une bouche dans laquelle on devine une cigarette. Je la partage sur ma page Facebook.

Une énergie négative se dégageait de ce portrait, aussi, pendant plus d'une année, je n'ai pas essayé de lui parler, ni de comprendre pourquoi il avait décidé de s'imposer à moi contre ma volonté.

Quelques mois ont passé jusqu'au jour où l'un de mes guides m'a rappelé l'aide que je devais apporter aux esprits en souffrance. Je décidai de me placer face à ce portrait en lui posant une série de questions:

« Puis-je vous demander de venir me parler ? Est-il possible pour vous de revenir vers moi ? J'aimerais vous connaître et savoir pourquoi vous avez insisté pour communiquer avec moi et matérialisé votre visage sur l'écran de mon téléphone ? Quelles sont vos intentions à mon égard ? Je ne vous demande pas qui vous étiez en tant qu'homme, mais qui vous êtes en tant qu'esprit ? Sachez avant tout que vous êtes mon frère ! Mon égal. Je voudrais comprendre votre situation et aussi peut-être vous aider; pouvez-vous me parler de vous ? »

La réponse ne s'est pas fait attendre. La vision d'une mer agitée s'imposa à moi avec le bruit des vagues. Celle-ci m'a aussitôt permis de comprendre que cet esprit avait été marin.

L'énergie s'est emparée facilement de ma main, puis du stylo, et je commençai à écrire :

« Entendez-vous le bruit des vagues qui berçait le sommeil de celui qui attendait, oui, qui attendait depuis si longtemps justice et libération ? Je vais et je viens, mais personne ici ne m'entend. Je crie, je hurle, je réclame réparation, mais en vain ! J'ai voulu attirer votre attention, alors je me suis matérialisé sur une photo afin que vous réagissiez.

J'ai besoin de vous, l'homme qui écrivez, pour que vous m'aidiez et parliez de mon histoire. J'attendais que vous soyez disponible pour moi. Ici, je n'ai aucune famille, aucun parent non plus sur terre avec lequel parler ; je n'ai pas de message à vous transmettre, pour quiconque. Je connais votre travail de médiumnité.

Entendez-vous le bruit des vagues, celui qui vous berce dans la nostalgie et le regret de votre passé ? Oui, vous le savez, je suis un homme de la mer. Je l'étais, je le suis encore, de génération en génération, issu d'une famille de voleurs, de pilleurs aussi, quand mes ancêtres attiraient à eux, avec leurs lanternes, les bateaux en détresse, pour qu'ils viennent s'écraser sur les rochers. Je suis né dans une famille de pêcheurs qui a travaillé dur pour nourrir les siens. Je suis un de ces hommes qui, de port en port, d'époque en époque, a suivi la même direction. Il a fallu du temps avant que je comprenne que j'étais mort ! En revivant inlassablement les mêmes scènes.

Une nuit, j'avais trop bu à la taverne du port, chancelant à cause de l'alcool, je criais : "À boire ! À boire ! Tavernier, viens donc boire à ma santé !" Il ne répondit point à mon invitation. Il n'accepta pas de festoyer à ma table ! Ce goguenot !

Je fus vexé par son attitude, aussi je me suis approché du comptoir ! L'air de la taverne était chargé de fumée et d'odeurs de vin renversé, une atmosphère lourde et pesante y régnait. Celle d'une soirée où les hommes s'observaient et attendaient un pas, un geste, une parole de travers pour trouver querelle. L'alcool délie les langues.

"Et, toi, l'aubergiste ! Pourquoi refuses-tu de boire en ma compagnie ?" Ce fut le début d'une agression verbale qui allait prendre une mauvaise tournure. Il me demanda de me calmer. Je lui répondis : "Que diable ! Pourquoi me calmer ? Abruti ! Donne-moi du bon vin, celui que tu réserves aux bourgeois !"

"Sors donc tes pièces et règle ta note", me répondit-il. Je fouillai dans mes poches, les retournant en riant ! "Je n'ai pas le sou ! Vingt dieux ! Je n'ai point de quoi te payer !"

Le tavernier, rouge de colère, s'emporta ! Il interpella deux de ces hommes qui, en me traitant d'ivrogne, me rouèrent de coups et me jetèrent dehors ! Ils me soulevèrent de terre, mais j'avais eu le temps de sortir mon couteau à cran d'arrêt et j'essayai, en vain, de me défendre. Je n'étais plus le même avec le vin, une force m'imprégnait et il était impossible de me contrôler. "Bon à rien, ivrogne, matelot tu resteras." Je terminai la soirée sur le quai, le visage blessé et couvert de sang. Je me relevai et me dirigeai vers le navire amarré au quai. La petite planche servant de passerelle plia sous mon poids et je faillis tomber à l'eau. Je m'allongeai sur un sac de grain dans la cale et je m'écroulai de fatigue, assommé par l'alcool. Ce sont les cris des mouettes qui me réveillèrent. Les soirées étaient ainsi, semblables les unes aux autres, lorsque le bateau était immobilisé à terre à cause d'une tempête. On me disait d'un tempérament querelleur, bourrin et lunatique, et surtout susceptible, car je changeais d'humeur facilement, je devenais agressif dès lors que l'on portait atteinte à ma dignité de marin. Cette putain de vie me laissait croire que j'étais inutile et un rebut de cette société. À force, mon visage buriné par l'air de la mer et marqué de plusieurs cicatrices devint laid. Je cherchais querelle jusqu'au soir où j'ai trouvé plus fort que moi.

Je me laissais souvent embarquer dans des histoires peu recommandables. Je volais de la nourriture à bord pour la revendre et j'accostais certains hommes pour qu'ils m'invitent à festoyer. Je me bagarrais, car j'étais en manque et frustré de ne pouvoir m'enivrer.

C'est ainsi que j'ai reçu, un soir, plusieurs coups de couteau dans la ruelle qui menait à la taverne. L'un des hommes du bar m'a suivi pour finalement me tuer. La main sur le ventre, couvert de sang, j'ai essayé de regagner le bateau à quai pour me soigner et m'allonger comme à l'habitude sur ma couchette. J'ai titubé, ma tête a cogné contre l'embarcadère et je suis tombé à l'eau. Dans l'obscurité d'une eau froide et polluée, mon cadavre est resté là longtemps, très longtemps. C'est ainsi que j'ai quitté mon corps, sans le savoir vraiment.

J'étais un homme de la mer, et je le reste ! Dans l'obsession de vouloir me venger de mon agresseur, je ne me suis pas immédiatement aperçu que j'étais mort. Je me suis laissé porter par mon envie de le détruire et je suis retourné à la taverne où j'entendais les mensonges de cet homme qui se vantait de m'avoir juste donné une raclée. La réalité était tout autre, il m'avait transpercé de plusieurs coups de couteau. Ce fut terrible pour moi, j'essayais de le frapper au visage sans pouvoir l'atteindre, et cela me rendait fou. Je ressentais au niveau du ventre une souffrance qui me tenaillait et j'étais obsédé par la vengeance ! Mais aussi par l'envie de boire ! J'étais en colère, et je le suis encore ! Il m'arrive de m'endormir et de me réveiller toujours avec les mêmes envies. Rien de plus normal, c'est ma vie d'aujourd'hui, c'est comme un mauvais rêve duquel je ne peux sortir.

Il me semble que le temps passe, car le décor de la taverne change, les gens aussi dans leur manière de s'habiller ; j'éprouve toujours le besoin de boire, mais je ne peux pas ! Cela ne fonctionne pas ! Je ne peux non plus me venger ni me faire justice.

Je m'adresse à vous, celui qui écrivez : je suis à présent à vos côtés, moi, Frédéric Albert, oui, moi qui suis sur un de ces portraits, sur votre bureau. Je vous fais écrire, mais allez-vous pouvoir m'aider ? Je cherche de l'aide depuis longtemps. On m'a conduit jusqu'à vous.

Je vous suis depuis un moment dans vos réunions ! Eh oui ! Je vous écoute parler. Parfois je comprends vos propos, parfois pas, je reste en colère. Je vous ai entendu dire que la vengeance et la colère sont des sentiments qui rabaissent l'homme dans de mauvaises vibrations ! Vous êtes marrant vous, personne ne vous a assassiné !

Je suis à côté de vous et je n'ai pas l'intention de vous laisser tranquille ! L'été dernier, j'ai voulu vous nuire ! C'est vrai, car vous ne vouliez pas m'écouter ! Vous avez heureusement autour de vous des gens qui ont le pouvoir de vous protéger, dont votre mère. Je voulais et je veux encore vous demander de m'aider à trouver mon assassin et à faire justice !

Je vous vois dans votre église et dans votre quotidien prier Dieu ! Mais qu'est-ce que vous pouvez dire comme bêtises ! Dieu n'existe pas ! Je suis bien placé pour le savoir, je suis mort ! »

J'étais surpris de l'entendre me vouvoyer, peut-être pour garder une certaine distance entre nous ou simplement par respect ?

« Pourquoi pensez-vous ainsi ? Dieu est à côté de vous et en vous ! Réfléchissez, si vous me parlez, c'est que vous n'êtes pas mort ! »

« Oui, bon, mais si Dieu existait, il ne me laisserait pas ainsi souffrir de solitude. J'ai, tout au long de ma vie, été toujours rejeté, abandonné par tous. J'ai bu pour oublier. Je ne suis qu'un simple marin, je ne suis peut-être pas intelligent, un peu bourru, agressif, colérique, oui je sais. Mais j'ai fait de mon mieux. »

« Vous êtes avant tout un fils de Dieu aussi ! Un esprit, un frère en difficulté. Je voudrais que vous changiez votre manière de penser. Vous êtes venu sur cette terre, comme nous tous, pour vous améliorer, et cela ne se fait pas sans difficulté. »

« Je dois m'améliorer ? Dois-je vous rappeler que c'est moi qui ai été attaqué ! ? Je veux justice ! Je suis perdu et je ne retrouve pas mon assassin ! Je sais qu'il se trouve quelque part, aidez-moi à le trouver ! »

« Dans quel but ? Il ne faut pas vouloir se venger, nous ne sommes pas des juges. De quel droit jugerions-nous notre prochain sans connaître son parcours spirituel, nous qui sommes des êtres imparfaits ! Dites-moi si vous n'avez jamais fait dans cette vie ou les vies passées du mal à quiconque ? »

Après un long moment de silence :

« Bon, oui, c'est vrai, j'ai blessé des hommes dans des bagarres ! J'ai aussi tué un homme, oui, mais involontairement ! J'ai été mis au cachot, puis j'ai été relâché. Alors, lui aussi, il doit y aller. Je réclame justice ! »

« La justice des hommes n'est pas la même que la justice divine. La loi divine d'action et de réaction nous explique le juste retour des actes, des pensées, des comportements dans le bien comme dans le mal, que nous avons pu poser. Autrement dit, votre assassin devra lui aussi être un jour victime d'un bourreau. Alors il comprendra la souffrance qu'il vous a infligée ! Mais je vous en prie, mon ami, laissez seul Dieu juger ce frère. Selon la loi de l'amour, nous devons apprendre à nous aimer, à nous pardonner, et surtout à ne pas faire acte de violence envers notre prochain ! »

« Je ne comprends pas ce que vous me racontez ! Ne faut-il pas se défendre ? »

« Réfléchissez, posez-vous cette question : avais-je de la colère au fond de moi ? Avais-je le respect des autres ? N'ai-je pas été la victime de ma propre violence ? Pouvez-vous faire ce travail d'introspection ? »

« Pour quoi faire ? Ne vivons-nous pas ici la loi du plus fort ? »

Après un nouveau temps de silence…

« Je ne comprends pas non plus pourquoi le paysage change. Les véhicules sont de formes différentes, la manière dont s'habillent les hommes aussi. Pourquoi, par moments, je n'ai plus d'énergie ? Pourquoi diable suis-je obligé de dormir pour me réveiller et vivre la même situation ? Tout cela doit cesser ! Je n'en peux plus. Je m'approche des hommes présents dans la taverne et je puise de leur énergie pour pouvoir subsister. J'attends toujours de pouvoir boire, me venger et que ce salaud franchisse la porte de la taverne ! Mais en vain. »

« Les années passent. Il semblerait, mon ami, que vous soyez emprisonné dans un espace-temps qui fait partie du passé ! »

« Que me racontez-vous là ? »

« Votre assassin n'est plus de ce monde ! C'est certain. Il ne sert à rien de l'attendre pour assouvir votre vengeance. Vous perdez votre temps. »

« Comment ça "plus de ce monde" ? »

« Votre bourreau se trouve très certainement aussi dans une situation difficile quelque part dans une région du monde spirituel. »

« Vous voulez dire qu'il n'est plus dans ce pays ? Je veux savoir où et comment le retrouver. Quel chemin dois-je emprunter ? »

« Je ne peux rien faire pour vous tant que vous resterez dans l'obsession de vouloir vous venger. C'est contraire à la loi de l'amour ! Il faut pardonner ! Si vous ne pardonnez pas à votre assassin, comment voulez-vous être pardonné de vos fautes passées !?

Jésus nous demande de pardonner non pas sept fois, mais soixante-dix-sept fois sept fois ! »

« Non ! Sûrement pas ! »

« Je ne peux donc rien faire pour vous. Il vous faut prendre conscience de ce qui est bien et de ce qui est mal. »

Le temps a passé avant que nous ne reprenions cette conversation.

« Je suis là, et je vous attends ! »

« Êtes-vous revenu à de meilleurs sentiments ? »

« Je veux bien essayer. »

« Autour de vous, que voyez-vous ? »

« Je vois des gens assis à table. On dirait qu'ils sont moins querelleurs, je ne vois pas de bagarre ! Je ne retrouve pas le temps de jadis. Je comprends que c'est le passé ! Ce qui veut dire que je suis depuis très longtemps dans cette situation, à attendre. Je viens d'influencer un homme à boire plusieurs verres, j'ai ri quand il est tombé. Contrairement à d'habitude, j'ai compris que j'avais mal agi. Aidez-moi ! »

« Nous avons tous à nos côtés un esprit de lumière, un guide qui nous aide toujours mais aussi un parent, un ami, un esprit que nous avons aimé dans le passé. Vous ne les voyez pas, mais vous n'êtes pas seul, le cercle obsessionnel et infernal de vos pensées vous empêche de les voir. »

« Je ne vois rien, mais je commence à comprendre. Mais où dois-je aller ? Je sais maintenant que je ne suis pas une belle personne. Où dois-je aller ? En enfer ? »

« Non ! Vous êtes déjà en enfer ! Vos pensées, vos sentiments et émotions négatives entraînent une souffrance sans fin que vous vous infligez vous-même ! N'avez-vous pas envie de trouver un peu de repos et la paix ? Pourquoi ne pas vous repentir, demander le pardon de vos fautes en exprimant le désir de réparer ? Pourquoi ne pas appeler votre guide spirituel ou un être cher ? »

« Vous parlez encore de guide ! Je suis seul, isolé. Les vivants ne m'entendent pas à part vous, si je pouvais, je serais tellement heureux de sortir de cette solitude ! »

« Nous avons tous un être de lumière qui nous aime ! Vous savez, Dieu existe vraiment. Pouvez-vous commencer à y penser ? »

« Oui, je veux bien ! Dites-moi comment s'appelle mon guide ? Où puis-je le trouver ? »

« Je vous invite à vous calmer, mon ami. Ayez, en premier lieu, conscience de vos fautes passées ! N'avez-vous pas un peu gâché votre vie sur terre ? »

« Ah oui ? Pourquoi, depuis l'enfance, n'ai-je pas été aimé, ni par mes parents, ni par mes grands-parents ? J'ai toujours dû me battre seul pour survivre. La vie a toujours été un enfer pour moi et cela continue ! »

« Je comprends, mon frère, mais vous pouvez sortir de cette situation. Il faut demander à Dieu et à votre guide spirituel le pardon de vos fautes avec sincérité, dans le repentir et dans le désir d'évoluer, de réparer. Vous avez eu une vie difficile comme beaucoup d'êtres humains, mais vous n'avez pas cherché à vous améliorer, ni à faire le bien. Il est temps d'y penser. Dieu est miséricordieux et il vous aime ! N'avez-vous pas eu, dans votre vie sur terre, une personne qui vous a aimé ? »

« Quelqu'un qui aurait eu de l'amour pour moi ? Qui aurait pu aimer l'être méprisable que je suis ! J'ai fait du mal autour de moi. Je mérite l'enfer ! »

« Pensez au plus haut degré de l'amour à un être merveilleux qui juge mais ne condamne pas, connaît vos pensées, vos actions et qui n'aurait à votre égard que tendresse, affection, compréhension. Un guide est tout cela à la fois. Mais peut-être pouvez-vous demander de l'aide à un être cher que vous avez connu ? »

« Oh, peut-être ! Un peu comme l'affection que j'ai reçue tout petit de tante Rose qui me disait que j'étais son préféré. Elle me couvrait souvent de ses baisers. C'est le seul visage de l'amour que je connaisse. Je ne veux plus penser à revivre mon passé ! Je ne veux plus garder en moi ni colère ni vengeance, cela ne sert à rien. Je veux devenir meilleur ! »

« Je suis heureux de vous entendre parler de cette dame et d'avoir ces prises de conscience. L'amour existe vraiment. Mais il existe aussi un amour encore plus grand, indéfinissable par les mots. C'est l'amour inconditionnel que nous porte notre Père à tous. Il connaît nos erreurs, et malgré tout, il nous aime. Il veut nous voir grandir, évoluer dans cet amour que nous devons tous avoir les uns pour les autres. C'est le véritable amour de Dieu. »

« Je pense à ma tante Rose que j'avais oubliée. Vous avez réveillé en moi un souvenir enfoui dans ma mémoire. Oh ! Est-ce mon imagination ou la réalité ? Loin, très loin devant moi, je vois un cercle en mouvement, comme l'entrée d'un tunnel lumineux qui se rapproche tout doucement. Je l'ai déjà vu plusieurs fois auparavant, sans pouvoir l'atteindre. Je sais maintenant que ma tante m'y attend depuis toujours. Je comprends ! Tout semble s'éclaircir ! Elle me conduira très certainement vers un guide ! Je suis prêt à me racheter de mes fautes avec l'espoir d'être pardonné et que l'on me donne une nouvelle chance. Mais là, je dois y aller. J'entrevois de plus en plus cette lumière qui m'attire. Oh, merci ! Je vous dis merci, à vous, "le médium", je saurai me souvenir de votre aide.

Kenavo, comme on dit chez vous. Frédéric. »

L'enfer et le paradis sont-ils des lieux ?

Les personnes éduquées dans la religion catholique ont entendu parler de la notion de paradis et d'enfer. Il est écrit que les bons chrétiens iront au paradis et les mauvais iront brûler éternellement en enfer. On se représente aussitôt une souffrance physique qui provoque en nous des sentiments négatifs. Cette manière maladroite d'essayer de bousculer les consciences a provoqué chez les hommes manquant de discernement une mise à distance des églises et de Dieu. C'est une grave erreur pour l'homme qui devrait savoir faire la part des choses.

Aujourd'hui, cette peur bien heureusement n'existe plus pour la majorité des croyants. Mais une question subsiste toujours : si l'enfer n'est pas un lieu où l'on brûle éternellement et physiquement, existe-t-il d'une autre manière ?

Frédéric vit et se crée son enfer personnel dans le tourment de ne pouvoir satisfaire sa soif d'alcool, de vengeance et de violence. Il altère ainsi les conditions de sa vie spirituelle. Par la force de ses pensées négatives, il vit une période de confusion. Il erre dans les lieux qu'il fréquentait, habité par les mêmes émotions et sentiments destructeurs. Il rabaisse alors ses vibrations dans la colère et la vengeance qui ne sont pas de nobles ressentis mais des sentiments proches de l'animalité. Il lui faudra du temps avant de réaliser qu'il ne fait plus partie du monde terrestre.

Les guides nous expliquent qu'il n'y a pas de lieux précis où se situe l'enfer ou le paradis. Tout est une question de vibrations et d'état d'esprit. Si durant votre incarnation, vos actions, vos pensées, vos sentiments, vos émotions sont contraires à la loi de l'amour, ou en opposition avec les lois divines, et si vous vous attachez à la matière, à la sensualité, plus précisément, aux conditions et aux questions d'ordre terrestre, votre périsprit s'alourdit. À l'inverse, si vous privilégiez le perfectionnement de votre âme et que vous faites au mieux pour vous améliorer d'un point de vue intellectuel et moral en pratiquant le bien autour de vous, votre corps spirituel s'allège dans des vibrations plus élevées. La lourdeur ou la légèreté de votre périsprit va donc, par syntonie vibratoire, déterminer le plan spirituel que vous allez occuper. Ce n'est donc pas parce que vous avez uniquement commis des actes répréhensibles que vous allez directement vous retrouver dans un lieu appelé l'enfer. Tout dépendra de ce que vous pensez, de ce que vous ressentez dans votre conscience. Ce sont ces conditions qui détermineront l'état heureux ou malheureux dans lequel vous vous trouverez. L'enfer se place là où une âme est en souffrance et le paradis là où elle connaît les jouissances célestes.

Le tunnel

Frédéric Albert, obsédé par l'idée de se venger et de boire, survit dans un plan vibratoire proche de la terre. À la fin de la psychographie, alors qu'il progresse dans ses prises de conscience, il évoque l'entrée d'un tunnel. Il précise l'avoir déjà vu auparavant, sans avoir pu s'en approcher. Certains esprits doivent attendre un moment avant de pouvoir y pénétrer et gagner cette lumière qui les attire, pour les raisons évoquées précédemment. Le fait de ne pouvoir l'atteindre peut aussi les amener à ressentir une certaine forme de frustration, de souffrance. Ce n'est pas le cas du docteur Max dans son témoignage d'EMI, qui y accède rapidement. Il nous dit : « Je me suis soudainement retourné, et aussitôt je me suis senti aspiré dans l'obscurité d'un tunnel où j'avançais à grande vitesse, tout en ayant l'impression de flotter dans l'air. »

Apprendre à contrôler ses pensées

Les pensées permanentes qui agitent nos esprits influencent aussi l'état heureux ou malheureux dans lequel nous allons nous retrouver.

À notre arrivée dans le monde spirituel, notre esprit fait l'expérience de ses pensées, se créant ainsi son univers personnel, sans que ce soit pour autant la vraie réalité du monde qu'il occupe.

Il lui faut parfois du temps avant de réussir à se détacher du cercle des préoccupations terrestres, pour s'adapter au milieu dans lequel il entre.

La pensée est une énergie créatrice aussi bien sur terre que dans le monde des esprits. La bonne pensée tournée vers le bien et vers l'amour de son prochain se concrétise toujours positivement vers une bonne évolution. À l'inverse, la mauvaise pensée crée des déséquilibres.

Le degré d'évolution spirituel que vous avez atteint se reflète aussi dans les mécanismes intimes de vos pensées qui s'inscrivent dans votre périsprit et en déterminent la pesanteur.

Jésus a dit que le royaume des cieux était à l'intérieur de nous-même, à l'opposé se trouve donc aussi notre propre enfer. Si nous cultivons des pensées de culpabilité, de ressentiment, de colère, de rancœur, de haine, de vengeance tout au long de notre vie, au moment de notre mort, nous entrerons alors en syntonie avec le mal et nous nous retrouverons dans le monde spirituel avec des esprits qui sont dans les mêmes vibrations. Les contacts médiumniques me démontrent les difficultés rencontrées par certains esprits avant de quitter le plan des hommes, à l'exemple de Frédéric dans cette psychographie. Le cercle infernal de ses mauvaises pensées provoque chez lui des perturbations douloureuses.

Les guides nous font comprendre que cette souffrance provient du degré d'imperfection de l'esprit incarné. L'homme ignorant les lois spirituelles blesse sa conscience d'un nombre incalculable de fautes.

Chaque faute porte en elle ses conséquences naturelles. Les excès en tout genre rendent le corps physique malade mais marquent aussi le corps spirituel des mêmes dépendances. Il appartient à l'homme de par sa volonté de modifier son comportement afin d'éviter de souffrir en tant qu'incarné et désincarné.

Les esprits d'un niveau inférieur d'évolution se complaisent aussi dans le désir de nuire, de se venger, de faire du mal, et ne pourront s'améliorer sans connaître eux-mêmes le degré de souffrance qu'ils ont infligé aux autres. Ils se retrouvent dans les sphères inférieures, vivant des situations difficiles. Cette souffrance est nécessaire et c'est elle qui les conduira à un éveil spirituel. Elle correspond au retour des actes qu'ils ont posés du temps de leur vivant. La notion de temps n'existe pas dans le monde spirituel. L'esprit dans le tourment pense qu'il va vivre éternellement cette situation. Il finira par comprendre qu'il se trompe, dès lors qu'il acceptera les responsabilités de sa position qu'il doit impérativement assumer.

Nous avons pu observer, au fil de la conversation, une évolution dans les idées de Frédéric. Dès l'instant où il a progressé dans ses sentiments et sa manière de penser, sa situation a changé. Le sort d'un esprit peut donc évoluer dans le monde spirituel grâce à la prise de conscience de l'existence de Dieu, à un repentir sincère et à la volonté d'expier et de se racheter de ses fautes passées. L'état « d'enfer » ne dure donc pas éternellement. Dans cette supposition, où serait la miséricorde de notre Père à tous ? La loi du progrès existe aussi après la mort physique.

La progression de l'esprit

De douloureuses prises de conscience

Psychographie avec l'esprit de M. Jan

« Je me relevai d'une longue période de sommeil, entouré d'esprits dont les visages m'étaient familiers. C'était comme si l'obscurité avait fait place à la lumière. Tel un nouveau-né, j'avais l'impression de renaître à une vie nouvelle, dans un lieu, un monde totalement inconnu : celui qui semblait naître de la pensée.

Mes premiers pas furent guidés par mes parents que j'avais retrouvés après quelques années de séparation. La mort nous avait anéantis, car nous ne croyions ni les uns ni les autres à la survie de l'âme. Ce monde avait pour moi une attirance magnétique. La curiosité et le désir de le connaître réveillaient en moi une douce sensation semblable à celle éprouvée par un petit enfant, dans le début de son apprentissage scolaire. On ne peut pas dire que j'étais une mauvaise personne, mais je n'ai pas fait beaucoup d'efforts. Je me suis tout simplement contenté de vivre sur terre, dans la plus totale ignorance des lois divines et du sens véritable de la vie. J'ai perdu cette opportunité de grandir et je connais aujourd'hui le remords de ne pas avoir réussi à m'améliorer.

Après un long moment d'égarement, aidé des miens et de mon guide, j'ai fait face à la réalité de cette vie. Je n'ai ni fait de mal, ni fait de bien. J'ai compris que l'ignorance était une entrave à l'évolution. Mes lacunes me rappelaient l'adolescent que j'avais été qui refusait d'apprendre à l'école, qui redoublait sa classe et qui ne rattrapait pas le temps perdu. Le moment du bilan de ma vie sur terre m'obligea à prendre conscience de mon égoïsme. J'avais agi dans une totale indifférence. J'avais été élevé sans croyance ni religion. Mes parents étaient dans le regret autant que moi. Je m'étais, de surcroît, tout au long de ma vie, éloigné volontairement des autres afin de ne pas avoir à me confronter à leurs problèmes. Les relations se limitaient au strict respect de la politesse. Je ne m'engageais ni amicalement, ni amoureusement, ni professionnellement. J'étais un solitaire, célibataire, totalement asocial et dépourvu de tout intérêt. Ma vie me semblait inutile.

Mes premières prises de conscience me firent l'effet d'une tornade dévastant tout sur son passage; vous essayez de l'éviter, mais elle finit par vous traverser. C'est le moment où vous vous trouvez face à votre conscience.

Dans cette assemblée, je n'étais pas le seul à vivre ce constat d'échec. Nous nous réconfortions mutuellement et cela était nouveau pour moi de comprendre le sens de la fraternité. Combien d'occasions manquées de faire le bien nous laissaient à tous le goût amer de la culpabilité et de l'insatisfaction.

Nous suivions l'enseignement d'êtres supérieurs emplis de patience, de bonté et de sagesse, et apprenions le sens de la prière et la manière d'établir un lien avec Dieu.

Je n'appartenais pour autant à aucun groupe mais je n'avais aucun moyen, comme sur terre, de me réfugier dans "une maison", car ici bénéficier d'une demeure se méritait. J'étais contraint de côtoyer des êtres qui portaient les mêmes imperfections.

Comment réparer mes erreurs et progresser? Dans la prière, je demandais à Dieu de pardonner mon ignorance et à mon guide de m'aider. Mais je n'avais en retour aucune autre réponse que le silence qui, de jour en jour, m'accablait davantage.

Nous avions compris que le plan que nous occupions était peu éloigné du plan terrestre. Je fus étonné de voir certains d'entre nous s'approcher des humains et revenir épuisés, vidés d'énergie pour ne pas avoir respecté le temps accordé pour ce déplacement. C'est ainsi que je fus informé de la raison et des buts de leur voyage.

Il s'agissait d'influencer les êtres humains possédant les mêmes tendances à ne pas commettre les mêmes erreurs. Ces missions se faisaient dans de réelles motivations d'entraide et nous permettaient de réparer, de nous racheter. Le repentir, le désir et la volonté de rattraper le temps perdu firent naître en nous une grande lueur d'espoir. Nous, compagnons d'infortune, espérions un retour rapide sur terre, afin de reprendre le chemin du progrès moral et intellectuel. M. Jan.»

Les habitants de ces premiers plans vibratoires ne sont pas tous d'une nature mauvaise. Ils regrettent simplement d'avoir dilapidé leur capital temps sans avoir su tirer profit de leur incarnation pour chercher à se rendre utiles aux autres et souffrent des conséquences du mauvais usage de leur libre arbitre. L'égoïsme est le point en commun qui les relie. On comprend que se contenter de ne pas faire de mal, c'est aussi ne pas faire de bien. Le mal provient aussi de la non pratique des vertus que l'esprit doit acquérir.

Pas suffisamment pervers pour subir les souffrances réparatrices, ni assez bons pour vivre dans les plans supérieurs, certains esprits prisonniers de ces plans proches de la terre progressent dans le désir de se racheter. Nous comprenons à travers le témoignage de M. Jan qu'on force tous ces esprits égoïstes à se confronter les uns aux autres afin d'apprendre à s'entraider mutuellement. Nulle fuite possible en allant se réfugier dans quelque maison que ce soit. Ce privilège ne leur sera octroyé qu'au mérite de leur travail.

Le désir de se racheter

Psychographie avec Mickaël

« Toute mon existence terrestre a été basée sur la légèreté, l'insouciance, le non-respect des conventions, l'égoïsme, l'avarice, le bien-être personnel. J'aimais la vie et ses plaisirs et je pensais uniquement à mon propre confort. Mes pensées étaient dirigées essentiellement sur les avantages que je pouvais tirer d'une action, d'une situation en faisant le bien à autrui. Si, en retour, je ne pouvais rien obtenir en échange, je m'abstenais. C'était du donnant-donnant.

Je suis resté célibataire afin de ne pas m'encombrer d'une famille et de devoir la nourrir. Sans partage, sans amour, entouré de personnes superficielles, j'ai vieilli seul et abandonné de tous. Je ne pouvais qu'en vouloir à moi seul. J'avais bien conscience de cela. Je n'avais pas donné d'amour, alors je n'en recevais pas. J'avais la capacité de raisonner et de comprendre, de situer très bien la véritable nature de ma personnalité. J'étais un être égocentrique, égoïste et très personnel.

À mon entrée dans ce nouveau monde, je fus étonné de croiser des personnes rencontrées lors de différentes soirées chez des amis. Elles semblaient égarées pour la plupart d'entre elles et dans l'impossibilité de pouvoir communiquer. Je m'approchais des unes et des autres pour les saluer et elles s'éloignaient. J'étais désagréablement surpris et contrarié de les voir apparaître puis disparaître de mon environnement. Je revivais ma vie dans ses moindres détails: le réveil du matin, le temps du petit déjeuner, le temps passé à prendre soin de mon physique, de ma voiture, de mon appartement. Je notais absolument tout dans mon agenda, les activités et les rendez-vous avec les hommes d'affaires que je fréquentais pour mon business.

Je réalisais qu'ici tout cela n'avait aucun sens. Je revoyais ces instants de vie et faisais l'expérience de mes pensées comme de celles des personnes qui avaient croisé mon chemin. Celles-ci étaient dirigées uniquement vers l'appât du gain, la manipulation, la corruption. Chaque moment vécu laissait en moi le goût amer de la déception, des regrets, de la honte.

Lorsque je fus prêt à sortir d'une longue période de souffrance morale, je compris que je n'avais absolument rien fait pour les autres. La culpabilité me rongeait au plus profond de moi et je devais faire face à mes actes et à ma part de responsabilité. Dieu m'avait fait le don de l'intelligence, je pouvais donc être capable de comprendre ma situation.

Sorti de cet état d'agitation dans lequel je me trouvais, entouré d'amis peu désireux de travailler sur eux-mêmes et toujours attirés par la frivolité des plaisirs terrestres, je réalisais l'ennui de ma condition dans ce nouveau monde.

Sans pour autant chercher à provoquer ni à blesser volontairement quiconque, je savais l'importance de réagir, d'avancer et de ne pas rester à s'apitoyer sur son propre sort.

Je pouvais assister à des réunions de travail, des séances ressemblant sur terre à des séminaires auxquels j'avais pu participer, à la différence des sujets abordés et de l'impact psychologique que cela avait sur moi, car j'étais placé face à mes faiblesses. Je sortais perturbé et honteux de ces réunions, désirant au plus vite me racheter de mes erreurs. Un combat intérieur s'installait et m'empêchait de me laisser aller afin de ne pas retomber dans les méandres de la culpabilité. J'ai demandé à l'être suprême pour qu'il vienne à mon secours. J'ai appelé "l'ami", "l'instructeur" en lui demandant de venir à moi, j'ai attendu, attendu…

Un jour, à l'étude, l'ami vint me rendre visite. J'aime appeler mon guide "l'ami", car il a le don de me connaître, de savoir qui je suis, de tout savoir de mes erreurs, de mes faiblesses et de mes quelques qualités.

Nous eûmes cette conversation :

"Tu veux aider Mickaël ? Te racheter de tes erreurs passées ? Le veux-tu vraiment ?"

"Oui ! Je demande l'opportunité d'aider les autres."

"Regarde !" me dit-il. Il me montra un homme élégant, habillé d'un costume de marque, assis à son bureau. Absorbé dans son travail, il élaborait les plans pour pouvoir contrôler, manipuler et gagner encore davantage d'argent.

Cet homme me ressemblait étrangement lorsque j'étais incarné.

Le travail proposé par mon guide était un travail d'équipe. Nous devions nous approcher de la terre, au plus près des vivants, et essayer de les influencer à changer de comportement afin qu'ils ne commettent pas les mêmes erreurs que nous avions nous-mêmes commises. Cette mission me paraissait compliquée. Il nous fallait respecter un temps déterminé pour le voyage, un temps pour agir, et ensuite nous réunir pour le retour. Chacun d'entre nous avait en lui le désir de faire le bien et de s'amender. Nous avons vite compris qu'il ne servait à rien de rester dans la culpabilité mais que les efforts personnels au service des défavorisés répareraient, avec le temps, les conséquences de nos erreurs.

Chacun d'entre nous, dans les premières excursions sur terre, était accompagné d'un guide et en groupe, tous ensemble, nous traversions les turbulences vibratoires émises par les pensées des incarnés pour nous rapprocher d'eux. Ce fut un long apprentissage parsemé de réussites et d'échecs. J'influençais ceux qui avaient le même comportement égoïste, égocentrique que moi, des personnes motivées par la réussite matérielle. Je leur faisais ressentir un grand vide à l'intérieur d'eux-mêmes, un sentiment de mal-être, afin d'éveiller leur conscience. J'intervenais aussi auprès d'une tierce personne afin qu'elle se place sur leur chemin et les aide à comprendre leurs erreurs. S'améliorer, se racheter, mais aussi donner et recevoir de l'amour. Je le répète, mes missions n'étaient pas toujours couronnées de succès.

Le temps a passé, j'étais de plus en plus habile et de plus en plus fier de moi lorsque je revenais de ces voyages. Je réussissais à empêcher de nombreux êtres incarnés de faire ce type de fautes que j'avais commises dans mon passé. À chaque jour qui s'écoulait, je sentais grandir en moi cet immense bonheur que je tirais des actions bienfaitrices que j'étais amené à faire. Nous étions, tous dans le groupe, dans la même belle énergie, portés par l'amour de nos frères. Je compris alors la notion de service et celle du don aux autres de manière désintéressée. Je souhaitais avoir la chance de revenir un jour sur terre afin de pouvoir mettre en pratique cet enseignement. Mon guide intervint à ce moment-là en m'expliquant que c'était le mérite accumulé par des heures de travail qui me permettrait d'être exaucé. Il m'expliqua que, lorsque l'esprit est prêt à exécuter une tâche, un devoir, Dieu le sait, et l'opportunité de servir se présente. Tout se réalise, ici, dans la réalité de ce qui doit être. Mickaël. »

Mickaël croise, dans le monde spirituel, d'anciennes connaissances qui semblent ne pas vouloir s'entretenir avec lui. La plupart des esprits habitant ces zones proches de la terre n'ont atteint ni un haut degré d'avancement moral, ni un haut degré d'avancement intellectuel. Parmi eux se distinguent aussi ceux qui ont vécu pour leur satisfaction personnelle : celles des plaisirs, des occupations éphémères et inutiles de la vie terrestre. Ce sont parfois ces êtres qui, ayant trouvé leur vie sans intérêt, décident de mettre un terme à leur plan d'incarnation. Ceux qui ne font heureusement pas ce choix se retrouvent quand même dans l'autre monde dans une totale apathie, souffrant de ne pouvoir vivre les mêmes distractions que sur terre. Ils vivent pendant un certain temps l'inconfort de cette situation sans ressentir, ni trouver la force de sortir de l'ennui. La lassitude de l'oisiveté finira par les conduire à une activité puis, après de nouvelles expériences dans la matière, à la compréhension de s'intéresser à des actions utiles.

Mickaël peut avoir évolué intellectuellement mais pas avoir encore développé de sentiments fraternels. Lorsque l'esprit ne connaît pas l'amour, il expérimente l'égoïsme. La culpabilité crée chez lui une grande souffrance, il comprend qu'elle est la conséquence de ses actions passées. Mais il trouve malgré tout la force d'étudier et, d'une manière déterminée, cherche à comprendre ses erreurs et à se racheter.

Son guide lui explique que lorsqu'on est prêt, l'opportunité de servir la cause du bien apparaît.

C'est dans la mission d'influencer ces frères incarnés à ne pas commettre les mêmes erreurs qu'il trouvera la voie de la rédemption.

L'assistance des guides

Nous pouvons imaginer les difficultés des guides à sauver les esprits en déséquilibre qui n'acceptent pas immédiatement le soutien qui leur est proposé et qui s'obstinent, pour différentes raisons, à le refuser. Il faut beaucoup d'amour à ces missionnaires pour venir en aide à ceux qui habitent les plans inférieurs du monde spirituel. Ces interventions leur réclament énormément d'énergie, car ils doivent se mettre en syntonie avec les basses vibrations qui règnent dans le plan qu'ils visitent.

Ils font preuve de courage et d'abnégation pour aider leurs frères qui émettent des pensées négatives, donc des fluides plus ou moins lourds. Mais l'amour fraternel guide toujours leurs pas.

Voici le témoignage d'un guide, Amélia-Rose :

« Après mon dernier séjour terrestre, j'ai ouvert les yeux dans ce nouveau monde auquel j'appartiens désormais. Plus précisément dans ce jardin de roses, ces fleurs dont j'aime particulièrement les couleurs, les senteurs, la beauté… Elles resplendissent ici de lumière et obéissent, par nos pensées, aux orientations qu'on leur donne, dans leurs formes, leurs couleurs, leurs variétés. Ce monde est créatif et merveilleux.

J'aime me promener dans mon univers, celui des fleurs et de la nature spirituelle. Vous ne pouvez imaginer la réalité, la beauté de ce monde invisible créé par Dieu pour ses enfants méritants.

Je fais partie de ces vieilles âmes ayant vécu de nombreuses expériences, similaires à celles des membres du groupe auquel j'appartiens, nous sommes ensemble dans une totale harmonie de pensée. Je suis avec des êtres que j'aime. Le mal, ici, n'existe pas et nous ne pouvons être atteints par ces vibrations, car nous en sommes protégés. Cette barrière de protection s'appelle l'amour.

Habillée à mon goût d'une tunique blanche, je porte sur la tête une couronne de fleurs. Ma démarche est aussi légère que la vibration dans laquelle je vis.

Nous sommes unis dans la même volonté d'évoluer vers un degré supérieur de connaissance. La complexité et la richesse des mondes créés par Dieu nous motivent dans la joie à nous perfectionner. Je suis un esprit heureux et libre.

Cependant, le temps n'est pas toujours à l'oisiveté lorsque l'on choisit le service et la volonté de toujours aller plus loin pour soulager nos frères et nos sœurs qui souffrent. Nos obligations deviennent des œuvres naturelles que nous accomplissons dans les différentes tâches qui nous incombent au service du réconfort.

Je sors de mon cercle personnel en changeant l'orientation de mes pensées pour rejoindre un univers que nous avons, les membres de mon groupe et moi-même, en commun. Cela afin de toujours réaliser de nouveaux objectifs.

Nous sommes reliés les uns aux autres par le désir de servir les causes les plus nobles. Les directives reçues des plans supérieurs nous indiquent les chemins à suivre pour se rapprocher au plus près de ceux qui se réveillent de leur tourment et qui demandent de l'aide.

Lors de réunions, nous recevons les informations nécessaires et utiles pour agir de la meilleure façon. Chaque enfant de Dieu prend conscience de sa situation, à un moment ou à un autre. Il n'est jamais laissé seul.

Nous avons tous ici dans le plan que j'occupe dépassé le matérialisme et l'égoïsme depuis déjà plusieurs incarnations. Nous recevons les ondes positives des plans supérieurs qui nous guident dans la plus parfaite des organisations.

Nous pouvons nous considérer comme des guides, bien que nous ayons au-dessus de nous des êtres bien plus évolués dans un degré de sagesse supérieure.

Nous appartenons au groupe des missionnaires de la lumière, nous prenons plaisir à nous réunir afin de nous concerter sur les différentes manières de nous rendre utiles dans la cause du bien. L'apprentissage a fait aussi partie de notre évolution. Nous avons progressé vers un degré supérieur de maturité et désirons nous transcender dans la perfection. Impliqués dans l'entraide, nous visitons aussi bien les êtres incarnés sur terre en les influençant au bien, que nos frères présents dans les plans inférieurs qui sont prêts à recevoir notre aide. Aussi, nombreuses sont les sphères dans lesquelles nous intervenons, nos déplacements sont une nécessité, un besoin, un devoir.

Nous sommes toujours prêts à servir, à aider, à soulager, à guérir, et nous sommes heureux de voir un esprit sortir de l'ombre pour rejoindre la lumière.

Combien d'entre vous ne prennent pas conscience, sur terre, de la responsabilité de leurs pensées et de leurs actes ? Nous vous rappelons que le matérialisme et l'égoïsme entravent votre évolution. Les âmes qui en sont imprégnées toute leur vie sont bien souvent incapables de dépasser les limites des premiers plans de vie du monde spirituel. Après un temps d'épuration dans les plans inférieurs, nos frères peuvent recevoir notre aide. Obsédés par les mêmes pensées douloureuses, ils ne remarquent pas notre présence, ni les invitations à nous accompagner vers les centres spirituels existant à proximité. Certains d'entre eux, sans pour autant avoir fait de mal, stagnent dans leur ignorance, car ils n'ont pas fait les efforts suffisants qui leur permettraient de s'élever.

Fraternelles pensées. Amélia. »

Quelle que soit la situation de l'esprit dans le plan qu'il occupe, Dieu ne l'abandonne jamais. Les guides spirituels ayant atteint un haut degré de perfectionnement vivent la félicité des plans heureux, non pas uniquement dans l'oisiveté mais dans différentes tâches et missions confiées par Dieu, comme celle de veiller sur un ou plusieurs esprits. Ils observent le degré de volonté de leur protégé à vouloir progresser, se repentir et réparer le mal infligé aux autres. Chacun d'entre eux évolue selon son libre arbitre et s'oriente vers le bien ou persiste dans le mal. Non conscient des actes posés dans le passé, leur amélioration est parfois lente. Les guides ont aussi le rôle de les accompagner vers une vérité pas toujours agréable à accepter, un retour dans le passé est parfois nécessaire comme nous allons le comprendre dans la psychographie à suivre.

Une visite programmée sur terre

Certains esprits pour parfaire leur formation sont pris en charge par leurs guides qui vont les entraîner dans un voyage initiatique. Après avoir vécu un moment dans le bas astral, puis récupéré des forces dans un centre spirituel, ces nouveaux compagnons vont accomplir un périple de retour vers la terre. Le but d'une telle expédition sera de leur faire prendre conscience du mal qu'ils ont fait à leurs proches et des conséquences désastreuses que cela a pu engendrer. C'est ainsi que des parents, empreints de cruauté et d'une totale indifférence pour leurs enfants, doivent progresser dans cette prise de conscience. Le repentir ne suffira pas à l'oubli, mais il faudra renaître pour se racheter de ses fautes pour chacune des dettes contractées envers les lois de Dieu.

Le chemin qui mène au repentir

« La paix est l'aboutissement d'un long travail effectué sur soi-même.

Nos progrès dépendent toujours de notre capacité à nous détacher des liens qui nous unissent au monde terrestre et à savoir renoncer à toutes nos préoccupations matérielles, relationnelles, et aux dépendances que nous nous sommes créées. Ces ruptures sont des nécessités que tout le monde ne comprend pas à son arrivée ici.

Il nous faut du courage pour intégrer, accepter la séparation avec nos proches. En effet, combien d'entre nous hantent leur maison pour essayer de leur faire des signes afin de prouver leur survie ? Quand la mort frappe ceux qui marchaient sur terre dans une totale ignorance, le sommeil puis le trouble envahissent l'esprit jusqu'à ce que la lumière intérieure vienne éclairer son chemin.

Chacun possède le degré d'évolution de sa propre conscience face à laquelle il se retrouve.

C'est le début de mon parcours que je vous relate ici.

La confusion dans laquelle je vivais à mon arrivée a duré de nombreux mois, pas loin d'une année terrestre. Je refusais la réalité de ma situation et celle dans laquelle je laissais mes proches. Mon intervention auprès d'un médium rassura la famille et c'est ainsi que je pus enfin décider d'accepter la main tendue par mon guide. Cet entêtement à ne pas vouloir quitter la terre avait porté préjudice à mon énergie et je devais reprendre des forces. Deux frères présents à mon chevet, par des gestes de la main, aidèrent à la revitalisation de mon corps spirituel. Ils m'informèrent que cette convalescence dans ce centre de repos était juste une étape et que je devais me préparer à faire un long voyage. J'étais entouré d'êtres bienveillants qui m'aidèrent à sortir petit à petit de l'état de confusion dans lequel je me trouvais et qu'entretenaient mes pensées.

Au-delà de ce centre, entouré d'un grand mur de protection, existait un univers totalement inconnu qui me faisait peur. J'avais pu apercevoir à mon arrivée ici des êtres totalement défigurés, allongés sur des civières. Certains criaient et semblaient sombrer dans la folie et le tourment, d'autres étaient placés dans un état de sommeil permanent sous la surveillance d'une équipe spirituelle qui me sembla très attentionnée. Dans cet établissement, plusieurs malades étaient rassemblés suivant la nature de leurs pathologies spirituelles. Le tourment plus ou moins prononcé de leur conscience les entraînait dans des cauchemars pendant une durée indéterminée. Je compris que le moment pour moi de libérer ce lit allait bientôt arriver pour laisser la place à un autre malade. Je portais les poids lourds de mon passé et je n'étais nullement prêt à tout comprendre. Une brève révision de ma conscience avait eu pour effet de me plonger aussitôt dans la souffrance, les larmes, les angoisses et le froid.

Mathéus, mon guide, m'invita à le suivre dans un grand hall où étaient réunies quatre femmes avec lesquelles, me dit-il, j'allais voyager. Nous avions d'après lui des similitudes dans nos expériences passées et allions devoir nous entraider à avancer vers de nouvelles étapes initiatiques. Ce séjour dans ce dispensaire en était la première et avait été bénéfique pour nous. Nous étions selon les guides prêts à quitter ce lieu.

Une grande porte s'ouvrit sur le paysage d'une vallée et d'un ciel étoilé. La pénombre nous indiquait l'arrivée de la nuit à laquelle nous n'étions pas préparés. Le contraste avec le centre était étonnant ; de la lumière nous passions à un décor un peu lugubre à traverser. Nous étions encadrés de cinq guides, l'un d'eux nous fit un signe de la main en nous demandant de presser le pas. Au-dessus de nos têtes, par moments, nous apercevions des oiseaux de nuit, des chauves-souris, des volatiles quelque peu effrayants. Certaines de ces créatures ressemblaient étrangement à des êtres humains. Elles faisaient leur apparition pour disparaître aussitôt. L'un de nos guides nous expliqua que ces entités étaient en réalité des formes pensées provenant des êtres incarnés sur terre qui, à l'état de rêve, extériorisaient ces projections dans l'astral. Celles-ci, d'après lui, n'étaient en aucun cas dangereuses, il nous demanda de ne pas y prêter attention.

Ce lieu était manifestement proche de la croûte terrestre, nous comprîmes intuitivement qu'il fallait nous adapter. Dans la pénombre, nous ne pouvions distinguer le paysage qui était juste éclairé par les pas de nos guides. Le silence nous plongeait les uns et les autres dans nos pensées les plus intimes. L'une de mes compagnes de voyage semblait tourmentée et demandait de s'appuyer sur chacun d'entre nous, comme si elle éprouvait des difficultés pour marcher.

L'état de ses pensées l'amenait à de sombres présages. Il nous importa à tour de rôle de la rassurer. Elle ne semblait pas écouter son guide qui ne pouvait en aucun cas interférer dans son libre arbitre.

Nous avions tous la même préoccupation : celle d'être injustement punis ou malchanceux de ne pas avoir été accueillis par nos êtres chers à notre arrivée dans ce monde, ni avoir vécu l'état de paix, d'amour, dont nous avions tous entendu parler dans les récits des personnes qui avaient été cliniquement mortes et qui étaient revenues à la vie. Nos guides nous expliquèrent que chacun recevait selon ses œuvres et que ce chemin que nous parcourions aujourd'hui était nécessaire à notre évolution. Nous marchions les uns derrière les autres; cette promenade qui n'en était pas une me faisait penser à celle que nous organisions, mes amis et moi, les belles nuits d'été.

Nous sommes ensuite entrés dans une forêt. Une lumière nous guida vers un chemin qui menait à une clairière dans laquelle nous décidâmes de faire une pause. Allongés dans des herbes hautes, nous nous reposions. L'un des guides nous invita à nous centrer sur nous-mêmes, à faire le vide et à prier. Je ne comprenais toujours pas le but ni l'organisation de ce voyage, mais nous devions faire confiance à nos accompagnants qui nous rassuraient. Durant ce temps de repos, allongé, je me laissai porter par mes pensées; je revoyais le visage de ma mère et je souffrais de ne pas avoir, pour le moment, eu la chance de la revoir. Nous étions, comme je l'ai expliqué, tous dans l'attente et l'espoir de ces retrouvailles. Mamita était le prénom d'une des voyageuses du groupe, elle avait perdu ses enfants depuis des années et attendait désespérément de les revoir. "Patience, patience!", lui avait répondu son guide.

Tout le monde ne pouvait bénéficier de l'accueil chaleureux des proches à son arrivée dans le monde spirituel. Cela était un mystère pour nous. Où étaient-ils? Que faisaient-ils? Ces interrogations assombrissaient nos pensées et de ce fait les vibrations présentes s'alourdissaient. Nous pouvions tous ressentir la douleur communicative ; elles nous freinaient dans notre élan.

Après de nombreuses remarques des guides nous invitant à ne plus y penser mais à nous concentrer sur nos pas, nous descendîmes par un chemin escarpé vers une vallée encadrée par de hautes montagnes. Le jour se levait, l'atmosphère devenait lourde et de plus en plus étouffante, comme si l'air était chargé de particules semblables aux cendres d'un volcan en éruption. Le paysage plutôt sombre vers lequel nous avancions perturba mes compagnes de voyage. Nous réalisâmes alors les difficultés auxquelles nous allions devoir faire face dans cette descente vers des plans inférieurs. Entourés de nos protecteurs, nous nous retrouvâmes sur un plateau formant comme une plaine. Plusieurs esprits semblaient au premier abord égarés, puis en colère. Ils nous regardaient, ahuris, avancer vers eux. L'un d'eux nous cria : "Que venez-vous faire ici ?" Mathéus prit la parole : "Nous voyageons et parcourons l'espace infini qui vous sépare de Dieu. Avez-vous conscience de la réalité de votre situation ? Ne voulez-vous pas nous accompagner pour comprendre ?" La réponse ne se fit pas attendre : "Non, laissez-nous tranquilles, nous avons notre chef." Je fus stupéfait des propos de cet homme qui était habillé comme l'étaient à une époque les membres du clergé. Il endoctrinait dans cet espace les esprits vers une réalité punitive. Ces êtres étaient à sa merci, réunis pour l'écouter. Nous l'entendions proclamer la justice de Dieu et inviter ses auditeurs à la pénitence : "Pénitence, pénitence, vous êtes tous des pécheurs." Certains d'entre eux, agenouillés, imploraient sa clémence. Les guides nous expliquèrent que ces esprits étaient retenus par la croyance de leur religion, entraînés par l'orateur, vers davantage d'autoflagellation. Ces esprits liés les uns aux autres étaient stationnaires et ne pouvaient pour l'instant évoluer, sans prise de conscience. Ils refusèrent l'aide des guides. C'est alors que nous comprîmes la destination de notre voyage : la terre. Chacun d'entre nous devait évoluer dans son cheminement spirituel. Assis au bord d'un chemin asséché dans ce décor aride, je m'approchai de Mamita qui espérait rendre visite à ses enfants et apaiser ainsi son tourment. Marie, autre membre du groupe, était inquiète de savoir si ses dernières volontés au sujet de sa fortune avaient été respectées. Les deux autres femmes avaient les mêmes espoirs. Je réalisai une nouvelle fois nos préoccupations. J'étais quant à moi toujours dans l'espérance de revoir ma mère, souhaitant qu'elle soit sur un plan plus élevé.

L'un des guides s'approcha de nous et insista pour que nous l'écoutions attentivement : "La majorité d'entre vous avez déjà traversé ces zones d'ombres avant d'être accueillis au centre spirituel des compagnons de charité."

Il nous tint alors un discours sur l'égoïsme, le manque total de charité, de compréhension, d'indulgence, l'attention aux biens et aux plaisirs terrestres, et surtout le mal que nous avions occasionné chez nos proches.

Je me sentis aussitôt honteux et je réalisai le peu d'intérêt porté à mes enfants, à mes deux garçons, et mon absence totale dans leur vie. Mathéus nous fit comprendre que nous avions tous vécu le même type d'expériences : des échecs relationnels avec nos proches.

Notre individualisme, notre insouciance, notre manière d'aimer, nos comportements n'exprimaient en rien l'amour désintéressé. Chacun d'entre nous, au cours de cette excursion, allait en prendre conscience.

Nous traversions à présent une nouvelle zone de turbulences au fur et à mesure que nous nous approchions de la terre. Les guides nous encadraient et nous protégeaient de ses effets. Nous descendîmes avec la sensation d'être envahis peu à peu de vibrations de plus en plus lourdes. On ne tarda pas à se trouver sur un chemin bordé d'arbres conduisant à un château.

Nous étions, les uns et les autres, soudés par une affection mutuelle et donc prêts à nous soutenir, nous entraider. Les guides étaient, la plupart du temps, silencieux. Ils nous laissaient échanger par la pensée, intervenant juste quand ils jugeaient nécessaire de nous sermonner. L'état mental de Marie était un mélange d'inquiétudes matérielles et affectives. Cette demeure affichait la condition aisée de ses anciens propriétaires. Nous traversâmes le portail du parc, puis l'imposante porte d'entrée, pour nous retrouver dans un grand hall dans lequel un petit garçon s'amusait sur un vélo. Marie fut bouleversée de faire la connaissance de son petit-fils, puis nous nous dirigeâmes vers la droite pour arriver dans une salle à manger où quatre personnes étaient attablées. Je devinai la présence de la fille de Marie. Elle lui ressemblait trait pour trait. Le visage de Marie s'assombrit, la colère s'empara d'elle à la vue du dépouillement de cette pièce qu'elle avait connue riche en ornements et en mobilier. Tout avait disparu, mis à part la table et les chaises. La violence de ses émotions, de ses pensées dirigées vers les meubles entraîna des manifestations qui surprirent sa famille. Sous l'effet de sa fureur, les rideaux du salon s'agitèrent et des coups retentirent dans le bois de la table, affolant les convives. Le seul portrait de la famille se décrocha du mur.

Les guides intervinrent aussitôt, faisant cesser le tumulte engendré par les émotions négatives de notre amie. Elle fut témoin d'une scène entre son fils et sa fille lui faisant comprendre que les dettes de son garçon étaient la cause de l'infortune familiale. En utilisant le chantage affectif et en manipulant sa sœur, légataire des biens familiaux, il avait réussi à la déposséder. Cela avait suscité chez notre amie des sentiments de révolte, de colère, l'entraînant dans une folie qui aurait pu la perdre. Par un effet des énergies des guides, et de notre affection, elle se calma. Il était difficile pour elle de comprendre la futilité des possessions terrestres. Elle rétorqua que son mari et elle avaient travaillé dur toute leur vie pour obtenir ce confort matériel et le transmettre. Elle réalisa d'une manière brutale la situation.

La folie aurait pu entièrement prendre possession de son esprit et créer chez elle de profondes perturbations auxquelles elle avait déjà fait face en hantant après sa mort les lieux de son passé. Pourquoi un nouveau retour ? Marie prit conscience de ne pas avoir été présente pour ses enfants, uniquement centrée sur son confort matériel et sa condition sociale. Le manque d'amour avait déstabilisé ses enfants. Mais ne manquait-il pas l'essentiel? Elle n'avait pu transmettre ce qu'elle ne possédait pas: la foi, la religion, la spiritualité, le sens du devoir, de la charité et toutes les valeurs spirituelles qu'un homme doit s'appliquer à cultiver. Son guide l'invita à en faire l'analyse.

Je n'avais pas jusque-là réalisé le temps écoulé depuis mon retour, entre les moments de confusion et cette révision interminable de mon passé. Je repensai hypnotiquement, inlassablement, aux expériences de ma dernière incarnation, qui me ramenait toujours au même constat: l'égoïsme et la satisfaction personnelle. Je n'avais pas utilisé mon temps dans la matière d'une bonne façon. J'avais alourdi mon karma de nouvelles dettes que j'allais devoir un jour réparer.

Nous poursuivîmes le voyage vers un lieu qui m'était familier. C'est une femme que nous découvrîmes au seuil de sa porte. Invisibles à ses yeux, nous étions, mon guide et moi, présents à ses côtés. Les autres membres du groupe étaient en retrait. Je reconnus difficilement mon ex-femme, la mère de mes enfants. La famille que j'avais abandonnée. J'avais fui mes responsabilités de père et ma femme et mes enfants avaient dû faire face à de grandes difficultés matérielles provoquant ainsi chez eux de terribles souffrances. Je pouvais apercevoir l'état pitoyable des mains rouges et crevassées de ma femme qui avait dû occuper plusieurs emplois pour subvenir aux besoins des enfants.

“Regarde!” me dit mon guide.

Il afficha devant mes yeux les conséquences de mon abandon chez les enfants. La délinquance, les excès en tout genre. La réalité me plongea dans une grande culpabilité. Je compris les conséquences de mon absence. Je n'avais été ni un bon père ni respecté mon plan de vie. La panique s'empara de moi lorsque je compris que ma femme et mes enfants éprouvaient une véritable haine à mon égard. Qu'avais-je donc fait ! ?

J'avais pourtant demandé, par l'intermédiaire d'un médium, pardon à ma femme qui avait refusé. Mon guide m'avait aidé, mais ne pouvait en aucun cas me soulager de mes angoisses et de mes remords. Je pris alors conscience, après avoir fait amende honorable, que je devais l'accepter. Les membres de ma propre famille étaient devenus des étrangers. J'allais devoir, pour réparer, les aimer sans condition dans une prochaine vie.

Le voyage se poursuivit par les visites aux autres familles. Elles laissèrent en nous de profondes cicatrices, imprimant la nécessité de nous repentir, et le désir sincère de nous racheter auprès de nos proches.

Nous nous sommes retrouvés plus tard devant un édifice ressemblant à un palais dans lequel nous fûmes accueillis par un être bienveillant, empreint de compassion. Même si notre souffrance était toujours bien présente, nous revenions grandis de ce voyage.

Nous entrâmes dans une grande salle où une importante assemblée était réunie. Nous étions tous dans la même vibration. Une musique retentit, nous invitant à la prière, et trois êtres de lumière firent leur apparition. Après un long moment de silence, ils prirent la parole. Nous comprîmes aussitôt que les esprits présents étaient des parents qui avaient aussi failli à leur rôle d'éducateurs, de protecteurs, d'exemples dans le bien. De grandes leçons furent transmises, mettant en avant nos principales fautes, et l'analyse de celles-ci nous plongea une nouvelle fois dans un plus grand sentiment d'échec. Il nous faudrait reconquérir le cœur de nos enfants, dans de nouvelles expériences rectificatrices au regard de la justice divine et espérer leur pardon et leur clémence, afin de ne pas être éternellement des ennemis mais des enfants de Dieu réconciliés dans l'amour fraternel.

Le sens des relations familiales

Le foyer familial est l'atelier idéal dans lequel l'âme incarnée a l'opportunité de progresser spirituellement. Les esprits qui forment une même famille de sang ont déjà souvent créé des liens depuis le monde spirituel et dans les vies passées. Il peut aussi bien s'agir de relations fondées sur l'amour ou, à l'inverse, fondées sur le ressentiment ou des liens négatifs. Au regard de Dieu, nous sommes tous des frères et des sœurs et nous nous réincarnons dans la même famille en compagnie d'esprits avec lesquels nous avons des liens antipathiques qui datent des vies antérieures. Dans ces expériences, l'âme a pour but d'augmenter sa capacité à être dans l'amour, à faire preuve d'indulgence, de tolérance et de pardon. La plupart des êtres incarnés quittent ce monde sans y être parvenus et se retrouvent dans le moment du bilan de leur vie, à faire le constat d'un échec spirituel.

Dans cette psychographie, nous remarquons le niveau peu élevé de ces esprits, très réfractaires à la loi de l'amour. Dans le déni ou l'incompréhension de leur égoïsme, ils sont accompagnés vers la terre pour prendre conscience de leurs erreurs.

Nos expériences de vie nous amènent à côtoyer des esprits de plusieurs niveaux d'évolution. Les difficultés résident dans la capacité à aimer ceux qui nous font du mal et à être moins égoïste avec nos proches.

Les communautés d'esprits

Réunis par les mêmes affinités et liens de parentés

Psychographie avec Marie-Antoinette

« Ma mère était présente au moment où j'ai quitté mon corps. Ma douce mère adorée qui, depuis le berceau, avait veillé sur moi. Je l'entends encore me fredonner les berceuses qu'elle avait elle-même entendues de sa mère. Nous faisions partie de ces générations de femmes qui, de mère en fille, avions lavé, pansé, guéri les blessures de nos hommes qui, de nature égoïste, ne nous donnaient en retour ni gratitude ni gestes tendres ; ils nous soumettaient à leur volonté.

La présence de l'amour a toujours fortifié les liens qui nous unissaient entre femmes, dans le soutien et la compréhension. Ces liens qui nous ont réunies au même niveau spirituel, dans l'empathie et le don de soi.

À leurs yeux, une femme devait tenir sa maison, faire des enfants et surtout obéir à son époux. Ils pensaient à tort avoir été de belles personnes, aussi furent-ils étonnés de devoir ici rendre des comptes à leur conscience mise à nu et de ressentir les souffrances qu'ils nous avaient infligées. Nous ne vivons pas dans le même monde, ce serait difficile à vous expliquer, car nous vivons dans la réalité que nous avons commencé à nous construire durant notre vie terrestre. L'être incarné sur terre peut cacher sa véritable nature. Ici, notre corps spirituel plus ou moins lumineux affiche la nature de ses imperfections.

Il ne suffit pas de mourir pour se retrouver soit en enfer soit au paradis, c'est plus compliqué. Tout se passe à l'intérieur de nous, je l'ai compris à mon arrivée dans cette nouvelle dimension. Mon passage a été heureux, j'ai été enveloppée de tellement d'amour, et cela, dès mon entrée dans le tunnel au bout duquel j'ai retrouvé tous les miens. Enfin, je veux dire, ma grand-mère, mon arrière-grand-mère, mes tantes et toutes les générations de femmes de notre famille incarnées dans la même lignée. J'ai rapidement compris grâce à leurs explications que nous étions bien davantage les unes pour les autres, car nous faisions partie d'un même groupe d'âmes réunies dans la même énergie. Nous avions, au fil de nombreuses vies, échangé toutes nos rôles de grand-mères, de mères, de filles, de tantes, de petites-filles, en ayant choisi des pères, des maris, des fils, des petit-fils moins évolués pour apprendre à mieux appliquer la loi de l'amour, la leçon du pardon, en évitant de tomber dans le piège de la haine, de la vengeance, du ressentiment et de la révolte. Certaines d'entre nous ont lutté avec beaucoup de difficultés contre leurs mauvais sentiments. Nous avions bien compris qu'il était préférable d'aimer que d'être aimées. Lorsque l'image de l'homme bon disparaissait pour laisser place à celle de l'homme mauvais, le danger était de se perdre et de se transformer en son égal. J'ai prié, oh oui j'ai prié chaque jour et demandé à Dieu de me donner la force de résister. Par de sages conseils, de génération en génération, nous nous sommes entraidées pour lutter contre les mauvaises influences qui nous poussaient à nous rebeller.

Aujourd'hui, nous sommes heureuses, emplies de compassion, nous rendons visite à nos pères, nos maris, nos fils et petits-fils afin de les aider à sortir des remords de la culpabilité pour avancer vers la lumière.

À la grâce de Dieu, nous évoluons petit à petit vers la perfection, afin de devenir un jour les guides de nos pères, de nos maris, de nos enfants. Merci. Marie-Antoinette. »

Marie-Antoinette dit: « Nous vivons dans la réalité que nous avons commencé à nous construire. »

La situation de ces esprits masculins est celle à laquelle ils se sont préparés tout au long de leur vie terrestre. Une autre incarnation leur donnera l'opportunité de mettre en application la loi de l'amour, d'expier et de réparer le mal infligé aux membres féminins de ce groupe. En vertu de leur libre arbitre, ils réussiront ou non à augmenter leur capacité à aimer. Tout échec entraînera une nouvelle incarnation dans des conditions plus difficiles jusqu'à ce qu'ils intègrent la bonne manière d'aimer en mettant à profit l'enseignement reçu pendant leur séjour dans le monde spirituel.

Réunis par les mêmes objectifs spirituels

Psychographie avec Anna Maria

«Le train nous emportait à vive allure et nous pouvions, ma mère et moi, admirer le paysage qui défilait devant nos yeux. C'était un moment magique pour moi qui n'avais jamais voyagé ni vu de montagnes. Nous étions heureuses, détendues, et bavardions joyeusement, quand nous entendîmes un bruit très fort et, comme sous l'effet d'un grand souffle, nous fûmes projetées en l'air, assommées par la violence du choc. L'hémorragie provoqua une mort instantanée, sans que nous réalisions que c'étaient nos derniers moments de vie sur terre. L'esprit quitte son corps pour vivre dans un autre monde, je le savais pour être spirite et médium aussi, comme vous, le monsieur qui écrivez. Puis-je me permettre de vous appeler par votre prénom, Alain Joseph, car j'éprouve de la sympathie à votre égard, sans doute parce que nous avons beaucoup de choses en commun. Je vous écris ce témoignage, comme une lettre, d'une manière légère et détachée de ce passé, heureuse de le faire. Je me suis observée quitter tranquillement mon corps, aidée de mon grand-père et de mes bienfaiteurs spirituels venus m'aider à me désincarner. Sur le lieu du drame, dans l'enchevêtrement des wagons démembrés, encastrés les uns dans les autres, les corps sans vie des nombreuses victimes étaient pris en charge par différentes équipes du monde invisible. Non loin de moi, j'aperçus ma mère transpercée d'une barre métallique. J'éprouvai un grand sentiment d'anxiété mais je fus aussitôt rassurée par les esprits venus à ma rencontre, avant de comprendre que cet accident avait été annoncé dans le monde spirituel et que nous étions tous attendus pour être transportés par ce que l'on pourrait appeler une ambulance. Nous fûmes conduits dans un établissement ressemblant à vos hôpitaux terrestres, dans une organisation totalement différente, dans un plan interdimensionnel. J'aime l'appeler ainsi. Mon esprit était assez éveillé pour comprendre ma nouvelle situation. J'avais étudié les principes de la doctrine spirite : la survivance de l'âme, la nature des esprits et leurs relations avec les hommes, le processus complexe qui entoure la mort physique et le passage, ici, dans le monde spirituel, faisaient partie de mes connaissances. J'ai très vite réalisé mon nouvel état corporel. Je savais qu'il fallait que je me laisse porter par l'acceptation. Le passage a été facilité par l'énergie bienveillante de mon grand-père Ernacio. À mon réveil, ma première préoccupation fut pour ma mère, Anna. Où était-elle ? Comment réagissait-elle ? Je la cherchais du regard sans la trouver. Cet "endroit" baignait dans une douce lumière et dans celle-ci, j'ai pu retrouver mon guide Isaieux, dans la magnificence de sa bonté. Il intervint dans la guérison des traumatismes de mon périsprit. Mes pensées volontaires dirigées vers mon rétablissement accentuaient son processus. Je réagissais relativement vite, dans l'acceptation, car je savais que Dieu m'avait rappelée à lui pour poursuivre le travail pour lequel j'étais destinée : servir au mieux la cause du bien. Tout au long de ma vie, j'avais travaillé à l'accomplissement de ce but que nous avons en commun, Alain Joseph : être l'intermédiaire entre les vivants et les morts, entre le plan physique et les plans de l'invisible. Sans regret d'aucune sorte, j'étais libérée des préoccupations terrestres, la vie sur Terre avait été difficile pour moi dès l'enfance. Comme vous le savez justement, cher ami, un médium doit connaître très tôt une série d'épreuves plus ou moins lourdes et la souffrance pour pouvoir connaître la sincérité de l'empathie. Le médium doit acquérir la connaissance dans ses échanges avec l'invisible. Il doit apprendre à s'améliorer, à se perfectionner pour pouvoir transmettre. En cela, la médiumnité est aussi un outil divin.

Après quelques mois de repos, je fus enfin totalement rétablie et mon corps spirituel retrouva l'apparence d'une jeune femme. Ernacio me donnait régulièrement des nouvelles d'Anna qui, d'après lui, était tourmentée. Son éveil spirituel était lent et parsemé de moments d'agitation, de confusion. J'espérais au plus profond de moi avoir l'autorisation de lui rendre visite. Je priais pour nos guérisons. Je tiens à préciser que la dévotion, la foi raisonnée faites de certitudes et de convictions nous élèvent ici dans les vibrations de l'amour. Très vite, j'ai quitté l'hôpital pour poursuivre mon ascension, accompagnée de mon guide qui m'aida à me familiariser avec la capacité que nous avions de pouvoir voler. Oui, se déplacer en volant était possible mais demandait une concentration particulière à laquelle je n'étais pas assez préparée. Mon guide préféra m'inviter à le suivre dans un grand bus aérien, il nous transporta vers une destination inconnue.

Nous eûmes alors une conversation. Je devais rejoindre un groupe d'esprits avec lesquels j'avais des liens très anciens. Il m'expliqua qu'il était inutile d'appréhender cette rencontre, persuadé que j'allais vite les reconnaître. Lors de notre arrivée ici, nous ne prenons pas immédiatement connaissance de notre passé. Au fur et à mesure de notre avancée, le voile de l'oubli se déchire suivant nos progrès.

Nous fûmes chaleureusement accueillis par une femme dont le visage m'était effectivement familier, sans que je puisse pour autant lui donner un prénom ou un nom. Mais au fond de moi, je ressentis une profonde affection, comme si nous étions liées depuis toujours. Envahie d'émotions, dans le bonheur des retrouvailles, je me laissai emporter par cet instant magique. Enlacée, choyée, j'entendais cette phrase comme une ritournelle: "*Bienvenido, Anna Maria, a tu casa.*" Parmi toutes les personnes présentes, chacune d'entre elles me témoigna son affection, son amour fraternel. Une conférence devait avoir lieu et celle-ci devait commencer par un moment de recueillement, une communion de prières. Je capte votre pensée, mon ami Alain Joseph, vous songez aux prières faites au début de vos réunions médiumniques. Ici, je vous dirai que c'est totalement différent. Pourquoi? Sur terre, dans une assemblée, toutes les personnes ne prient pas avec la même ferveur. Certaines d'entre elles vont jusqu'à faire semblant de prier. De ce fait, le groupe ne peut se trouver dans une harmonie de belles vibrations.

Nous sommes une famille d'âmes, unies par la même communion de pensée, toujours orientée vers le bien, et la même foi en notre Père. Nous ne sommes pas encore parfaits et avons tous beaucoup d'améliorations à apporter à nos comportements dans encore davantage d'humilité, de moralité et de connaissance. Pour certains d'entre nous, le parcours terrestre a été fructueux et, pour d'autres, un échec. Il est temps pour moi de vous préciser, Alain Joseph, que le groupe d'esprits dont je fais partie est celui de médiums avec des degrés de capacités différentes, et une manière de travailler qui lui est propre. Nous avons tous, malgré nos erreurs, agi dans de nobles motivations qui nous venaient du cœur. Sans quête de pouvoir, sans vouloir posséder encore et toujours plus d'argent, sans faire preuve de suffisance ni se sentir supérieurs aux autres. Mais au contraire dans l'humilité, l'empathie et le partage de nos échanges avec le monde des esprits, dans le but d'accroître la connaissance. Toujours dans la motivation d'aider et le devoir de soulager la souffrance liée au deuil, nous avons fait de notre mieux. À mon grand étonnement, à mon arrivée ici, lors de nos réunions, je me suis vite rendu compte de l'entraide existant entre les médiums qui échangeaient sur les erreurs qu'ils avaient pu commettre. Je me suis souvenue d'avoir été, sur terre, l'objet de critiques, de médisances, de jugements, de jalousie de la part de mes confrères motivés par d'autres buts. J'avais souffert de cela et je m'étais isolée, car le partage n'était guère possible.

Nous entendîmes d'une manière soudaine le son divin d'une mélodie et je vis le groupe se courber devant l'arrivée d'un être supérieur, nous invitant à nous rassembler dans une communauté de pensées. Ma foi et mes prières m'ont toujours guidée vers Dieu, mais aussi vers Jésus. Tout au long de ma vie, j'ai essayé de suivre son évangile. Alain Joseph, vous le savez, pour devenir un homme de bien, il faut faire des efforts, travailler pour progresser. *L'Évangile selon le spiritisme* écrit par Allan Kardec est une source de richesse spirituelle.

Mon temps d'adaptation, ici, a été comme vous l'avez compris très rapide et heureux. J'ai participé à des réunions qui avaient pour but de comprendre nos objectifs respectifs dans la médiumnité. Un guide supérieur, ancien grand médium, nous amenait sans jugement aux répercussions de nos décisions, de nos actes passés, et nous regagnions ensuite le centre, souvent honteux, peinés, bouleversés d'avoir fait erreur. Nous avions l'opportunité, ici, d'apprendre sans ressentir la fatigue, mais mon guide m'invita malgré tout à prendre du repos, nécessaire à l'harmonie de notre vie dans notre nouvelle demeure.

J'ai pu rendre visite à ma mère et à toute ma famille ; télépathiquement, nous pouvions converser. Réunis sur un autre plan, ils eurent besoin de mon soutien. Principalement Anna, ma mère, qui n'acceptait pas d'être séparée de son mari. Ce tourment la hantait malgré l'aide obtenue de son guide qui, par des passes magnétiques, l'endormait afin qu'elle puisse peu à peu reprendre des forces. Son chemin vers la guérison fut très long.

Alain Joseph, voilà ce que je suis autorisée à vous dire. Je suis heureuse de vous parler de mon expérience afin qu'elle serve à d'autres médiums, aux autres missionnaires de la médiumnité fraternelle. Vous êtes des êtres humains, des esprits incarnés sur la voie de l'évolution qui avez la lourde tâche de la médiumnité rédemptrice, celle qui guérit le cœur des êtres séparés dans la lumière de la foi, dans la joie et l'espérance de futures retrouvailles.

Alain Joseph, Jésus *contigo*.
Con me corazón.
Anna Maria.»

Esprits réunis par leurs affinités

Réunis dans un même niveau de conscience, ces esprits partageant des idées, des passions, ont plaisir à vivre ensemble dans une parfaite harmonie. C'est ainsi qu'Anna Maria, médium de son vivant, s'est retrouvée dans le même groupe d'âmes, selon la loi des affinités, que d'autres médiums. Il en est de même pour toute autre corporation (musiciens, intellectuels, philosophes, etc.) qui aspirent à grandir et à évoluer conjointement, en accord les uns avec les autres.

Réunis par les mêmes circonstances de départ

«Nous étions des victimes. Comment la vie sur terre pouvait-elle s'arrêter si brusquement et à un si jeune âge? C'est ce que j'ai pensé à ce moment-là. Alors que, ce soir-là, la musique envahissait mon esprit et que le rythme m'entraînait à danser, des bruits de déflagration se firent entendre. Surprise, tétanisée et figée par la peur, mon immobilité fut la cible facile d'un terroriste, l'une des balles traversa mon cœur, une autre atteignit ma tête, ma mort fut instantanée.

Mon corps allongé parmi tant d'autres m'apparut depuis une certaine hauteur. Je pus distinguer la prise en charge de nos âmes incarnées entourées de nombreux êtres qui avaient tous l'apparence d'êtres humains, à la différence de leur aspect lumineux et de l'amour qu'ils dégageaient. Il semblerait, je l'ai compris plus tard, que le monde spirituel était au courant, comme si ce moment de sauvetage avait été programmé, prévu en avance.

La scène d'horreur s'effaça rapidement. À côté de moi, je voyais la sortie de corps du jeune homme qui m'avait adressé un dernier regard au moment même où plusieurs balles l'avaient cloué au sol.

J'avais lu de nombreux livres sur la vie après la mort. Je savais que la vie continuait. Cela m'a aidée à vite prendre conscience de la situation. La douleur, l'espace d'un instant, me plongea dans un état de choc. Je me sentis tomber et à la fois transportée vers une destination inconnue, progressivement envahie par un profond sommeil. Le temps s'est arrêté.

Semblable au réveil qui suit une anesthésie, l'état de faiblesse de mon nouveau corps ne me laissait à peine entrevoir le décor qui m'accueillait. Une quantité de lits alignés sur lesquels je pus reconnaître vaguement le visage des personnes présentes au moment de la tragédie. Ma tante Lucie m'est apparue à ce moment-là et l'évidence aussi ! J'étais bien morte. Elle s'avança vers moi et, avec tout son amour, me rassura : "Tout va bien se passer", me dit-elle. La première pensée la plus douloureuse fut pour mes parents que j'entendis pleurer au plus profond de moi-même, comme reliés par un fil invisible, de cœur à cœur. J'éclatai en sanglots. La souffrance de la séparation me précipita dans plusieurs phases de sommeil incontrôlables. J'eus le temps de distinguer les visages bienveillants d'inconnus à mon chevet.

Le réveil fut douloureux, je venais de revivre les dernières minutes de ma vie sur terre. Semblables à un cauchemar où j'entendais le bruit des déflagrations, les armes dirigées vers moi. Pourquoi ? Pourquoi autant de violence et de haine ? Au nom de qui ? Au nom de quoi ?

Un membre de l'organisation qui m'accueillait s'était présenté comme un guide mais aussi un médecin. Il endormait ma conscience à chaque tumulte intérieur. Je me laissai glisser vers le néant, c'est-à-dire vers le vide intérieur, je tombai une nouvelle fois dans l'oubli de moi-même. Réveillée par le tendre appel de ma tante… Apparut à ses côtés sa maman, c'est-à-dire ma grand-mère. Ce fut un moment magique qui me transporta et m'aida à retrouver le sourire. Ses paroles réconfortantes apaisaient mes inquiétudes envers mes proches. Ma grand-mère répétait inlassablement les bienfaits de l'acceptation que je devais mettre en application au plus tôt. Mais comment accepter ? Comment oublier, comment pardonner ? J'avais la conviction que l'on m'avait volé ma vie. Des sentiments de vengeance, de révolte, de colère, me secouaient l'espace d'un instant mais j'étais aussitôt apaisée par cette phrase que j'entendais résonner en moi : « Dieu sait pourquoi ! »

La foi et l'espérance m'habitaient depuis petite. Elles me dirigèrent progressivement vers la compréhension de ma situation, vers l'importance de pardonner à nos agresseurs considérés comme nos ennemis.

Il me fallut du temps avant de reprendre des forces, mais en comparaison du temps de convalescence de certains, le mien fut relativement court. J'avais la volonté de me battre, d'aller de l'avant, cela faisait aussi partie de mon caractère. J'avais le fervent désir d'aider ceux qui avaient davantage de mal à se remettre et qui étaient perturbés. Je me dirigeai vers une jeune femme. Endormie, elle semblait vivre un cauchemar. Elle tournait sa tête de droite à gauche, comme si elle refusait de revivre des moments douloureux. À son chevet, une infirmière tentait une approche, qui me sembla hors du commun. Elle faisait des mouvements circulaires avec ses mains. Cela semblait lui faire du bien. J'ai voulu le faire à mon tour, mais celle-ci me l'interdit formellement, m'expliquant que je mettais alors mon énergie personnelle en danger. Je devais pour l'instant la consacrer à ma plus complète guérison. Les traumatismes irréversibles causés à mon corps physique avaient aussi blessé mon périsprit de multiples lésions. J'étais, grâce à des soins, sur la bonne voie du rétablissement. Par moments, l'enthousiasme de découvrir l'extérieur disparaissait et je tombais dans des phases de nostalgie et de tristesse. Je n'avais pas eu de nouvelles de mes parents, ni la possibilité de leur faire mes adieux. C'est différent lorsqu'on est préparé à quitter la terre, de maladie par exemple, et que l'on a le temps de faire ses préparatifs. Toutes les questions non élucidées restent en suspens. Perdue dans mes pensées, je ne ressentis pas immédiatement la présence de cet être si pur et d'une totale bienveillance. Je l'avais déjà rencontré et je savais qu'il était mon guide. Il se présenta à moi sous le nom de Bernie, m'expliqua qu'il comprenait mes inquiétudes, me rassura et me dit qu'en temps voulu, j'aurais la possibilité, sous certaines conditions, de communiquer avec les miens. Au centre, il existait un bâtiment totalement créé pour cela.

Ma nature joyeuse reprit le dessus, je commençai à m'adapter et à apporter mon aide aux autres victimes. Ce travail m'exaltait au plus haut point et j'oubliai les circonstances de mon arrivée ici, dans ce nouvel environnement. Je savais aussi intuitivement qu'il allait falloir à un moment ou à un autre faire un bilan de mon existence et comprendre les raisons pour lesquelles j'avais quitté les miens si tôt.

Nos guides respectifs nous invitèrent à assister à une réunion. Entourés de mes nouveaux amis, toujours pour la plupart en convalescence, nous étions impatients de connaître la prochaine étape. Certains d'entre nous, toujours sous l'effet du choc, refusaient de s'adapter et de connaître notre destination. En révolte, ils voulaient des explications.

Soudain, une douce mélodie se fit entendre, annonçant la venue d'êtres supérieurs. Trois d'entre eux apparurent sur l'estrade, habillés d'une longue tunique blanche, avec un ceinturon de différentes couleurs. Nous baissâmes la tête par respect, certains d'être en présence de guides instructeurs.

Ils nous souhaitèrent à tous la bienvenue au centre spirituel des rescapés de la ville de Paris. Située non loin de la planète, cette organisation de la vie spirituelle avait pour mission et utilité de recueillir toutes les personnes ayant succombé aux blessures d'autrui et connu des morts violentes. Victimes de la vie, malheureux, exclus de la société, sans-papiers, sans domicile fixe, désincarnés dans des conditions pitoyables et douloureuses trouvaient le secours nécessaire à leur état.

L'assemblée commença par une prière puis, à tour de rôle, ils prirent la parole. L'un d'eux nous invita à reprendre des forces, à nous centrer sur l'entraide et la prière, l'autre nous aida à comprendre que ce foyer nous accueillait temporairement et qu'il allait falloir nous préparer, tranquillement, à quitter les lieux pour une autre destination. Chacun avait la possibilité de se rétablir à son rythme ou de prendre en main la préparation d'un long voyage vers une nouvelle demeure… »

Cette psychographie a été interrompue et je n'ai pas pu, malheureusement, en savoir davantage. Je tenais à la partager avec vous pour différentes raisons. Elle nous aide ainsi à comprendre, par une description détaillée, l'organisation et la structure des hôpitaux du monde spirituel. Jusqu'ici nous avions des informations approximatives quant à leur emplacement : « proches de la croûte terrestre » sans en connaître le véritable fonctionnement. Le témoignage de cette inconnue nous informe de l'existence d'une structure spirituelle d'urgences au-dessus de la ville de Paris. Nous pourrions en déduire que chaque ville, chaque région, possède dans l'astral d'autres centres d'accueil de ce type, chargés de recevoir des âmes parties dans de violentes et brutales circonstances.

Un autre esprit s'est présenté à moi : Carlo. Il témoigne dans la psychographie à suivre de son long parcours dans le monde spirituel.

L'expédition de Carlo dans le monde spirituel

À l'image de l'odyssée d'Ulysse, l'esprit, à son retour dans le monde spirituel, peut connaître un long périple avant d'atteindre le moment du repos.

Psychographie avec l'esprit de Carlo

« Imaginez une salle de réanimation avec plusieurs lits occupés par des malades qui se réveillent après une anesthésie : agités, angoissés, perdus, désorientés. Dans de brefs moments de lucidité, j'entendais les divagations de ces hommes et de ces femmes, aussi perdus que moi. Cela me faisait penser aux hôpitaux pendant la Seconde Guerre mondiale. Je plongeai très vite dans un sommeil hypnotique et amorçai le début d'un rêve qui s'inscrivit au plus profond de ma mémoire.

Je me voyais accompagné d'inconnus dans les préparatifs d'un long voyage. Nous étions entourés d'êtres supérieurs desquels il se dégageait beaucoup de bonté, de bienveillance. À leur propos, nous comprenions qu'ils possédaient la sagesse et la connaissance. Ils nous expliquaient leur mission de nous accompagner vers la sphère à laquelle nous appartenions, un autre monde inconnu pour nous. Ils me faisaient penser à mon travail de passeur, pendant la dernière guerre, où j'avais moi aussi la mission d'accompagner des juifs en zone libre. Cela provoqua en moi un sentiment d'insécurité. J'aurais préféré faire ce voyage totalement inconscient, mais je devais de toute évidence rester éveillé et concentré sur les différentes étapes qui allaient suivre. Les passeurs ou guides nous demandaient d'être vigilants, de suivre attentivement leurs directives et de ne pas oublier qu'une seule personne pouvait mettre en danger tout le groupe. Cela me fit une nouvelle fois penser à la traversée que nous faisions la nuit pour fuir les nazis et dans ce cas aussi, une personne ne suivant pas les règles de prudence pouvait porter préjudice aux autres. Étrangement, j'avais l'impression de revivre mon passé, dans une autre réalité, à la différence que, cette fois-ci, je n'étais plus le passeur mais un voyageur, au même titre que mes nouveaux amis.

La dimension infinie du monde spirituel me faisait peur. J'étais parfaitement conscient du fait qu'il existait différentes réalités dans lesquelles le bien et le mal continuaient comme sur terre à exister.

Je venais de sortir d'une période de repos, mais non pas suffisante pour avoir assez d'énergie pour faire ce voyage, pensais-je. Mon guide me fit comprendre que j'avais en moi les ressources nécessaires et que ce retour à la maison était à considérer comme une aventure semblable à celle de mon incarnation sur terre. Je devais lui faire confiance. Je voulus comprendre les difficultés qui pouvaient se présenter à nous et la raison de cette expédition. Pourquoi ne pouvions-nous pas rester à cet endroit ?

Il m'expliqua que ce lieu où nous nous trouvions était semblable à une zone de transit où plusieurs voyageurs attendaient le moyen d'atteindre une nouvelle destination.

Le temps passé dans cet endroit m'avait permis de faire une introspection, avec l'aide de mon guide. J'avais été peiné de voir mes erreurs puis profondément guidé par le désir de réparer, d'apprendre les lois divines et de me soumettre à leur application.

Nous devions, mes compagnons de voyage et moi-même, gagner une sphère, un endroit qui nous permettrait en toute tranquillité d'étudier afin de progresser dans l'attente d'une nouvelle incarnation.

Notre degré d'évolution ne nous permettait pas de “léviter” et de nous déplacer à notre guise. Nous étions dépendants de nos guides respectifs, donc encadrés.

Mes amis et moi n'étions pas totalement guéris de nos blessures. Les guides nous expliquèrent que le temps nécessaire à un total rétablissement pouvait parfois être long.

L'entraide, la fraternité s'étaient installées au sein du groupe. Nous portions le poids lourd de la souffrance ; je me revis recevoir de l'aide d'une femme qui ne cessait pour autant de pleurer ses enfants. Il fallait avancer, poursuivre notre chemin. Nous n'avions pas le choix, disait-elle.

L'un des guides semblait plus expérimenté que les autres. Il avait en sa possession les étapes de notre voyage, un peu comme une feuille de route. Il nous rassembla avant de partir, en nous demandant d'être attentifs à ses consignes.

Il nous expliqua que nous allions traverser deux zones vibratoires où nous allions ressentir de nombreuses turbulences provenant des pensées négatives des êtres incarnés sur terre. Mais aussi par les possibles offensives de nos frères qui y séjournaient pour différentes raisons. Nous devions rester concentrés sur notre destination et surtout ne pas nous laisser détourner par leurs influences mentales. Elles ressemblaient aux attaques psychiques que certains d'entre nous avaient pu connaître pendant leur séjour terrestre.

Il était important, si besoin, de se prendre la main et de ne cesser de penser à la présence de Dieu. La foi guiderait nos pas et nous protégerait de ces attaques.

Cette zone appelée “le seuil” était habitée par des êtres pour la plupart attachés au plan terrestre, des révoltés en tout genre qui n'acceptaient pas leur situation, désiraient toujours assouvir les mêmes besoins, sans foi et sans aucune croyance.

Lorsque nous sortîmes du centre et au fur et à mesure que nous nous en éloignions, l'atmosphère changea et devint plus lourde. Notre groupe silencieux avançait sans s'adresser aux esprits vagabonds qui essayaient d'attirer notre attention en s'approchant de nous, en nous insultant et en se moquant.

Nous étions huit voyageurs accompagnés de nos guides, soit un groupe de seize personnes. Vêtus d'un simple habit ressemblant à ceux portés par les moines, nous supportions, suivant les endroits que nous traversions, des températures différentes.

Nous avancions dans des paysages où la pénombre nous laissait entrevoir certaines cahutes délabrées, partagées par des individus ressemblant à des mendiants. Ils réclamaient à boire, à manger, se disputaient, se violentaient pour essayer de survivre, sans se rendre compte qu'ils ne pouvaient mourir ni de faim ni de soif. Mon guide Anthéa m'expliqua que ces esprits avaient été très riches sur terre, et qu'ils avaient fait preuve de beaucoup d'avarice. Ils pensaient vivre cette situation éternellement et s'y enlisaient, refusant toute aide de l'extérieur, sans remise en question. Ils étaient habités par la colère et le sentiment d'injustice.

Au fur et à mesure de notre avancée, le paysage se transformait. Je garde en mémoire cette maison abritée par des arbres, entourée d'un jardin où quelques fleurs apportaient l'éclat de leurs couleurs. Nous fûmes accueillis chaleureusement par un couple à cette première escale. Il était important de se reposer, de ne penser à rien et donc de prendre des forces. Tout au long de ce voyage, nous avions fait de brèves pauses pour prier et nous maintenir ainsi dans de belles vibrations.

Avant d'atteindre notre lieu de destination, notre guide nous expliqua que nous devions traverser une grande ville peuplée d'individus dangereux et dont il fallait absolument se protéger en restant concentrés.

Après avoir remercié avec tout notre cœur nos hôtes de leur accueil, nous reprîmes le cours de notre voyage, pas très rassurés par le danger qui nous guettait.

Nous devions parcourir "cette ville" jusqu'à un pont, le franchir avant de nous retrouver en sécurité.

Les rues étaient sombres et sales. Mon regard fut attiré par une bâtisse sur laquelle une pancarte affichait “saloon”, nous entendîmes des déflagrations. Cet endroit était éclairé par une lanterne, semblable à une faible lueur dans une semi-obscurité. Ce décor me faisait penser à l’époque du Far-West.

Nous devions absolument ne pas nous attarder et poursuivre notre route; le jour ne se levait jamais dans cette ville. Les habitants étaient condamnés à vivre dans cette ambiance vibratoire égale à la nature de leurs sombres pensées de haine, de violence, de vengeance. Certaines fenêtres s’ouvraient et nous entendions le bruit des projectiles qui tombaient sur le sol, mais pas assez habilement lancés pour nous atteindre. Nous formions ensemble un groupe de lumière dans la pénombre de cette cité et attirions facilement à nous le regard de ces révoltés.

Nous nous approchions du pont à traverser, quand, à l’angle d’une rue, une femme surgit et nous agressa par la parole. Elle s’adressa à moi et me tint ces propos: “Vous, où allez-vous? Croyez-vous être mieux que nous autres? Pensez-vous pouvoir trouver là-bas l’instruction, la connaissance? Ha ha ha, tout cela n’est que foutaise!”

Je me mis à prier par peur de baisser la garde. Moins d’un kilomètre à franchir! Nous étions les uns et les autres, à tour de rôle, assaillis par ces êtres qui ne manquaient pas d’une certaine intelligence pour connaître les faiblesses de mes compagnons. Ils essayaient de les faire douter, culpabiliser, afin d’assombrir leurs pensées pour les rendre plus vulnérables et les inciter à interrompre leur voyage pour devenir ainsi un des leurs.

Les guides étaient présents et nous protégeaient, ils devenaient plus lumineux, ce qui faisait peur à nos agresseurs. Anthéa s'approcha d'une pauvre femme habillée de haillons en lui tendant la main, elle prit aussitôt peur et s'éloigna en vociférant.

Nous traversâmes ce pont qui était à la limite de ces deux zones vibratoires différentes. Je ne pus m'empêcher de penser à la période de la guerre où je vivais aussi près d'un viaduc séparant la France en deux. D'un côté la prison et de l'autre la liberté. Nous allions vers la liberté, ces êtres étaient en prison. Je ne pus m'empêcher de prier pour eux. Dans ce rêve, à l'extrémité du pont, attendaient mes amis, ma famille et l'amour des miens.

Ce bond dans le passé provoqua en moi un bouleversement, une émotion tellement forte que je me suis réveillé dans ce lit d'hôpital, une nouvelle fois perdu, ne sachant plus bien si ce voyage avait été un rêve ou la réalité. Jusqu'au moment où j'aperçus un visage familier, celui de mon guide, s'approchant de moi pour me dire que le moment était venu pour moi de reprendre des forces avant d'entamer ce long travail d'étude qui m'attendait.

Je m'appelle Carlo. »

Les influences rencontrées

Carlo croit vivre un rêve, mais en réalité, il revit le long chemin qu'il a parcouru dans les plans inférieurs avant de pouvoir bénéficier d'un temps de repos. Dans la description de cette traversée, nous remarquons les « états stationnaires » de certains esprits révoltés réunis par des tendances semblables et qui ne sont pas prêts à accepter de l'aide. Un nouveau témoignage qui démontre la complexité des situations vécues par les habitants du monde invisible.

Les dimensions vibratoires sont infinies

Je vous ai décrit précédemment la vision qui s'était imposée, un bon matin, à mon réveil. Celle-ci, très inattendue, trouva sa pleine compréhension au fur et à mesure que je recevais ces psychographies.

Cette perception représentait un système planétaire avec au centre la Terre, entourée de plusieurs cercles d'énergies. Elle m'est apparue comme étant bien représentative de notre planète entourée de plusieurs plans vibratoires et habitée par une multitude d'esprits. Cette perception résonna à moi comme un rappel.

Dans l'espace infini créé par Dieu, chaque univers possède son propre système planétaire mais aussi sa propre dimension spirituelle.

Dans les premières sphères proches de notre monde se concentre une population d'esprits d'un niveau inférieur d'évolution. Au fur et à mesure que l'on s'éloigne de la planète, ces cercles s'agrandissent et deviennent de plus en plus légers et subtils, à l'égal du taux vibratoire et du degré d'avancement de plus en plus élevés de leurs habitants. Chacun d'entre eux possède une structure, un environnement qui lui est propre. Les psychographies nous décrivent des paysages qui varient à l'infini : de la désolation à la beauté, de la pénombre à la lumière.

Bien que ces plans d'existence soient reliés les uns aux autres, les frontières vibratoires qui les séparent sont bien définies. Aucune possibilité pour les esprits d'un niveau spirituel peu avancé de visiter les plans élevés et de déstabiliser les êtres plus évolués qui vivent dans l'harmonie et l'amour. La nature de leur périsprit bien que plus légère que le corps physique est encore trop lourde pour accéder aux plans supérieurs.

À travers de multiples incarnations, dans un processus évolutif, l'esprit devra progresser et acquérir un degré supérieur de perfectionnement. Il élèvera alors le taux vibratoire de son corps spirituel pour rejoindre un autre niveau, et ainsi de suite jusqu'à ce qu'il atteigne le plus haut degré de pureté et d'amour.

Les habitants des cercles plus élevés jouissant d'une plus grande liberté de mouvement peuvent rendre visite à leurs frères sur les plans inférieurs et pour différentes missions d'entraide ; ils ont la possibilité de voyager au-delà des barrières vibratoires. Toujours motivés par l'amour filial ou fraternel dans des excursions parfois désagréables, ils adaptent la fréquence de leur corps spirituel à celui du monde dans lequel ils entrent.

Ces bons esprits deviennent des guides et reçoivent les directives des plans supérieurs pour participer à des opérations ressemblant à des sauvetages.

À chaque plan spirituel des mondes inférieurs, comme nous le démontrent les psychographies, il existe une organisation parfaite : centre de secours, hôpitaux, écoles, dispensaires ouvrant leurs portes pour accueillir les repentants qui, après une période de convalescence, s'impliquent eux-mêmes dans un service pour le bien. Retrouvant ainsi l'opportunité de se racheter dans le mérite et l'espoir de pouvoir tout recommencer dans une prochaine incarnation sur terre ou dans un monde correspondant à leur niveau évolutif.

Bien vivre pour bien mourir

Utilisons à bon escient le temps de notre incarnation terrestre car, nous le savons tous, le temps passe vite et le temps presse… Cherchons la vérité avant que celle-ci ne nous surprenne ; sortons de l'ignorance afin de mieux nous préparer à ce qui nous attend après…

Le voyage infini des incarnations successives nous invite, dans nos expériences de vie, à mettre en application la loi de l'amour, à cultiver les bons sentiments et à dominer l'égoïsme que nous possédons tous à des degrés différents. Sans amour, il n'y a pas de progression possible vers Dieu.

Vivons sur cette terre sans nous attacher à la matérialité ni être liés par des addictions, mais en privilégiant l'amélioration intellectuelle et morale. Ne nous attardons pas dans la culpabilité des erreurs commises dans le passé, mais attelons-nous, avec le cœur, à un travail d'entraide au service du bien.

De tout cela dépendront les conditions faciles ou difficiles de notre retour et de nos conditions de vie dans l'autre monde.

Selon notre évolution, nous pourrions connaître une période plus ou moins longue de sommeil et de trouble ; être retenus par l'envie d'assouvir nos désirs, nos passions terrestres si nous y sommes trop attachés, et ainsi vivre dans les régions désorganisées des plans inférieurs où vivent les épicuriens matérialistes de la terre. Nous pourrions être alors limités dans notre liberté et regretter de ne pas avoir fait bon usage du temps passé dans la matière. Les lieux, les situations, les états d'âme dans lesquels nous pourrions nous trouver sont infinis.

Si nous ne prenons pas l'habitude de prier, de faire un travail sur nous-même, de nous armer de volonté pour avancer, nous serons, dans l'autre monde, esclaves de nos pensées jusqu'à ce que l'éveil intérieur nous pousse à demander de l'aide. Nous séjournerons alors dans les plans inférieurs, jusqu'à ce que, avec de nouveaux compagnons, nous nous dirigions vers un centre d'accueil ou de soins, dans la plus parfaite organisation spirituelle d'amour et d'entraide.

Mais nous pourrions aussi franchir plus rapidement toutes ces étapes au moment de notre mort et recevoir une assistance spirituelle, vivre dans les régions organisées des plans supérieurs, connaître le bonheur immédiat des retrouvailles, regagner le monde des esprits dans une totale conscience, avoir besoin de peu de repos et ainsi nous réjouir du monde qui nous accueille. Nous pourrions être alors entourés des êtres que nous avons aimés et qui nous ont devancés dans la mort, parler de notre vie passée, de nos échecs mais aussi de nos réussites, afin de comprendre si nous avons ou non réussi à progresser vers un peu plus d'amour. Nous pourrions rapidement regagner le groupe d'esprits avec lesquels nous vivrons en totale communion de pensée et, si nous sommes assez évolués, peut-être pourrons-nous percevoir et ressentir l'amour de Dieu. Oui, tout cela est possible, la foi ne soulève-t-elle pas des montagnes ?

Bibliographie

Kardec Allan, *Le Livre des esprits*, éditions Vermet, 2009.

Kardec Allan, *L'Évangile selon le spiritisme*, éditions Philman, 2008.

Kardec Allan, *Le Ciel et L'Enfer : la justice divine selon le spiritisme*, éditions Dervy-Livres, 1990.

Table

DEUXIÈME PARTIE
PSYCHOGRAPHIES AVEC LE MONDE SPIRITUEL

DU MÊME AUTEUR
CHEZ LE MÊME ÉDITEUR

JE COMMUNIQUE AVEC LES DÉFUNTS

« Nos parents, nos amis, nos chers disparus ne sont pas morts. Ils ont simplement changé d'apparence. Le lien d'amour qui nous lie à eux est toujours présent. Nous les retrouverons un jour.
En attendant, ils viennent nous voir de temps à autre et nous transmettent des preuves de leur survie. Que ce soit lors d'un contact médiumnique ou par les matérialisations que j'obtiens, ils affirment leur présence. Nos bien-aimés nous parlent souvent de la relation à l'autre et de l'importance d'être dans l'amour inconditionnel. En effet, nous préparons tous notre au-delà. »

A.J. B.

Dans ce récit, Alain Joseph Bellet raconte comment ses facultés paranormales se sont révélées à lui. Une histoire jalonnée d'événements extraordinaires, comme autant de preuves d'un dialogue possible avec les défunts.

ISBN 978-2-35287-917-6 / H 49-3161-8-1609 / 7,80 €

LES MORTS SONT PARMI NOUS

Un père disparu vient rassurer sa femme et sa fille en citant le nom des proches qu'il a retrouvés dans le monde des esprits... Un enfant tué par un chauffard raconte à sa famille en grand deuil sa nouvelle vie... Une femme fredonne à l'oreille du médium la chanson qu'elle chantait à sa sœur jumelle...

Autant de témoignages, recueillis par Alain Joseph Bellet, qui démontrent la survivance de l'âme après la mort.

Dans ce nouvel ouvrage, le médium, aidé de ses guides, livre les conseils spirituels des esprits venus parler à travers lui de leurs expériences terrestres et de leur existence dans l'autre monde.

ISBN 978-2-3773-5160-2 / H 26-5144-0-1807 / 7,80 €

Cet ouvrage a été composé
par Atlant'Communication au Bernard (Vendée)

Impression réalisée par
CPI France
en janvier 2021
pour le compte des Éditions Archipoche

IMPRIM'VERT
Votre imprimeur agit pour l'environnement

Imprimé en France
N° d'édition : 662
N° d'impression : 3041509
Dépôt légal : février 2021